古代歷史文化 研究輯刊

六 編

王 明 蓀 主編

第 12 冊

明代劉天和之生平經歷與治黃理漕

謝 榮 芳 著

國家圖書館出版品預行編目資料

明代劉天和之生平經歷與治黃理漕／謝榮芳 著－初版－新
北市：花木蘭文化出版社，2011〔民100〕
序2+ 目 2+158 面；19×26 公分
（古代歷史文化研究輯刊 六編；第 12 冊）
ISBN：978-986-254-606-2（精裝）
1.（明）劉天和 2.傳記 3.水利工程 4.明代 5.黃河
6.漕河
618   100015460

ISBN-978-986-254-606-2

9 789862 546062

古代歷史文化研究輯刊
六　編　第十二冊　　　　　　　ISBN：978-986-254-606-2

明代劉天和之生平經歷與治黃理漕

作　者　謝榮芳
主　編　王明蓀
總 編 輯　杜潔祥
出　版　花木蘭文化出版社
發 行 所　花木蘭文化出版社
發 行 人　高小娟
聯絡地址　新北市永和區中正路五九五號七樓
　　　　　電話：02-2923-1455 ／傳眞：02-2923-1452
網　址　http://www.huamulan.tw 信箱 sut81518@gmail.com
印　刷　普羅文化出版廣告事業
初　版　2011 年 9 月
定　價　六編 25 冊（精裝）新台幣 40,000 元

明代劉天和之生平經歷與治黃理漕

謝榮芳　著

作者簡介

謝榮芳
臺灣屏東縣人
1982 年 1 月 14 日生
國立屏東高級中學畢業
國立中興大學歷史學系畢業
國立彰化師範大學歷史學研究所畢業

提　要

　　劉天和（西元 1479～1545 年）是一位著名的明代河官，生長於成化、弘治二朝，求學於弘治朝，歷仕於正德、嘉靖二朝，自正德三年（1508）正式步入仕途後，仕宦歷程約分為四段時期：（1）巡按監察御史時期—正德七年（1512）及正德十六年至嘉靖十一年（1521～1532）；（2）府縣地方官時期—正德八年至嘉靖十一年（1513～1521）；（3）總理河道官時期—嘉靖十三至嘉靖十四年（1534～1536）；（4）陝西三邊總制（督）時期—嘉靖十四年至嘉靖十九年（1535～1540），在風憲巡察、府縣吏治、邊防軍務、整治水利上多有建樹與功績，是一位具有文謀武略之能臣。

　　本書的論述以人為主，以事為輔，總計五章，除緒論和結論外，主論析分為三章：第二章為「家世生平與仕宦歷程」，敘述天和的生平事蹟與仕宦經歷，其先後擔任監察御史、金壇縣令、湖州知府、總理河道官及陝西三邊總制等職，任內多有政績和功勳。第三章為「整治黃河理論與實務」，明中期，朝廷以「治河保漕」與「北隄南分」為治黃理漕的兩大方針，而這些予天和寶貴的治河經驗，亦為治河思想的來源。雖承續前人，理論與實務上卻有所創新，尤創制「植柳六法」。第四章為「濬理漕河與修護陵墓」，分析山東段的漕河運道的河工；另，為確保漕河的暢通，抑黃河向南分流，這些均對下游河道沿岸的居民造成危害，甚威脅皇室陵墓，故天和對此均有提出主張與實務治理。最後，希望本書能對於明代水利和環境史的研究園地能有些許貢獻外，更能對當今人們在解決環境與生態惡化問題能有所助益。

序　言

　　韶光荏苒，顧自研究所畢業以來，迄今已二餘年，時間果然如俄國文豪馬克西姆・高爾基（Maxim Gorky）所言：「世界上最快速而最緩慢，最漫長而最短暫」。約於去年七月，論文指導教授蔡泰彬老師來電告知筆者欲將《明代劉天和治黃理漕研究》（即今書名《明代劉天和之生平經歷與治黃理漕》）推薦予花木蘭文化出版社出版，另加上花木蘭文化出版社社長高小娟女士邀稿甚殷，使拙作幸得付梓。而本書為筆者碩士畢業論文，近為出版事宜，復從書櫃取出紙本及從電腦調出檔案，予以再次校稿潤文，而在校繕中，那時蒐尋爬梳史料、撰寫論文的情狀乍現腦海，恍若歷歷在目。

　　遙憶那彰化師大歷史所求學四寒暑，當時，除了歷史本科的學習與研究外，還修習教育學程與從事打工，生活過得既忙碌又充實；然身患癌症的父親卻於西元二〇〇七年不幸病逝，未能同享畢業歡喜，實為筆者心中難以抹滅的憾事，唯一感慰的是能在父親病篤臥床時，能夠側身照料，照料之餘，又能在旁研讀研究所需的資料，真懷念在醫院陪伴父親的這段時光，更願父親能往生安樂國。

　　當時，論文得順利完成，首先感謝指導教授蔡泰彬老師用心指導寫作與繕修文章，還有家人貼心體諒；另一方面，在寫作的過程中，藏書豐富的陳文豪老師不吝提供參考書籍，莊世滋老師詳細地說明柳樹生長機能的知識，顧雅文老師細心指導歷史地圖的繪製，所辦助理林鳳宜女士安排工讀時間，建國科技大學詹宗祐老師提供工讀機會，北京師範大學歷史所王子今教授和北京大學歷史系莊小霞博士協助史料的查詢，論文口試委員吳智和與鄭俊彬二位老師的指教勉勵，蓮友連文宗老師、賴建行、張育榕等師兄的鼓勵，又

能與同門同學國基互相討論明史、分享生活點滴，以及與同學雅青、佳儀、郁凱、財源、義倫、雅雯一同切磋學習，還有多次上臺北找資料時，高中同學文正能大方提供住所與大學同學彥傑提供協助，使我能夠安心無虞在中央研究院、國家圖書館、臺灣大學圖書館等處搜集史料文獻。今又幸蒙花木蘭文化出版社社長高小娟女士盛情邀稿，尚賴編輯人員精心排版繕稿，才使拙作得以順利出版問世。謹此，一併致上誠摯的謝意！

　　筆者學植疏淺，倘有舛誤乏善之處，概由筆者肩負全責，亦誠盼　方家、讀者不吝賜教指正，則為筆者是幸！特此致謝！最後，謹獻本書予我摯愛的先父！

　　　　　　　　　　　　　　　　　　　謝榮芳　謹識於屏東

　　　　　　　　　　　　　　　　　　　民國一百年元月十四日

第一章 緒 論

　　劉天和（西元 1479～1545 年）是一位明代中期的著名河官；惟近人研究明代治黃水利史多著墨於徐有貞、白昂、劉大夏、朱衡、萬恭及潘季馴等人。又明中期的黃河水利史研究中，尤以正德時期至嘉靖初期間的河道變遷和治河方法討論甚少；即使有之，亦為略述，以致這期間內有一位值得表揚的治河官——劉天和——卻為人所忽略。天和的治水經歷雖不長，僅有五、六餘月，然他將治河過程所上的奏疏輯為《問水集》一書，當中提出了許多有價值的治河理論和方法，是一部重要的河工專著，對明代的黃河整治作出相當程度的貢獻；治黃之餘，亦顧及會通河與皇室陵寢的整治工程。除治水功績外，在風憲巡察、府縣吏治、邊防軍務也多有建樹及功績。故，對於天和的個人歷程與水利整治有深論之必要，而本書的探究主以人，輔以事，即為「以人帶事、以點托面」的論述方式，著重水利問題的研究外，亦兼論軍事、政治、經濟、環境等問題。

第一節　研究動機與研究目的

　　明代江淮地區的糧食供輸至北京（河北今市）所採行的方法，自明成祖永樂十三年（1415）以後是專行河運；此一方法的施行，主要是基於河運比海運和河陸兼運較為安全且經濟。至此之後，漕河是全國政治訊息溝通、南北物資輸送、各地文化傳播、全國人才交流的最重要通道；同時，這條南北大運道更是明廷視為維護自身統治和滿足經濟需求的重要命脈。漕河呈南北走向，溝通了中國西東走向的諸河流，故南北流向的運河必定與西東流向的黃河有交會處，又黃河改道異常，時有氾濫之虞，〔註1〕一旦潰決，洪水必衝

〔註1〕黃河史上，以明代河患最為嚴重，依近人沈怡的統計，明代國祚共 276 年，

－1－

斷運道。所以，治理黃河就成爲維護漕河暢通的核心工程。

漕河的臨清州（山東今市）至徐州（江蘇今市）間的運道，其北有會通河的水源不足，南則有徐州洪（徐州東南二里）、呂梁洪（徐州東南五十里）的危淺險涸，故須引黃濟運。按明代引黃情況來分，大體上可分爲兩個時期：一是明初至弘治朝，會通河及徐、呂二洪都常引黃。但是，自弘治朝以後，黃河北岸隄防體系逐漸築成，以致黃河北流的機會日趨減少，會通河從而不再資引黃河水量。二是弘治朝以後至明末，此時期又可分爲兩個階段：開泇河前，徐州以下的運道常須引黃；開泇河後，漕船改行泇河，不經徐、呂二洪，徐州以下的運道也不再引黃。〔註2〕由於北面以隄障黃河北侵，黃河遂逐漸往南分流，明廷雖收漕運一時之利；然其弊於正德朝始現，至嘉靖朝則漸趨嚴峻，造成了曹縣（山東今縣）、單縣（山東今縣）、徐州等一帶嚴重水患。所以，弘治朝至嘉靖朝初期（1487～1535）的河道變遷、河患情勢、治河方法有深究和檢討的必要。

黃河的洪水嚴重地影響臨清至徐州間的運道，而這段運道正處於漕河的中段，北繫京師、南控江淮，更是每年數百萬石漕糧轉輸的必經通道。因此，「治黃保漕」就成爲明廷治黃理漕的原則。在明代出現了許多著名的治河官員，諸如：徐有貞、劉大夏、白昂、劉天和、潘季馴、萬恭等人，而治河專家當中留有治水專書者則有劉天和的《問水集》、萬恭的《治水筌蹄》、潘季馴的《河防一覽》，三人總理河道官的任職時間：劉天和任職二年（嘉靖十三至十四年）、萬恭任職兩年四個月（隆慶六年至萬曆二年）、〔註3〕潘季馴任職八年六個月，〔註4〕相較之下，劉天和任職總理河道官的時間最短，又其實際治理黃、漕二河的時間僅五、六個月，以致少有學者作深入的研究，即使有論述也是隻字片語，故劉天和治理黃、漕二河有深入研究的必要性。

劉天和治河經歷雖不長，但卻善於總結前人的經驗，其書《問水集》總

河患高達 700 次（溢：138 次；決：316 次；大水：246 次）。沈怡，〈黃河史料之研究〉，《黃河問題討論集》（臺北：臺灣商務印書館，民國 60 年 3 月初版），頁 381。

〔註2〕 姚漢源，〈明代的引黃濟運〉《黃河水利史研究》（鄭州：黃河水利出版社，2003年 10 月第 1 版 1 刷），頁 398～399。

〔註3〕 鄒逸麟，〈明代治理黃運思想的變遷及其背景——讀明代三部治河書體會〉，《陝西師範大學學報（哲學社會科學版）》，2004 年，第 33 卷 5 期，頁 23。

〔註4〕 蔡泰彬，《晚明黃河水患與潘季馴之治河》（臺北：樂學書局有限公司，民國87 年 1 月初版），頁 270～275。

括自己的經驗，又總結了前人的成果，從而提出許多有價值的見解與方法，如：系統地闡述了黃河遷徙不定的六點原因，又在疏濬河道的施工技術和建築隄防的具體方法上，均提出相當周密的見解。天和在《問水集》中提出的許多見解和方法頗具科學性，是一部重要的河工專著，對後世產生了深遠的影響。除了河工的貢獻外，天和的邊防功勳亦甚卓著，其武功表現在戰略、戰術及武器上的改良與創新，又其擔任御史時的不畏強權，以及擔任府縣官、巡按史的良治惠政均使時人讚嘆不已。天和於治河史上貢獻良多，是一位將人文精神與科學技術相結合而有所作為的歷史人物。

　　天和的治水活動是研究明代黃河、漕河水利史的重要環節之一，也有助於對現今環境生態保護的審視，有其歷史借鑑的作用，此為本書研究動機之所在。基於此，筆者以《明代劉天和之生平經歷與治黃理漕》為題，書中旨在深入探討明代中期（弘治朝至嘉靖朝初期，1487～1534）的黃河水患情形與治河方法、會通河的濟漕水利問題、天和的治水理論及實務等課題。經由分析後，可提出天和治理黃、漕二河及修護皇室陵寢的貢獻外，亦略微反映出明中期治河的原則，即當時的黃河中下游、淮河沿岸地區、會通河沿線地區的人文與地理的互動等諸面向。故透過對天和治理黃、漕二河作深入而實質的研究，希冀能對於明代水利史的研究園地能有些許貢獻，則是本書寫作的目的。

第二節　相關研究回顧與討論

　　劉天和及其《問水集》是明代水利發展史上相當重要的一環，有關劉天和的研究，除了在一般的中國水利通史或斷代水利史專著中稍微論及，或甚至全無論述。另外，有專論劉天和治理黃、漕二河的相關論文極少，僅有四篇，分別為賈乃謙〈明代名臣劉天和的政績〉〔註5〕及〈明代名臣劉天和的「植柳六法」〉〔註6〕、鄒逸麟〈明代治理黃運思想的變遷及其背景——讀明代三部治河書體會〉〔註7〕、李曼麗〈劉天和的植柳六法〉。〔註8〕〈明代名臣劉天

〔註5〕　賈乃謙，〈明代名臣劉天和的政績〉，《北京林業大學學報（社會科學版）》，2002年，第1卷4期，頁65～68。
〔註6〕　賈乃謙，〈明代名臣劉天和的「植柳六法」〉，《農業考古》，2002年，第1卷3期，頁215～218。
〔註7〕　鄒逸麟，〈明代治理黃運思想的變遷及其背景——讀明代三部治河書體會〉，《陝西師範大學學報（哲學社會科學版）》，2004年，第33卷5期，頁21～26。

和的政績〉著重於天和的一生事蹟；〈明代名臣劉天和的「植柳六法」〉與〈劉天和的植柳六法〉則淺略地討論劉天和的固隄名法——植柳六法；〈明代治理黃運思想的變遷及其背景——讀明代三部治河書體會〉爲鄒氏從《問水集》、《治水筌蹄》、《河防一覽》明代三部治河書中看出治河思想的變遷及其時代背景，並提出明代的治河思想從「治水防洪、治河通運」到「河運合一、以河治河」，再到「築隄束水、以水攻沙」的三變化階段。關於天和的治水思想與方法的論著多屬泛論性討論，較少作深入且全面性的探討。以下針對足供本書參考的相關論著，舉其要者作一簡述：

一、水利史通論論著

此類的著作對於本書有引導的作用，有鄭肇經《中國水利史》〔註9〕、水利電力出版社出版《中國水利史稿》（上、中、下三冊）〔註10〕、姚漢源《中國水利史綱要》〔註11〕及《中國水利發展史》〔註12〕、沈百元與章光彩《中華水利史》〔註13〕、熊達成與郭濤《中國水利科學技術史概論》〔註14〕等著作。前五者針對中國一些江、河、湖、海的自然變遷、水利工程、河工組織管理、農田灌溉情況、航運交通發展等作全盤性討論；最後者則側重於中國江、河、湖、海的水利工程技術的演變與發展的歷史。另外，值得一提的是冀朝鼎《中國歷史上的基本經濟區與水利事業的發展》，〔註15〕作者透過灌溉與防洪工程，以及運渠建設的歷史研究，探究基本經濟區的發展，並詳細地論證中國歷史統一與分裂的經濟基礎、地方區畫的地理基礎。

〔註8〕 李曼麗，〈劉天和的植柳六法〉，《黃河史志資料》，1986 年，第 12 期，頁 53 ～54。
〔註9〕 鄭肇經，《中國水利史》（臺北：臺灣商務印書館，民國 75 年 10 臺 4 版）。
〔註10〕 武漢水利電力學院中國水利史稿編寫組，《中國水利史稿（上、中、下）》（北京：水利電力出版社，1979～1989 年第 1 版）。
〔註11〕 姚漢源，《中國水利史綱要》（北京：水利電力出版社，1987 年 12 月第 1 版 1 刷）。
〔註12〕 姚漢源，《中國水利發展史》（上海：上海人民出版社，2005 年 8 月第 1 版 1 刷）。
〔註13〕 沈百元、章光彩等，《中華水利史》（臺北：臺灣商務印書館，民國 68 年 3 月初版）。
〔註14〕 熊達成、郭濤，《中國水利科學技術史概論》（成都：成都科技大學出版社，1989 年第 1 版 1 刷）。
〔註15〕 冀朝鼎著、朱詩鼇譯，《中國歷史上的基本經濟區與水利事業的發展》（北京：中國社會科學出版社，1992 年 12 月 1 版 2 刷）。

二、運河水利史論著

　　史念海《中國的運河》，〔註16〕此書是第一部系統暨全面性的中國運河沿革史研究專著，並開創性地運用歷史地理學的研究方法，分析論述中國歷史上人工運河的沿革，論著當中，關於京杭運河的開鑿、修治、管理討論最多。此後陸續有研究京杭運河的專著出版，主要者有常征與于德源《中國運河史》〔註17〕、鄒寶山等人編著的《京杭運河治理與開發》〔註18〕、姚漢源《京杭運河史》〔註19〕、陳璧顯主編的《中國大運河史》，〔註20〕這些著作均為古代運河的研究通論，其中均有專章討論明清時期運河的修治與管理沿革。另外，漕運制度與漕河是密不可分，所以在一些研究漕運的專著中亦有論及漕河的治理與發展，諸如有彭雲鶴《明清漕運史》〔註21〕、鮑彥邦《明代漕運研究》〔註22〕、吳琦《漕運與中國社會》〔註23〕、吳緝華《明代海運及運河的研究》。〔註24〕專門且深入地探討明代漕河的河道工程者為蔡泰彬《明代漕河之整治與管理》，〔註25〕該書探討漕河全線地理形勢、黃河阻運的情形、沿河州縣的河役、山東四大水櫃的功能、漕河管理組織等問題，作者運用極為豐富的史料，並進行細緻深奧的探討；此外，蔡氏另有專文討論明代漕河問題，其為〈明代漕河四險及其守護神——金龍四大王〉〔註26〕、〈明代山東四大水櫃之功能與整治〉。〔註27〕關

〔註16〕史念海，《中國的運河》（西安：陝西人民出版社，1988 年第 1 版 1 刷）。

〔註17〕常征、于德源，《中國運河史》（北京：北京燕山出版社，1989 年 4 月第 1 版 1 刷）。

〔註18〕鄒寶山、何凡能、何為剛編，《京杭運河治理與開發》（北京：水利電力出版社，1990 年 5 月第 1 版 1 刷）。

〔註19〕姚漢源，《京杭運河史》（北京：水利電力出版社，1998 年 5 月第 1 版）。

〔註20〕陳璧顯主編，《中國大運河史》（北京：中華書局，2001 年 9 月第 1 版 1 刷）。

〔註21〕彭雲鶴，《明清漕運史》（北京：首都師範大學出版社，1995 年 9 月第 1 版 1 刷）。

〔註22〕鮑彥邦，《明代漕運研究》（廣州：暨南大學出版社，1996 年 5 月第 1 版 1 刷）。

〔註23〕吳琦，《漕運與中國社會》（武昌：華中師範大學出版社，1999 年 12 月第 1 版 1 刷）。

〔註24〕吳緝華，《明代海運及運河的研究》（臺北：中央研究院歷史語言研究所，民國 50 年 4 月初版）。

〔註25〕蔡泰彬，《明代漕河之整治與管理》（臺北：臺灣商務印書館，民國 81 年 1 月初版）。

〔註26〕蔡泰彬，〈明代漕河四險及其守護神——金龍四大王〉，《明史研究專刊》，10 期，1992 年 10 月，頁 83～148。

〔註27〕蔡泰彬，〈明代山東四大水櫃之功能與整治〉，《中國歷史學會史學集刊》，民國 75 年 7 月，第 18 期，頁 155～185。

於漕河問題研究也得到日本學者的關注，如：星斌夫〈中国の大運河〉〔註28〕、〈明初の漕運について〉，〔註29〕清水泰次〈明代の漕運〉，〔註30〕多偏向漕運史的研究。

三、黃河水利史論著

歷史上，黃河下游河道在其沖積平原上遷徙無常，嚴重地危害中下游地區的民生安全，故自古以來便引起許多人的治河討論，而今人的研究論述更是不勝枚舉，今舉其要者略述。黃河水利史的研究通史有岑仲勉《黃河變遷史》〔註31〕、申丙《黃河通考》〔註32〕、張含英《歷代治河方略探討》〔註33〕、王頲《黃河故道考辨》〔註34〕、中國水利部黃河水利委員會編寫的《黃河水利史述要》〔註35〕等著作，這些專書研究都概述了歷代黃河變遷及其水利工程設施，並分析探討歷代治河者的方略。關於斷代的黃河水利史研究有張含英《明清治河概論》，〔註36〕該書討論明清二代的黃河河道變遷、治河的方略與技術、治河的目標等問題；顏清祥〈明代治理黃河述略〉，〔註37〕此書為其碩士論文，內容包含明代的河道變遷、河患原因、河患的治理、治河理論分別、河工管理組織等。張氏與顏氏的著作仍為斷代的泛論性著作。蔡泰彬《晚明黃河水患與潘季馴之治河》，〔註38〕以潘季馴治黃理淮為中心，並闡釋晚明

〔註28〕星斌夫，〈中国の大運河〉，《明清時代社会経済の史研究》（東京：国書刊行会，1989年4月25日，頁9～17）。

〔註29〕此文分上、下兩集刊出，分別刊於《史學雜誌》，昭和12年第48編，第5號，頁5ノ1～5ノ1，以及昭和12年第48編，第6號，頁6ノ50～6ノ98。

〔註30〕清水泰次，〈明代の漕運〉，《史學雜誌》，昭和3年第39編，第3號，頁215～255。

〔註31〕岑仲勉，《黃河變遷史》，收錄於《岑仲勉著作集》（北京：中華書局，2004年4月新1版1刷）。

〔註32〕申丙，《黃河通考》，收於《中華叢書》（臺北：中華叢書編審委員會，民國49年5月）。

〔註33〕張含英，《歷代治河方略探討》（北京：水利電力出版社，1982年）。

〔註34〕王頲，《黃河故道考辨》（上海：華東理工大學出版社，1995年10月第1版1刷）。

〔註35〕水利部黃河水利委員會黃河水利史述要編寫組，《黃河水利史述要》（北京：水利電力出版社，1984年1月新1版1刷）。

〔註36〕張含英，《明清治河概論》（北京：水利電力出版社，1986年2月第1版1刷）。

〔註37〕顏清祥，〈明代治理黃河述略〉（臺北：國立臺灣大學歷史學研究所碩士學位論文，67學年度）。

〔註38〕蔡泰彬，《晚明黃河水患與潘季馴之治河》（臺北：樂學書局有限公司，民國

河患的原因、泗州與祖陵水患禦水工程等問題，雖以潘季馴治水爲主，但仍有要略性的追述潘季馴治河前的治河官，並分析比較當中的治河得失；另外，關於明代黃河水利史專題研究，蔡氏另有發表〈明代黃河沿岸州縣生祠之建置與水患災民賑濟〉〔註 39〕等文。黃河水沙方面的研究有徐海亮〈歷史上黃河水沙變化的一些問題〉，〔註 40〕該文透過黃河河患史料的綜合分析和河床堆積的研究，指出西漢、宋金、明清三期爲水沙劇烈變異時期。日人谷光隆〈明代徐州地方における黃河の氾濫〉〔註 41〕、〈嘉靖・萬曆の交における徐淮の河工〉，〔註 42〕二文主要在研究淮安至徐州這段「河漕」的河工問題，內容包含明代中期的河患和治河官的河工策略等。

第三節　史料徵集與史料運用

關於史料徵集、運用方面，本書以《明史》、《文淵閣四庫全書》、《四庫全書存目叢書》、《四庫禁燬書叢刊》、《續修四庫全書》、《百部叢書集成》等叢書中的相關史料，以及明、清時期的方志爲主，並輔以明人的文集、筆記諸史料。由於可供徵引的史料相當豐富，筆者先將史料蒐集彙整，加以分類歸納，茲將重要者臚列於下，並作簡要說明。

一、正史中的河渠志書

二十四史中的河渠志、河渠書是最基本的專業史籍，它們反應了各歷史時期的重要水利事件，是研究歷代水利問題的線索。與本課題相關的史籍有《宋史・河渠志》〔註 43〕、《元史・河渠志》〔註 44〕、《明史・河渠志》。〔註 45〕除

87 年 1 月初版）。

〔註 39〕蔡泰彬，〈明代黃河沿岸州縣生祠之建置與水患災民賑濟〉，《淡江史學》，民國 88 年 10 期，頁 147～184。

〔註 40〕徐海亮，〈歷史上黃河水沙變化的一些問題〉，《歷史地理》，1995 年，第 20 輯，頁 32～40。

〔註 41〕谷光隆，〈明代徐州地方における黃河の氾濫〉，《明代河工史研究》（東京：同朋舍，平成 3 年 3 月初版），頁 3～26。

〔註 42〕谷光隆，〈嘉靖・萬曆の交における徐淮の河工〉，《明代河工史研究》（東京：同朋舍，平成 3 年 3 月初版），頁 50～77。

〔註 43〕〔元〕脫脫等撰，《宋史》（北京：中華書局，1997 年 7 月 1 版 4 刷）。

〔註 44〕〔明〕宋濂等撰，《元史》（北京：中華書局，1976 年 4 月 1 版 4 刷）。

〔註 45〕〔清〕張廷玉等撰，《明史》（北京：中華書局，2003 年 2 月第 7 刷）。

此之外，正史中的〈五行志〉、〈地理志〉、〈食貨志〉，以及有相關人物記載的〈紀〉、〈傳〉中，亦有許多史料散佈其中。《明實錄》〔註46〕中有關水利的史料也相當豐富，可以補充正史史料的缺漏或校正其中的錯誤。

二、河、江、湖專志

這類書可分為兩類：

1. 跨水系專書。這類書匯集許多的水利史料，按各水系編成系統論述，包括了全國主要水系、水災情況、水利工程沿革等，為研究歷代水利問題提供了豐富的資料，這類著作有傅澤洪《行水金鑑》，〔註47〕該書是黃河、長江、淮河、運河等河川水利史料匯編，其按河系分類，並依朝代、紀年編排，上起《禹貢》，下迄康熙六十年（1721），每條記載均注明出處，非常方便查考原著。

2. 單一水系專志。這類志書輯錄該水系的重要史料，包含水災潰溢、河道變遷、河工管理等，這類著作有王瓊《漕河圖志》，〔註48〕該書成書於弘治九年（1496），記載漕河的脈絡原委、漕河輿圖、古今變遷、奏議、碑文、詩賦、漕運組織等史料，從中可以瞭解明代初期漕運運作與發展概況，以及對明代初期黃河河道的研究有重要的參考價值。

三、治水專著

該類書除了有大量的水利史料，而且也反映出歷代對水利問題的研究、技術方法、規範與組織等，當中著名的有劉天和的《問水集》，〔註49〕此書共六卷，成書於明嘉靖十五年（1536），其特點為深入實際調查訪問、歷考前聞、理清河道水勢、工程的實況和發展等，書中輯錄天和於嘉靖十三至十五年（1534～1536）任職總理河道官的黃、漕二河工奏疏十四件外，還附載有楊旦與邵元吉的〈治河始末〉、張治的〈修復汶漕記〉、童承敘的〈重建衛

〔註46〕〔明〕李景隆等撰，《明實錄》（京都：中文出版社，1984 年 5 月，據中央研究院歷史語言研究所民國 51 年刊本縮印）。

〔註47〕〔清〕傅澤洪，《行水金鑑》（《中國水利要籍叢編・第一集》，臺北：文海出版社，民國 58 年 5 月初版）。

〔註48〕〔明〕王瓊，《漕河圖志》（北京：水利電力出版社，1990 年 2 月 1 版 1 刷）。

〔註49〕〔明〕劉天和，《問水集》（《中國水利要籍叢刊・第二集》，臺北：文海出版社，民國 59 年 1 月初版）。

河減水四牐碑記〉等文獻碑記，最後附有天和的〈黃河圖說〉，其記述整治黃漕二河的經歷、嘉靖初期的黃河河道變遷概況、修築泗州祖陵和鳳陽壽春王墳的土隄工程等。萬恭的《治水筌蹄》〔註50〕也是明代一部重要的河工專著，成書於萬曆元年（1573），該書闡述黃河、漕河河道的演變和治理，歸納了規畫、施工及管理等方面的經驗，且初步提出「束水攻沙」的理論，該理論後爲潘季馴所吸收利用。潘季馴的《河防一覽》，〔註51〕成書於萬曆十八年（1590），該書輯錄了潘氏治河的思想和方法，其包含黃河圖說、重要河防地段、河工工程和管理組織、治河奏疏，強調隄防修守的方法和制度，系統地說明潘氏的「束水攻沙」的治河理論。

四、奏疏文集

此類書有黃訓《名臣經濟錄》〔註52〕、陳子龍《明經世文編》〔註53〕等，該類書輯錄了許多的明代關於國務、邊防、財政、水利等事務的奏議和檔案，是非常有價值的一手史料。另一方面，有明一代，時人所著的文集相當繁多，其內容包含奏疏、文牘、遊記、雜記等，這些文集輯錄於《文淵閣四庫全書》、《四庫全書存目叢書》、《續修四庫全書》集部之外，目前有些已陸續有以單行本或套書印出。本書所需者約有潘希曾的《竹澗集》〔註54〕、錢薇的《海石先生文集》〔註55〕、鄭曉的《今言》〔註56〕、耿定向的《耿天臺先生文集》〔註57〕、于慎行的《穀城山館文集》〔註58〕、王九思的《渼陂集·續集》〔註59〕等書。

〔註50〕〔明〕萬恭，《治水筌蹄》（北京：水利電力出版社，1985年5月第1版1刷）。

〔註51〕〔明〕潘季馴，《河防一覽》（《中國水利要籍叢編·第二集》，第15冊，臺北：文海出版社，民國59年1月初版）。

〔註52〕〔明〕黃訓編，《名臣經濟錄》（《文淵閣四庫全書》，史部201，臺北：臺灣商務印書館，民國75年3月初版）。

〔註53〕〔清〕陳子龍編，《明經世文編》（北京：中華書局，1987年3月1版2刷）。

〔註54〕〔明〕潘希曾，《竹澗集》（《文淵閣四庫全書》，史部205，臺北：臺灣商務印書館，民國75年3月初版）。

〔註55〕〔明〕錢薇，《海石先生文集》（《四庫全書存目叢書》，集部97，臺南：莊嚴文化事業有限公司，1997年6月初版1刷，據北京大學圖書館藏明萬曆四十一年至四十二年錢氏刻清增修本印）。

〔註56〕〔明〕鄭曉，《今言》（北京：中華書局，1997年11月第1版第2刷）。

〔註57〕〔明〕耿定向，《耿天臺先生文集》（《四庫全書存目叢書》，集部131，臺南：莊嚴文化事業有限公司，1997年6月初版1刷）。

〔註58〕〔明〕于慎行，《穀城山館文集》（《四庫全書存目叢書》，集部147，臺南：莊

五、地方志書

明、清二代所遺留下來的地方志書相當豐富，據今人研究統計：明代，共修纂各類志書有 2892 種；清代則有 4889 種。〔註60〕這些地方志書是研究明清時期各區域的自然、人文發展和變遷的重要史料，亦可補充正史、官牘的疏漏與不足之處。由於天和主持黃、漕二河整治工程，知治金壇縣、湖州府，以及巡察、總制西北事務，故本書研究的地域為黃河中下游地區（南直隸、山東、河南三省交會處）、西北地區（陝西、寧夏、甘肅）、金壇縣及湖州府等。筆者所徵引的方志，目前輯錄於中華全國圖書館文圖縮微複製中心出版的《天津圖書館孤本秘籍叢書》、成文出版社出版的《中國方志叢書》、莊嚴文化事業公司出版的《四庫全書存目叢書》、臺灣商務印書館出版的《文淵閣四庫全書》、上海古籍書店出版的《天一閣藏明代方志選刊》及典藏於中央研究院傅斯年圖書館的微卷，所需的志書有栗祁纂的《（萬曆）湖州府誌》〔註61〕、陸鈇纂修的《（嘉靖）山東通志》〔註62〕、王治纂修的《（嘉靖）沛縣志》等；另一方面，雖然蒙古北退居大漠，但對明廷的威脅則絲毫未減，故明廷在北方設下嚴密的防禦線，以致明人所繪錄的北疆邊防圖書相當豐富，如本書所需有明代兵部編錄的《九邊圖說》〔註63〕、魏煥的《皇明九邊考》〔註64〕、張雨的《邊政考》〔註65〕等圖錄。

嚴文化事業有限公司，1997 年 6 月初版 1 刷，據北京圖書館藏明萬曆于緯刻本影印）。

〔註59〕〔明〕王九思，《渼陂集・續集》（臺北：偉文圖書出版有限公司，民國 65 年 5 月，據明嘉靖間刊本印）。

〔註60〕黃葦等，《方志學》（上海：復旦大學出版社，1993 年 6 月第 1 刷），頁 176、212。

〔註61〕〔明〕栗祁、唐樞，《（萬曆）湖州府誌》（《四庫全書存目叢書》，史部 191，臺南：莊嚴文化事業有限公司，1997 年 6 月初版 1 刷，據明萬曆刻本影印）。

〔註62〕〔明〕陸鈇等纂修，《（嘉靖）山東通志》（《四庫全書存目叢書》，史部 188，臺南：莊嚴文化事業有限公司，1997 年 6 月初版 1 刷）。

〔註63〕〔明〕兵部編，《九邊圖說》（《玄覽堂叢書》，初輯 5，臺北：國立中央圖書館，民國 70 年 8 月臺初版，據明隆慶三年刊本重印）。

〔註64〕〔明〕魏煥，《皇明九邊考》（《中國西北文獻叢書》，第 3 輯，79 冊，蘭州：蘭州古籍書店，1990 年 10 月，據明嘉靖刻本影印）。

〔註65〕〔明〕張雨，《邊政考》（《中國西北文獻叢書》，第 3 輯，78 冊，蘭州：蘭州古籍書店，1990 年 10 月 1 版，據嘉靖刻本影印）。

第四節　研究方法與預期成果

　　本書的研究方法除採歸納、分析、比較、綜合、考證等史學方法外，再資輔歷史地理學的研究方法及電腦軟體繪製歷史地圖。本書的探討以人為主，以事為輔，也就是「以人帶事、以點托面」的書寫方式；在本課題中，筆者著重水利方面的研究，兼及軍事、政治、經濟等方面的討論，正文中的三個主論內容：第二章為「家世生平與仕宦歷程」，敘述天和的生平事蹟與仕宦經歷，其先後擔任監察御史、金壇縣令、湖州知府、總理河道官及陝西三邊總制等職，任內多有政績和功勳，諸如減賦蘇困、治水勸農、平番討賊、修邊禦虜等。第三章為「整治黃河理論與實務」，討論明中期的河患情勢與治河方法，至此，明廷確立了「治河保漕」的方針，隨之奉行「北隄南分」的方策，而這些給天和治河提供了寶貴的經驗，亦是天和治河思想的來源；雖然其治河思想是前人的延續，但在理論與實務上卻有所創新，表現於疏濬河道、培築河隄、管理河工等方面，尤以創制「植柳六法」為著。第四章為「濬理漕河與修護陵墓」，分析漕河的山東段運道，即會通河，以沿岸的湖泊、泉源及支河作為運道的補給水源；另一方面，為了保證漕河的暢通，抑迫黃河向南分流，這些均對下游河道沿岸的居民造成危害，甚至皇室陵墓受威脅；於是，天和對此均有提出主張與實務治理，如培築湖泊隄防、疏濬濟漕泉源、繕修陵寢護隄等。

　　近人研究明代治黃水利史多著墨於徐有貞、白昂、劉大夏、朱衡、萬恭及潘季馴等人，又明中期當中，尤以正德時期至嘉靖初期間的河道變遷和治河方法討論甚少；即使有之，亦是通論概述，以致這期間內有一位值得表揚的治河官為人所忽略，而這位治河官就是天和，雖然其治水時間短促，但是對明代的黃河整治亦作出一定程度的貢獻；另外，天和在治黃之餘，也顧及會通河與皇室陵寢的整治工程。在明代的治黃理漕史上，天和雖沒有赫赫之功，卻用力甚深；因此，筆者透過對天和治理黃、漕二河的研究後，將呈現兩個面向：

　　一、探討天和治黃理漕的思想、理論和實務，恢復天和在明代水利史上應有的地位，以及填補明代正德時期至嘉靖初期的黃河水利研究的空白處。

　　二、透過對天和生平歷程與治水工作的研究後，從中略微反映出正德、嘉靖兩朝的時代特色，以及明中期黃淮地區的人文與自然的互動情形，使得本書的研究別於一般的人物個案研究與書寫，而是一個時空交織的人物個案

研究。最後，筆者冀望本文對明代水利史的研究上能盡微薄之力外，更期望
對當今面臨地球暖化、生態浩劫的人類可以發揮借鏡和省思的作用，使其在
解決環境與生態惡化問題能有所裨益！

第二章　家世生平與仕宦歷程

　　劉天和的家族先世可考者，從現存的諸史料中，僅可知其前五代祖先之大略，而天和生長於成化、弘治二朝，求學於弘治朝，歷仕正德、嘉靖二朝。正德三年（1508）以進士出身，正式步入仕途，初任南京禮部主事，後以監察御史出按陝西，因事觸犯鎮守中官而下獄，釋出謫金壇縣丞，屢遷金壇縣令、湖州知府，多有惠政。嘉靖初年，歷任山西提學副使、南京太僕寺少卿、右僉都御史、陝西巡撫，督理屯政與平定番賊均有功績，進爲右副都御史。嘉靖十三年（1534）以右副都御史總理河道，治理黃河與漕河水利。嘉靖十五年（1536），以兵部左侍郎之職，總制陝西三邊軍務，改良單輪戰車與強弩，並修築邊墻，屢次擊退韃靼犯邊有功，加封爲太子太保，旋遷南京戶部尚書，後召回京都任兵部尚書督團營，是一位具有文韜武功之仁臣。

第一節　家世性格

一、家世傳承

　　劉天和，字養和，號松石，隸籍湖廣黃州府麻城縣（湖北今市），成化十五年（1479）六月十六日生，其祖先並非世居麻城縣，而是江西南昌（江西今市）人。由於玄祖父劉夢於元末隨朱元璋起兵，後元滅明立，夢有軍功而得福建漳州府（福建今市）同知，以及受賜田於麻城縣，遂由南昌徙至麻城；

〔註1〕從此，劉氏世代皆爲麻城縣人。

　　天和的高祖父劉從憲爲劉夢的第三子，從憲之子劉訓（天和的曾祖父），字忠言，正統三年（1438）得舉人，復於翌年（1439）中進士，〔註2〕並任南直隸金壇縣（江蘇今市）知縣，知金壇縣時有惠政，於該縣「建預備倉數十楹，修舉廢墜，勸課農桑」，〔註3〕訓於興學濟才也不遺餘力，遷建縣儒學內的明倫堂，又當時邑中有王豪、錢澍兩人貧困且好學；爲此，訓以己之薪俸資二人向學，日後王、錢二生亦不負訓之期望，皆於正統十三年（1447）榮登進士。〔註4〕另外，訓「性儉素，琴書外無長物，暇即躬治蔬圃，巡撫周忱（1381～1453）爲斂魚茉戶各一，輪供以助其廉，治行爲天下第一」，〔註5〕更於景泰年間陞爲山西左參政，〔註6〕而金壇縣民感念其良政，祀於名宦鄉賢祠中。〔註7〕而訓年少時，初婚之夜，有偷者趁此入其家室行竊，被訓瞧見，一眼便認出這位偷者是素識之人，不但許以終生不言偷者姓名，更撿取夫人的金飾與偷者，並加以勸誡；其年老時，家人曾問偷者爲何人，但訓終不言偷者的姓名，〔註8〕此行可謂是誠信仁恕。其子仲轉（天和的祖

〔註1〕　〔明〕王世貞，《弇州四部稿》（《文淵閣四庫全書》，集部219，臺北：臺灣商務印書館，民國75年3月初版），卷86，〈明光祿大夫太子太保兵部尚書贈少保劉莊襄公墓誌銘〉，頁1上～1下：〔明〕耿定向，《耿天臺先生文集》（《四庫全書存目叢書》，集部131，臺南：莊嚴文化事業有限公司，1997年6月初版1刷），卷16，〈劉莊襄公逸事略〉，頁38下。

〔註2〕　《弇州四部稿》，卷86，〈明光祿大夫太子太保兵部尚書贈少保劉莊襄公墓誌銘〉，頁2上：〔明〕徐學謨，《（萬曆）湖廣總志》（《四庫全書存目叢書》，史部195，臺南：莊嚴文化事業有限公司，1997年6月初版1刷），卷37，〈選舉表二〉，頁14上，以及卷38，〈選舉表三〉，頁24下。

〔註3〕　〔清〕尹繼善等修，《（乾隆）江南通志》（《文淵閣四庫全書》，史部268，臺北：臺灣商務印書館，民國75年3月初版），卷114，〈職官志〉，頁63上。

〔註4〕　〔清〕和珅，《大清一統志》，（《文淵閣四庫全書》，史部238，臺北：臺灣商務印書館，民國75年3月初版），卷264，〈黃州府二〉，頁20上：〔清〕佚名，《（光緒）金壇縣志》，（臺北：中央研究院傅斯年圖書館藏清光緒十一年刊本），卷7，〈學校志〉，頁1下、卷8，〈選舉志〉，頁5下。

〔註5〕　《（乾隆）江南通志》，卷114，〈職官志〉，頁63上。

〔註6〕　〔清〕邁柱等監修、夏力恕等編纂，《（雍正）湖廣通志》，卷34，〈選舉志〉，頁53下。

〔註7〕　《（光緒）金壇縣志》，卷7，〈學校志〉，頁8：〔明〕楊廉，《楊文恪公文集》（《續修四庫全書》，第1332冊，上海：上海古籍出版社，2003年3月1版1刷），卷32，〈金壇縣創建名宦鄉賢二祠記〉，頁13上。

〔註8〕　〔明〕何喬遠，《名山藏》（《四庫禁燬叢刊》，史部47，北京：北京出版社，

父）於景泰四年（1453）登舉人，並任浙江崇德縣（浙江桐鄉市）縣令。〔註9〕

　　仲輈之子劉璲，字士約，娶秦氏爲妻，生有二子，長子即爲天和，次子名天民。璲於成化十六年（1480）得舉人，再於弘治三年（1490）登進士，授江西豐城縣（江西今市）知縣，〔註10〕其治理縣政：

> 臨政嚴明，庭無私謁。凡民間均徭徵銀等項，輒印花欄票帖，明載
> 數目，給與小民，令依期執帖以輸，吏胥里老不得肆其乾沒。邑有
> 給引錢，每歲不下數千，從前入令私橐，璲悉貯之公用，修築河堤
> 亦甚有功。〔註11〕

璲將賦役等項數目均明載於票帖上，再將票帖與民，從中可看出其徵斂有方；而該斂徵方式，一來可使邑民清楚地知曉每人所要擔負的徭役與賦稅爲何，且依日期執帖履行其義務，使得賦役徵派不擾於民；二來可避免吏胥、里老的侵吞貪沒。璲也從不將稅銀納入私橐己用，全作爲地方上的事務，如修隄築堨。

　　　2000 年 1 月 1 版 1 刷），卷 78，〈臣林計·劉天和〉，頁 19 下；《耿天臺先生文集》，卷 16，〈劉莊襄公逸事略〉，頁 39 上～39 下。

〔註 9〕　《（萬曆）湖廣總志》，卷 38，〈選舉表三〉，頁 28 下；《弇州四部稿》，卷 86，〈明光祿大夫太子太保兵部尚書贈少保劉莊襄公墓誌銘〉，頁 2 上。

〔註 10〕《（萬曆）湖廣總志》，卷 37，〈選舉表二〉，頁 18 上，以及卷 38，〈選舉表三〉，頁 39 下；《弇州四部稿》，卷 86，〈明光祿大夫太子太保兵部尚書贈少保劉莊襄公墓誌銘〉，頁 2 上；〔明〕盧濬等修，《（弘治）黃州府志》（《天一閣藏明代方志選刊》，16 冊，臺北：新文豐出版公司，民國 74 年），卷 5，〈人物志〉，頁 84 上；《耿天臺先生文集》，卷 16，〈劉莊襄公逸事略〉，頁 41 上。

〔註 11〕〔明〕李貴，《（嘉靖）豐乘》，（《天一閣藏明代方志選刊續編》之 42，上海：上海書店，1990 年 12 月 1 版 1 刷，據明嘉靖刊本影印），卷 7，〈秩官列傳·劉璲〉，頁 320～321。

圖 2-1：明代豐城縣縣郭圖

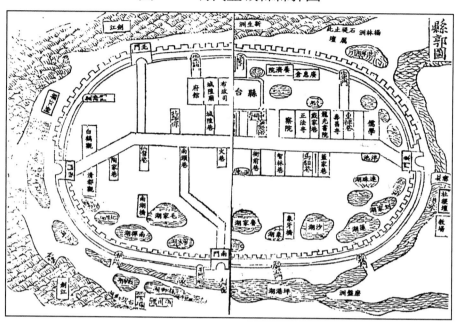

資料來源：〔明〕李貴，《（嘉靖）豐乘》（《天一閣明代方志選刊續編》之 42，
　　　　上海：上海書店，1990 年 12 月 1 版 1 刷，據明嘉靖刊本影印），
　　　　卷首，〈縣郭圖〉，頁 8～9。

　　豐城縣的「地勢外隆中窪」，〔註12〕又「春夏水生之時，所恃者隄而已，
然諸隄以縣治之隄為要。」〔註13〕從《豐乘‧豐城縣縣郭圖》（見圖 2-1）可
看出豐城縣城的周圍為河所環；此外，其地形又是外突隆內低窪，若遇河水
暴漲，河勢滾湧，無疑地將衝擊豐城。所以，必須於城牆外圍構築環狀隄防
障護之，而其外圍隄防的形式與功能，「周迴十里築土隄以防水患，惟北隄砌
石以捍袁、賴二河之合流，水勢湍悍，隨修隨圮，相繼修者不知幾人，錢費
不可以緡計，終不克固永久，往往宰邑者惟北隄是故；而南隄忽之。歲月茲
久，南隄崩潰與平地等，遇夏秋洪水漲漫，踰隄入市，淊沒盧舍，民甚病焉。」
〔註14〕為了防止北邊的袁、賴兩河的合流大水，遂使北隄的修護長期受到重
視，而日益堅固，卻忽略了南隄的修護，以致南隄日漸崩塌。若遇洪水，即

〔註12〕　《（嘉靖）豐乘》，卷6，〈藝文志‧明李冢宰裕重築縣城南隄記〉，頁285。
〔註13〕　《（嘉靖）豐乘》，卷6，〈藝文志‧楊宗伯廉豐城縣新掃記〉，頁287。
〔註14〕　《（嘉靖）豐乘》，卷6，〈藝文志‧明李冢宰裕重築縣城南隄記〉，頁285。

使北隄擋得住，水勢亦將從南隄的缺陷處灌入城內，故縣民仍遭水患之苦。基於此，弘治六年（1493），璲修完北隄後，隨即整修南隄。南、北二隄的修築過程：

> 無論豪家卑室，一例稽丁應役幾萬人，簡邑民謹厚繕事者郭誠等十八人，分董其事，侯（劉璲）總視之，朝暮往還，課其功，民亦樂於趨事，築之甚固。南隄因舊基高增一丈，橫廣倍之，旁飾以柳；北隄視低薄者累土崇厚，與南隄並峙，陡門、閘積土於旁，置閘板令人守之外，河水溢，閉板築土捍之，水殺啟板以泄城中水。是歲（弘治六年）九月干日始事，為日九十有五而訖工。〔註15〕

此役是「因民所利而利之，民不怨」，〔註16〕邑民遂「得其利而服其役」，〔註17〕可以看出築河工役有利於百姓，且役民不重，故邑民樂於服役。翌年（1494），璲又修築城牆，以及將自己的薪俸餘錢捐納於修築圍墻護城，其率眾修築沿城圍墻，共築一千四百丈。〔註18〕璲傾力於修城牆築隄墻，使豐城縣民的身家安全得到更堅固的障衛。

除了賦役徵派的改革與城牆隄墻的修築外，璲還「興學育才，邑有淫祀，首毀之，以正民俗」，〔註19〕又「敬老尊賢，作興士類」，〔註20〕又在弘治七年（1494）重修縣儒學內的正誼樓，取宋儒朱熹的詩語之意，而將「正誼樓」恢復原名為「秀傑樓」；同時，縣儒學內的金聲、玉振二坊與東、西學舍五十餘間的修建皆成，〔註21〕其治理縣政無不福邑利人，敦民化俗，治行被評為「江右良有司第一」。〔註22〕弘治八年（1495）年，璲卒於知縣任內，遺惠政於豐城，邑民受益而感恩之，祀璲於名宦祠以為思念。〔註23〕

〔註15〕《（嘉靖）豐乘》，卷6，〈藝文志・明李冢宰裕重築縣城南隄記〉，頁286。

〔註16〕《（嘉靖）豐乘》，卷6，〈藝文志・明李冢宰裕重築縣城南隄記〉，頁286。

〔註17〕《（嘉靖）豐乘》，卷6，〈藝文志・明李冢宰裕重築縣城南隄記〉，頁286。

〔註18〕《（嘉靖）豐乘》，卷5，〈溝洫志・湖渠〉，頁224。

〔註19〕〔明〕李賢等，《明一統志》（《文淵閣四庫全書》，史部231，臺北：臺灣商務印書館，民國75年3月初版），卷61，〈黃州府〉，頁50上。

〔註20〕《（嘉靖）豐乘》，卷6，〈藝文志・明李冢宰裕重築縣城南隄記〉，頁286。

〔註21〕《（嘉靖）豐乘》，卷5，〈學校志〉，頁243～244；〔明〕楊廉，《楊文恪公文集》，卷31，〈豐城縣修學記〉，頁32上～32下。

〔註22〕《（雍正）湖廣通志》，卷48，〈鄉賢志〉，頁10上；〔明〕過庭訓，《本朝京省人物考》（《四庫禁燬叢刊》，史部62，北京：北京出版社，2000年1月1版1刷），卷78，〈黃州府・劉璲〉，頁26下。

〔註23〕《（嘉靖）豐乘》，卷5，〈學校志〉，頁245；《耿天臺先生文集》，卷16，〈劉

二、性格特質

　　天和「少時穎朗，十歲能屬文」，[註24] 又其父璲任豐城縣令時，隨行於側，時年十五歲。此期間，從學於鄉先生楊廉（1452～1525）研習理學。楊廉字方震，號月湖，[註25] 其學「遠宗孔孟，近法程朱」，[註26]「居敬窮理之學，文必根六經，自禮樂、錢穀至星曆、算數，具識其本末」，[註27] 其學行據《整菴存稿·月湖文集序》載：

> 公夙有志識，求道甚懇，百家之籍無所不覽，而一以六經為的。凡辭說之出於諸君子者，篤信而固守之，精思而力踐之。及其學成行尊，遂為多士之所矜式，士無暇邇，皆知有楊月湖先生，聞其名而不獲見者，未嘗不以為私恨也。[註28]

由此可看出楊廉的學識相當淵博外，亦為知行合一之士。楊廉奇天和之才，授予舉子業，並「以古人期之，嘗告其父（劉璲）曰：『此子資質可進道。』」[註29]

　　弘治十一年（1498），天和年二十歲，登舉人，[註30] 此時的他「為人長身玉立，顧盼偉神」，[註31] 又個性素樸，「時唯著一布袍，往返朋輩家，名刺出袖中，無一僮隨者。」[註32] 某次有位與劉家世交的縣令登門造訪：

> 有邑令於天和有世好，天和不與通，令強求之，天和自山中讀書還，

莊襄公逸事略〉，頁 39 下。

[註24]《弇州四部稿》，卷 86，〈明光祿大夫太子太保兵部尚書贈少保劉莊襄公墓誌銘〉，頁 2 下。

[註25]《弇州四部稿》，卷 86，〈明光祿大夫太子太保兵部尚書贈少保劉莊襄公墓誌銘〉，頁 2 上；〔清〕黃宗羲，《明文海》（《四庫全書存目叢書》，集部 397，臺南：莊嚴文化事業有限公司，1997 年 6 月初版 1 刷），卷 442，羅欽順，〈南京禮部尚書致仕贈太子少保諡文恪月湖先生楊公墓誌銘〉，頁 8 下。

[註26]〔清〕沈佳，《明儒言行錄》，（《文淵閣四庫全書》，史部 216，臺北：臺灣商務印書館，民國 75 年 3 月初版），卷 6，〈楊廉〉，頁 47 下。

[註27]〔清〕張廷玉等撰，《明史》（北京：中華書局，2003 年 2 月 1 版 7 刷），卷 282，〈楊廉傳〉，頁 7248。

[註28]〔明〕羅欽順，《整菴存稿》，（《文淵閣四庫全書》，集部 200，臺北：臺灣商務印書館，民國 75 年 3 月初版），卷 8，〈月湖文集序〉，頁 14 下～15 上。

[註29]〔清〕傅維鱗，《明書》（《四庫全書存目叢書》，史部 38，臺南：莊嚴文化事業有限公司，1997 年 6 月初版 1 刷），卷 131，〈劉天和傳〉，頁 10 上。

[註30]《（萬曆）湖廣總志》，卷 38，〈選舉表三〉，頁 49 下。

[註31]《明書》，卷 131，〈劉天和傳〉，頁 10 上。

[註32]《耿天臺先生文集》，卷 16，〈劉莊襄公逸事略〉，頁 39 下～40 上。

> 方圖見令，令先之，殺雞沽酒以延令。令具語治縣狀，天和爲判斷
> 其可否，令大服，饋之金不受，令曰：「劉君以我世好，故少之乎？」
> 倍贈之，其不受如初。〔註33〕

從中可以看出天和不取非分之財，有乃祖乃父之清風，此行終使自己免於一
場無妄之災，因爲縣令所贈之金是「歛里甲金若干鍰贈邑諸舉人，……，而
令爲里民訟，諸舉人背累追償；而公獨免。」〔註34〕天和於前得知此財爲不
義之歛，遂堅持不受，其行止誠爲明哲保身。

　　天和三度未登進士榜，「家食十餘年，攻苦力學，不屑以隻字浼」，〔註35〕
不以字帖名刺請託央求於人，全恃己力而苦讀上游。歷經十餘春秋，於正德
三年（1508）以二甲第三十三名舉進士，〔註36〕時年三十歲。登科之際，「夫
人舉進士則皆喜，而天和蹙蹙不能豎立，思之終夜不能寐；夫人舉進士洋洋
飾僕馬衣服，天和墨如也，而獨擇交於賢人君子。」〔註37〕一般士子若登科
者大都爲欣喜且洋洋得意，他反而無喜貌，並且「獨自念曰：『儒生業舉一事
勾當已矣，乃仕進則自今伊始，顧此生何所建樹乃能不愧也！』慨然感奮，
終夜不寐。」〔註38〕當中反映出登科對天和來說是經國濟世責任的開始，而
非富達顯要的肇端，所要思考的是如何才能有所建樹而福國益民，而非如何
鑽營以取得榮名豐祿。

　　天和舉進士時，正值明武宗寵信宦官劉瑾（？～1510），劉瑾與馬永成、
高鳳、羅祥、魏彬、丘聚、谷大用、張永七位宦官營黨，時人稱爲「八虎」，
他們日進鷹犬、歌舞、角觝之戲，以及誘導明武宗微行，〔註39〕無所不用其
極地滿足其玩興，甚至蠱惑於「西華門別構院御，築宮殿，而造祕室于兩廂，
勾連櫛列，命曰：豹房」，〔註40〕爾後明武宗幾乎日夕沉溺於此。武宗因而得
大歡喜，使得劉瑾受上恩寵有加，其權勢也日益擴大：

〔註33〕《名山藏》，卷78，〈臣林記・劉天和〉，頁19下。
〔註34〕《耿天臺先生文集》，卷16，〈劉莊襄公逸事略〉，頁40上。
〔註35〕《耿天臺先生文集》，卷16，〈劉莊襄公逸事略〉，頁40上。
〔註36〕〔明〕鄧球，《皇明泳化類編》（臺北：國風出版社，民國54年4月初版，據
　　　明隆慶刊鈔補本影印），卷53，〈劉天和〉，頁33下。
〔註37〕《名山藏》，卷78，〈臣林記・劉天和〉，頁19下。
〔註38〕《耿天臺先生文集》，卷16，〈劉莊襄公逸事略〉，頁40上～40下。
〔註39〕《明史》，卷304，〈劉瑾傳〉，頁7786。
〔註40〕〔清〕夏燮，《明通鑑》（臺北：世界書局，民國51年11月初版），卷42，〈武
　　　宗毅皇帝〉，頁1579。

　　（劉）瑾欲全竊大柄，乃日撓雜藝，俟上玩弄，則多取各司章疏請
　　省訣。上每曰：「吾用爾爲何？乃以此一一煩朕耶！」自是（劉）瑾
　　不復奏，事無大小，任意剖斷，悉傳旨行之，上多不之知也。〔註41〕

劉瑾得到明武宗的信用，甚至可以代帝批駁奏章，其狐假虎威之勢，「公侯勳
戚以下，莫敢鈞禮，每私謁，相率跪拜。章奏先具紅揭投瑾，號紅本，然後
上通政司，號白本，皆稱劉太監而不名。都察院奏讞誤名瑾，瑾怒罵之，都
御史屠滽率屬跪謝乃已。」〔註42〕可見其權勢可說是處一人之下，萬人之上。

　　劉瑾除了營黨排異、伐害忠良外，也積極地籠絡士人，藉以鞏固權柄，
拓張勢力，而有些士人以阿附爲榮，猶如蠅聚蛾撲。某日，劉瑾於眾士中奇
天和才貌，又探聞得知與天和爲同姓，便差人齎送宗生帖，邀其敘宗姓，並
以種種利祿餌誘，藉以拉攏，然天和均推謝堅拒。〔註43〕正德三年（1508），
天和任南京禮部主客司主事，開始步入仕宦之途。〔註44〕不久，劉瑾矯詔禁
止臣民用「天」字爲名，凡名有「天」字者皆須易名，如郎中方天雨省字易
爲方雨、參議倪天民則更爲倪民，天和亦不例外而略字易名爲劉和。〔註45〕
越兩年多，即正德五年（1510），此時逢安化王朱寘鐇反叛，並檄討劉瑾諸罪，
劉瑾懼怕便藏匿檄文，使都御史楊一清（1454～1530）與宦官張永認爲可藉
此株除劉瑾，於寘鐇之叛平定後，楊一清與張永予以舉發，〔註46〕致劉瑾「詔
磔於市，梟其首，榜獄詞處決圖示天下」。〔註47〕由於劉瑾的倒臺，使得之前
遭陷而降調的朝臣言官皆恢復舊職或更職，天和於同年（1510）以才德茂異
而徵拜爲監察御史。〔註48〕

〔註41〕　《明通鑑》，卷42，〈武宗毅皇帝〉，頁1571。

〔註42〕　《明史》，卷304，〈劉瑾傳〉，頁7789。

〔註43〕　《明史》，卷304，〈劉瑾傳〉，頁7786～7790；《耿天臺先生文集》，卷16，〈劉
　　　　莊襄公逸事略〉，頁38下。

〔註44〕　《弇州四部稿》，卷86，〈明光祿大夫太子太保兵部尚書贈少保劉莊襄公墓誌
　　　　銘〉，頁2上。

〔註45〕　〔明〕陳洪謨，《繼世紀聞》（北京：中華書局，1997年11月1版2刷），卷
　　　　2，無卷名，頁80；〔明〕沈德符，《萬曆野獲編》（北京：中華書局，2004年
　　　　4月1版4刷），補遺卷2，〈禮部・命名禁字〉，頁856。

〔註46〕　《明史》，卷304，〈劉瑾傳〉，頁7791，以及卷198，〈楊一清傳〉，頁5527～
　　　　5528。

〔註47〕　《明史》，卷304，〈劉瑾傳〉，頁7791～7792。

〔註48〕　《耿天臺先生文集》，卷16，〈劉莊襄公逸事略〉，頁40下；《皇明泳化類編》，
　　　　卷53，〈劉天和〉，頁33下。

天和娶王氏爲妻，和悅相守至老，無另娶媵妾，育有四子三女。長子劉淞爲鄉貢士，娶王氏；次子劉濚，嘉靖十一年（1532）登進士，後任刑部郎中，娶萬氏與毛氏；三子劉溧，受蔭而爲太學生，娶李氏；四子劉灤爲庠生，娶詹氏。三女分別婚配長盧都轉運使周載、生員王同舟、林縣縣令方民懷。天和之孫有七男三女，七孫分別爲：劉守蒙爲生員；劉守孚掌錦衣正千戶；劉守復任廣東保昌縣縣令；劉守乾任都督府都事；劉守巽爲生員；劉守有爲錦衣衛指揮使，總領緹騎，爲環衛天子的親臣；劉守濟爲監生。三孫女分別婚配舉人魯嘉祐、生員李日堅、太學生魯嘉裔。〔註49〕

第二節　巡按良政

一、除奸袪弊

正德七年（1512），天和奉命擔任陝西巡按御史，〔註50〕而天和巡陝前，陝西的「鎮守內臣貪饕殘酷，剝民脂膏椎及髓」，〔註51〕其中以「廖堂者適爲關中鎮守，煽虐特甚，秦民嗷嗷」，〔註52〕又「陝之官府自撫按以下皆望風奔走」，〔註53〕使得「全陝八郡三十餘衛所之間，元氣爲之喪盡。」〔註54〕鎮陝中官廖堂與任錦衣衛的廖鵬二人於關中地區狼狽爲奸，唱和作惡，置秦人於水深火熱中，病篤不堪。廖鵬本爲福建人，後投附宦官廖堂，遂冒姓稱爲弟，甘爲閹奴之心昭昭可見；另外，廖堂初恃劉瑾黨援，而廖鵬與其三子廖鎧、廖銳、廖鉞也都授官任錦衣衛，〔註55〕從此廖氏閹黨的貪虐惡行如星火燎原，

〔註49〕《弇州四部稿》，卷 86，〈明光祿大夫太子太保兵部尚書贈少保劉莊襄公墓誌銘〉，頁 6 下～7 上；《萬曆野獲編》，卷 15，〈科場・現任大臣子弟登第〉，頁 399、卷 21，〈禁衛・世錦衣掌衛印〉，頁 536。

〔註50〕《皇明泳化類編》，卷 53，〈劉天和〉，頁 33 下。

〔註51〕〔明〕黃訓編，《名臣經濟錄》（《文淵閣四庫全書》，史部 201，臺北：臺灣商務印書館，民國 75 年 3 月初版），卷 11，張瓚，〈題添鎮守推將官疏〉，頁 45 上。

〔註52〕《耿天臺先生文集》，卷 16，〈劉莊襄公逸事略〉，頁 41 上。

〔註53〕《明文海》，卷 291，張治道，〈送提學劉松石先生陞南京太僕寺少卿序〉，頁 15 下。

〔註54〕《名臣經濟錄》，卷 11，張瓚，〈題添鎮守推將官疏〉，頁 45 上。

〔註55〕〔明〕王世貞，《弇山堂別集》（北京：中華書局，1985 年 12 月 1 版 1 刷），卷 97，〈中官考八〉，頁 1844。《明文海》，卷 435，文徵明，〈故資善大夫南京刑部尚書顧公墓誌銘〉，頁 12 上。

熾炎漸漸地拓燃開來。鎮陝之前，廖堂、廖鵬二人先是鎮守河南，且於豫地多行不經之事荼毒生民。在豫地時，兩人頤使三司（布政司、按察司、指揮司）外，〔註56〕還可以「奏保司府等官賢，且擬某陞某調，下吏部議，多從其言。……徑情妄作，專權自恣，輒敢指名照缺陞調濟一己之私」，〔註57〕其權大到可以干預一省的刑民政事與官吏職等的陞降；另一方面，又「假以進貢，無名之徵百出」，〔註58〕更「奏兼管修河，剝取民財，徧于鄉野，輦送數千萬于京師」，〔註59〕這些貢物金財除了上納皇帝外，絕大部分盡入私囊。河南一省由於二人「百計腹削，公私一空」；〔註60〕相反地，兩人卻「積金帛如山」，〔註61〕相較之下，一空一富的景象極為諷刺。

正德五年（1510），劉瑾失勢後，佞臣錢寧（？～1521）繼起亂政，常以戲樂引帝歡，遂得明武宗的喜愛，以此被武宗納為義子，且賜國姓，〔註62〕寧「累遷左都督，掌錦衣衛事，典詔獄，言無不聽，其名刺自稱皇庶子」，〔註63〕其家產「富倍於國，華堂珍館之盛以間計者，數百千間；神宮佛院之費以銀計者，數十萬兩」，〔註64〕其盜政擅權，以致「在京在外，各該衙門弊政多端。」〔註65〕然而廖堂、廖鵬囂張太甚，遭御史鄧庠（1447～1524）上疏奏劾且欲逮捕治

〔註56〕〔明〕崔銑，《崔氏洹詞》（《四庫全書存目叢書》，集部56，臺南：莊嚴文化事業有限公司，1997年6月初版1刷，據杭州大學圖書館藏明嘉靖三十三年周鑰等池州刻本），卷14，〈都察院右僉都御史王君墓誌銘〉，頁2上。

〔註57〕〔明〕費宏等撰，《明武宗實錄》（京都：中文出版社，1984年5月，據中央研究院歷史語言研究所民國51刊本縮印）《明武宗實錄》，卷39，頁8上，正德三年六月丙戌條。

〔註58〕《弇山堂別集》，卷96，〈中官考七〉，頁1834。

〔註59〕〔明〕陳洪謨，《繼世餘聞》（北京：中華書局，1997年11月版2刷），卷2，頁82。

〔註60〕《弇山堂別集》，卷97，〈中官考八〉，頁1844。

〔註61〕《崔氏洹詞》，卷14，〈亡友張仲休墓誌銘〉，頁16上。

〔註62〕〔明〕顧璘，《顧華玉集‧息園存稿文》（《文淵閣四庫全書》，集部202，臺北：臺灣商務印書館，民國75年3月初版），卷6，〈東園金先生傳〉，頁32下，以及《弇州四部稿》，卷79，〈客有徵錦衣事者不能詳余以所聞聞答之退而詮其語曰錦衣志〉，頁13下。

〔註63〕《明史》，卷307，〈錢寧傳〉，頁7891。

〔註64〕〔明〕林俊，《見素集‧奏議》（《文淵閣四庫全書》，集部196，臺北：臺灣商務印書館，民國75年3月初版），卷5，〈請親大臣疏〉，頁19上～19下。

〔註65〕〔明〕何孟春，《何文簡疏議》（《文淵閣四庫全書》，史部202，臺北：臺灣商務印書館，民國75年3月初版），卷8，〈陳革內官疏〉，頁1下。

罪，〔註66〕有感災殃將臨；於是，兩人轉而倚恃錢寧，「（廖）鵬大懼欲求解於朱寧（即錢寧），思財貨珍寶，百無當其意者，乃令後房素所寵者一人出入寧家，寧遂留之。……。自是鵬拜寧為恩父，寧每自豹房休沐歸，輒過鵬家止宿，鵬不知恥，反以誇詡于眾。」〔註67〕堂、鵬二人用盡方法取悅錢寧以自固，致免於失勢之險。日後，兩人又調往陝西鎮守，至秦地貪暴仍然如故，流毒浸漫豫、陝二省，使得「河、陝之人怨之入骨」。〔註68〕

　　天和巡按陝西，猶如入虎穴之地。天和即將起行赴陝前，於篋盒中預置囚衣以備隨行，與弟天民訣別說：「朝廷所以特命我者以閹故，我如首鼠自全則辱命墮職，平生盡棄矣！茲行即生死不可知也，吾母氏重以托吾弟，慎勿令兒女子知此。」〔註69〕惟其非但不畏懼，反而置生死於度外，浩然之氣令人讚嘆。廖鵬耳聞天和將來，甚為恐懼，便親登天和府邸求好，據載：

　　（廖鵬）聞之懼，迺托先生之厚以求見，曰：「鵬得從此伺候於先生之門，以求教先生。」然其意實欲來關中，依其兄弟為勾取計。時鵬值有南京之命，鵬辭以「親老不敢離膝下，朝廷准在京養母矣！」先生（天和）即屬言曰：「聞汝辭南京之命而不赴，為親也，又何得往關中哉？縱欲往，獨不思朝廷命耶？」〔註70〕

求好不成，廖鵬轉而「甚口肩脅為堂請一日歡，公正色不之顧」，〔註71〕在廖鵬軟硬兼施地請託下，天和仍不動於心，展現出不迎貴不畏強的精神，這種精神震懾廖鵬，鵬遂不敢再返關中，暗中捎信通知關中的廖堂，請廖堂避之，正德八年（1513），天和正式前往陝西就任，〔註72〕一到關中無視閹黨的存在，便大刀闊斧地進行改革，「持憲秉度，退姦進賢，抑強扶弱，興利袪害，法行遠邇」，〔註73〕更進一步「榜廖堂不法事於衢，飭諸司毋曲徇」；〔註74〕於天

〔註66〕《弇山堂別集》，卷95，〈中官考六〉，頁1822。

〔註67〕《弇山堂別集》，卷95，〈中官考六〉，頁1822～1823

〔註68〕《弇山堂別集》，卷97，〈中官考八〉，頁1844。

〔註69〕《耿天臺先生文集》，卷16，〈劉莊襄公逸事略〉，頁41上。

〔註70〕《明文海》，卷291，張治道，〈送提學劉松石先生陞南京太僕寺少卿序〉，頁15下～16上。

〔註71〕《弇州四部稿》，卷86，〈明光祿大夫太子太保兵部尚書贈少保劉莊襄公墓誌銘〉，頁2下。

〔註72〕《明文海》，卷291，張治道，〈送提學劉松石先生陞南京太僕寺少卿序〉，頁15下～16上。

〔註73〕〔明〕呂柟，《涇野先生文集》（《四庫全書存目叢書》，集部61，臺南：莊嚴文化事業有限公司，1997年6月初版1刷，據湖南圖書館藏明嘉靖三十四年

和前的巡陝御史「罔不惴惴焉，苟且將就以延歲月」，〔註75〕與前相較下可更展現出其改革的魄力，既不選擇迎權附勢，抑不採苟延姑息，陝西的弊政之所以能沉痼甚久，閹黨的熾焰能不滅，反而更熾盛，其最大原因就是地方有司和巡按的姑息放任，他們的怠政瀆職導致禍殃秦民。

天和首揭廖堂的罪行後，隨即命隨行弁將周尚文繩縛廖堂的爪牙下獄，〔註76〕這一連續的袪弊剷奸使「一切害民蠹國之政悉剪革無餘，凡河南深鈎取巧之術一毫不敢施於關中，行之數月，官府清紀綱正，百姓樂業」，〔註77〕因而大挫廖堂的勢力；隨即「堂陽爲惴惴請一切得自新，天和亦冀其貌悔小寬之。」〔註78〕後來終於讓廖堂逮到機會，「會堂奉旨於蘭州等處造辦進貢燒餅，宜關白巡按，天和以蘭州爲御史馬溥然所轄，辭不住。又洛川妖民邵進祿爲亂，事覺自守於官，（王）廷相釋之，堂遂撫奏天和違命，併及廷相釋賊事。」〔註79〕廖堂先圖緩計向天和謝罪，卻陽奉陰違地聯絡其弟廖鵬，託鵬關節錢寧上謗書贓誣天和，然廖堂得到錢寧的外援後，旋命校卒繫捕天和。〔註80〕繫逮之日，天和正典監鄉試，試場內的典試官員與士子一「聞錦衣校至，相顏失色，公了不爲動，即檄二理官檢閱圖書篋笥，取其堪案付監司，（天和）已易服就逮時，堂喷左右嚴公械，撫巡諸司憚堂氣勢無敢近者。」〔註81〕天和下逮的消息在長安傳開來，「長安吏民感公恩而痛其冤」，〔註82〕吏民們遂伸援天和，當時的伸援情況：

> 長安吏民萬餘人慟哭擁車，車爲軔不得發，籲聲震地，壯者至掊挺

　　　于德昌刻本印），卷16，〈贈松石劉公陞南太僕序〉，頁3下。

〔註74〕《弇州四部稿》，卷86，〈明光祿大夫太子太保兵部尚書贈少保劉莊襄公墓誌銘〉，頁2下。

〔註75〕《明文海》，卷291，張治道，〈送提學劉松石先生陞南京太僕寺少卿序〉，頁15下。

〔註76〕《名山藏》，卷78，〈臣林記・劉天和〉，頁20上。

〔註77〕《明文海》，卷291，張治道，〈送提學劉松石先生陞南京太僕寺少卿序〉，頁16上。

〔註78〕〔明〕唐鶴徵，《皇明輔世編》（《四庫全書存目叢書》，史部98，臺南：莊嚴文化事業有限公司，1997年6月初版1刷，據明崇禎十五年陳睿謨刻本印），卷5，〈劉司馬天和〉，頁29下。

〔註79〕《明武宗實錄》，卷108，頁11上，正德九年春正月戊子條。

〔註80〕《明文海》，卷388，王一鳴，〈劉莊襄公列傳〉，頁12下。

〔註81〕《耿天臺先生文集》，卷16，〈劉莊襄公逸事略〉，頁41下。

〔註82〕《弇州四部稿》，卷86，〈明光祿大夫太子太保兵部尚書贈少保劉莊襄公墓誌銘〉，頁3上。

> 求堂，欲捶殺啖其肉；堂恐，杜門引避。咸甯（寧）民郭鎮等竟死
> 車下，堂遣親信尾天和行，欲酖以滅誣，而其豪張傑、王倫數十人
> 相與嚙臂爲盟護天和，所過舍傳畢週視，食必先嘗，堂所遣者不得
> 近，竟以免。〔註83〕

可謂是欲加之罪何患無辭，廖堂所誣竟是「以求甘心」。〔註84〕由於天和德澤
陝省，秦民情義相挺，使廖堂詭計不得逞，而天和也免於滅口之禍。繫縛入
京下錦衣獄，錢寧同廖鵬刑求拷問皆不得其罪，便久禁天和於獄牢。〔註85〕
後因多位朝臣言官上奏疏救，天和才得以釋出，隨即降調地方官員，貶黜爲
金壇縣令，後陞任湖州知府。

二、督學興屯

正德十六年（1521），因治理金壇縣、湖州府多有惠政，天和晉升爲山西
按察司提學副使視學政，並於翌年（1521）赴任。〔註86〕山西提學副使任內，
以母秦老夫人年老爲由上疏乞歸得允，歸鄉侍養三年。後因陝西提學副使有
缺，又適兵部尚書楊一清（1454～1530）的薦舉，天和復受起用，雖上疏乞
終養其母，但不爲明世宗所允。嘉靖五年（1526），天和別母入關中，以提學
副使視陝省學政，〔註87〕此爲二度蒞陝，據載：

> 關中人聞之，喜如崔躍曰：「今復得見我劉公邪！」比松石車至潼
> 關，士女迎者如堵墻，至有褰簾而觀者，或泣或喜曰：「是我劉公
> 矣！」于是膠庠之間皷掌而言曰：「此先生至，士風不患不周漢也。」
>
> 〔註88〕

迎接盛況如此，源於天和曩昔除秦民重病，而秦民終不忘懷其恩。天和「廣

〔註83〕〔明〕傅維鱗，《明書》，卷131，〈劉天和傳〉，頁5820～5821。

〔註84〕《弇州四部稿》，卷86，〈明光祿大夫太子太保兵部尚書贈少保劉莊襄公墓誌
銘〉，頁3上。

〔註85〕《皇明輔世編》，卷5，〈劉司馬天和〉，頁30上。

〔註86〕《明世宗實錄》，卷5，頁15上，正德十六年八月戊申條。

〔註87〕《耿天臺先生文集》，卷16，〈劉莊襄公逸事略〉，頁43下～44上；〔明〕王
九思，《渼陂集》（臺北：偉文圖書出版有限公司，民國65年5月），卷6，〈太
夫人劉母壽歌詞序〉，頁321；〔明〕楊一清，《關中奏議》（收於《楊一清集》
北京：中華書局，2001年5月版1刷），卷18，〈爲薦舉舊任官員以慰人望事〉，
頁693～694。

〔註88〕《涇野先生文集》，卷5，〈贈松石劉公陞南太僕序〉，頁4上。

棫樸之化，開玄牝之門，拔異倫奇，刪蕪薙稗，而士之從教者若響之於聲，數月之間，文風振而道義興。」〔註 89〕不遺餘力擢人才興文教，致使陝西的文風大振。陝西提學副使職內，天和的心中依舊惦念老母，適逢其母七十大壽，「關中諸豪傑，多先生御史所舉士也，相與作為歌詞以慰先生為太夫人壽。」〔註 90〕嘉靖六年（1527），天和於十月陞任南京太僕寺少卿，〔註 91〕旋於十二月轉為南京太常寺少卿提督四夷館；〔註 92〕同月，因甘肅頻年用兵，邊儲供給繁重，故治餉者非大臣不可，吏部尚書桂萼（？～1531）薦舉天和專理，天和遂受命為都察院右僉都御史，〔註 93〕於是，天和至甘肅督理糧秣、屯政。

　　甘肅邊地（即河西地區）為「一線之路，孤懸一千五百里，西控西域，南隔羌戎，北遮胡虜，山勢曠遠，中間可以設險處之固有，而難以設險之處居多。」〔註 94〕甘肅鎮北有蒙古族（韃靼），南有藏族（烏斯藏、西番）外，西又有回族諸番的侵擾，〔註 95〕明人畏懼番虜互通聲息，番虜的環伺將對西陲邊防帶來莫大的威脅，河西地區為西陲戰防要地，故朝廷在此地投入大量的人、物、財力修築邊墻、設置衛所、屯田備糧，以此加強西疆的屏障安全。〔註 96〕為了確保邊地駐兵的餉糧供應無虞，以及降低朝廷從他地轉輸糧草的負擔，所以屯田（軍、民屯）是解決邊地兵食最即時最可靠的方法；明初，將屯田之制推行於各衛所州縣，邊地屯田之制為「三分守城，七分屯種」，〔註 97〕這是一種以戰促耕，以戰保耕的經營方式。由於河西地區的戰略地位特殊，明廷相當重視此地的屯田，其屯田所需的農具、耕牛、種籽不足時，均由朝廷提供之，並且隨紬

〔註 89〕《明文海》，卷 291，張治道，〈送提學劉松石先生陞南京太僕寺少卿序〉，頁 17 上。

〔註 90〕《渼陂集》，卷 6，〈太夫人劉母壽歌詞序〉，頁 321。

〔註 91〕〔明〕張居正等撰，《明世宗實錄》（京都：中文出版社，1984 年 5 月，據中央研究院歷史語言研究所民國 51 刊本縮印）《明世宗實錄》，卷 81，頁 5 上，嘉靖六年十月壬子條。

〔註 92〕《明世宗實錄》，卷 83，頁 3 下，嘉靖六年十二月壬子條。

〔註 93〕《明世宗實錄》，卷 83，頁 18 上～18 下，嘉靖六年十二月壬申條。

〔註 94〕〔明〕魏煥，《皇明九邊考》，收錄於《中國西北文獻叢書》，第 3 輯，第 79 冊（蘭州：蘭州古籍書店，1990 年 10 月，據明嘉靖刻本影印），卷 9，〈甘肅鎮·保障考〉，頁 2 下。

〔註 95〕《關中奏議》，卷 13，〈為傳報回賊聲息事〉，頁 484～490。

〔註 96〕郭厚安、李清凌主編，《西北通史（第三卷）》（蘭州：蘭州大學出版社，2005 年 5 月 1 版 1 刷），頁 332～336、364。

〔註 97〕《明史》，卷 53，〈食貨志一〉，頁 1883～1884。

隨補；另外，此地的軍民之居處稀疏不相連屬，加上番虜出沒無常，於是明廷在此建立既能禦敵又保耕種的屯堡體制。〔註98〕

　　明中期以後，邊地的屯政逐漸地鬆弛敗壞；到了嘉靖年間，面對這瀕臨窘境的屯政，明廷仍傾全力維持。嘉靖七年（1528），吏部「動支官銀一萬兩，委官收買牛隻種糧，製造犁鏵，審勘（河西）貧丁無力者人給牛牝各一頭，犁鏵各一張，種糧五石」，〔註99〕明世宗又「令陝西、山西、山東、北直隸、沿邊提督巡撫都御史，查革軍伴，退回原衛所，并招輯遊民、遊僧，編堡定戶，以耕邊地。」〔註100〕嘉靖八年（1529），正在甘肅督視屯政的天和上〈肅州事宜疏〉：

> 肅州原設堡寨稀薄，虜易攻剽，以致屯田日就荒廢。今查本衛丁壯，及山、陝流民括之可得四千五百，其中多矯健善戰者，請于近邊密築墩臺，增其垣堳樓堞，使居其中，平時耕牧，遇警保塞，庶幾古人寓兵于農之意，則賊至無所掠，而屯種得以漸廣，即甘（甘州五衛，甘肅張掖市）、涼（涼州衛，甘肅武威市）、山（山丹衛，甘肅今縣）、永（永昌衛，甘肅今縣）、莊浪（甘肅平涼市）等處皆可行也。〔註101〕

此議可達到耕戰一體的成效外，也可安置晉、陝二省的流民，可稱為一舉兩得之利；同年，明世宗准「甘肅等邊凡開墾水地者，不分額內額外，俱照例，三年方行起科，（甘肅）南北山地，聽其儘力開墾，永不起科。……。願墾田者，分撥永昌、古浪、甘肅、山丹等衛所荒田尤多去處，查給牛種犁鏵，給與本色行糧，即委領班官員，統率團種。」〔註102〕稍後，天和進而再對甘肅屯政提奏興革十事，「所以當革者五，曰培剋、曰占役、曰湖塲、曰泒（派）撥、曰侵漁；所以當興者五，曰開墾、曰墩堡、曰牛種、曰治水、曰屯兵。」，〔註103〕興革十事略言：

〔註98〕吳廷禎、郭厚安主編，《河西開發史研究》（蘭州：甘肅教育出版社，1996年10月1版1刷），頁336、338、340。

〔註99〕《明世宗實錄》，卷85，頁11下，嘉靖七年二月己未條。

〔註100〕〔明〕李東陽等撰，申時行等重修，《大明會典》（臺北：新文豐出版股份有限公司，民國65年7月初版），卷202，〈工部二十二‧屯種〉，頁1下。

〔註101〕《明經世文編》，劉天和，〈肅州事宜疏〉，頁14上～14下。

〔註102〕《大明會典》，卷202，〈工部二十二‧屯種〉，頁1下～2上。

〔註103〕《弇州四部稿》，卷86，〈明光祿大夫太子太保兵部尚書贈少保劉莊襄公墓誌銘〉，頁4上。

一禁掊剋，謂科害屯軍事件，先朝盡例嚴切，今鎮、總、參、遊等官巧爲名目科索，屯丁冤苦無告，宜申明禁約，違者論如法。

一清湖塲，謂甘肅諸衛所近城湖塲爲鎮總將領等官侵據，反役軍採打、或令馬軍就湖收放、或給步軍抵納操草，却將各軍月糧扣支，累奉旨查革占役如故，宜悉清理給付官軍開墾採收。一審派撥，謂先年屯田各衛所百户均有定界，比來屯丁遷徙不常，每遇派撥仍依各百户舊界，以致相去遼絕不便耕種，此後請著爲令務查屯丁住居，先儘本渠，次及附近渠，分地土悉從宜分撥，無得隔遠及將無影地土虛撥。一核侵冒，謂累年屯糧該管官吏收受有虛出紅串之弊，支放有那移號領之弊、有虛捏關文之弊，以故公廩所積名有實無，宜設法稽查及申明侵盜之罪。一廣開墾，謂甘肅兵食所資不獨屯田，其南北山無糧沃地甚多，可給與本處步操軍及備禦班軍耕種，務於操守不失，又於耕牧兩便，庶可議行。

一處牛種，謂牛價前已支京運銀一萬兩聽臣買給，再乞于原議賑濟，鹽銀内除二萬兩召買種糧給散屯軍，每年所得子粒先扣應納屯糧以備官軍支放，次扣原借種糧以俟春作給散，其餘悉聽自贍積，有餘剩官可糶買價直自平。〔註104〕

由於天和的興利袪弊，使得甘肅田利大興。〔註105〕除了理甘肅屯政外，天和還兼總督陝西軍餉事務。此時，天和以母老上疏乞休，却因西陲多事而乞休疏不爲明世宗所允。〔註106〕嘉靖九年（1530），天和奉命以原職（右僉都御史）巡撫陝西，〔註107〕而這是天和的第三度蒞陝巡視。

三、平番剿賊

天和臨陝前，「陝中連歲兵荒，民不堪命，而各鎮中官尤朘剝不已」，〔註108〕故天和一至秦地便「首疏鎮守中貴人當汰狀罷之，因裁損守令不經於費者三十餘事」，〔註109〕又修濬河渠以解荒旱之苦，〔註110〕且「巡行山谷中，召父老問

〔註104〕《明世宗實錄》，卷105，頁4下～5，嘉靖八年九月己亥條上。
〔註105〕《明史》，卷200，〈劉天和傳〉，頁5292。
〔註106〕《明世宗實錄》，卷107，頁1上，嘉靖八年十一月乙未條。
〔註107〕《明世宗實錄》，卷109，頁8上，嘉靖九年正月甲寅條。
〔註108〕《耿天臺先生文集》，卷16，〈劉莊襄公逸事略〉，頁44上～44下。
〔註109〕《弇州四部稿》，卷86，〈明光祿大夫太子太保兵部尚書贈少保劉莊襄公墓誌

所疾苦，除罷之」，〔註111〕其革官侵漁與罷民病瘰，使得「民又大悅，每（天和）出則竊相指曰：『此吾鄉者擁車公耶！何吾秦人之多幸也！』」〔註112〕陝西境內的洮州（甘肅臨潭縣）、岷州（甘肅岷縣）二衛為「隴右之藩籬，外接番戎，內連巴蜀」，〔註113〕具有特殊的戰防位置，又二地「環諸藩，迫強氐」，〔註114〕居住此地的番族種類自古來甚為複雜，〔註115〕諸族中以藏族者最多；〔註116〕自有明以來，諸番族叛亂無常，韃靼的亦不剌部於正德年間進據西海（青海地區），〔註117〕番人受亦不剌部所侵迫，日益地向明邊內遷徙。嘉靖八年（1529），洮、岷諸番多次侵犯臨洮、鞏昌，使得邊境騷動；遂於翌年（1530），兵部尚書兼三邊總制王瓊（1459～1532）奉命剿撫洮、岷諸番，〔註118〕天和也參與此次的剿撫，據載：

> 至戊子（嘉靖七年）以來，洮有板兒、若籠、納即、打魚，岷有栗中、占藏之變，大肆猖獗。至庚寅（嘉靖九年），松室（石）劉公天和以右副都御（實為右僉都御史）命巡撫陝西地方，巡邊至岷，練兵儲糧，師旅大奮，西戎震慴，望風納降，攄誠悔過者凡若干族。松石公推誠布信，戎乃大悅，矢不敢忘中國大義，其一二強族有負固者，諸降戎自攻剿之，盡滅其種，戎方悉平。……祖宗以信義待夷狄，其用命秉忠莫如戎也，後乃不相干攝矣，戎忍負中國邪？得

銘〉，頁 4 下。
〔註110〕《涇野先生文集》，卷 21，〈答松石都憲書〉，頁 23 上。
〔註111〕《名山藏》，卷 78，〈臣林記〉，頁 21 下。
〔註112〕《弇州四部稿》，卷 86，〈明光祿大夫太子太保兵部尚書贈少保劉莊襄公墓誌銘〉，頁 4 下。
〔註113〕〔清〕汪元絅修，《（康熙）岷州志》（收於《岷州志校注》，岷縣：甘肅省岷縣志編纂委員會辦公室編，1988 年 10 月 1 版 1 刷），卷 10，〈兵衛〉，頁 173。
〔註114〕〔清〕張彥篤修、包永昌等纂，《（光緒）洮州廳志》（臺北：成文出版社有限公司，民國 59 年，據光緒三十三年抄本影印），卷 2，〈輿地〉，頁 111。
〔註115〕《明史》，卷 330，〈西域二〉，頁 8539。
〔註116〕吳均，〈論明代河洮岷的地位及其三傑〉，《青海民族學院學報》，1989 年第 4 期，頁 35～45；丁汝俊，〈論明代西北邊陲重鎮洮州衛的經營〉，《西北民族研究》，1993 年第 2 期，頁 94～107；桑杰，〈簡述明朝對岷州藏區的治理〉，《甘肅民族研究》，1992 年第 2～3 期，頁 84～90。
〔註117〕《天下郡國利病書》，第 19 冊，〈陝西下‧洮岷〉，頁 24 上。
〔註118〕《明史》，卷 330，〈西域二〉，頁 8544。

松石公，戎復用命秉忠。〔註119〕

天和以誠義招撫叛番，而不服者則交由順化者剿伐之，其戰績爲「洮、岷叛番四十二族，獲甲首三百，鹵倍之。」〔註120〕隨後，明世宗以銀幣與俸級賞天和平番有功，然天和自謙推無功不宜受賞，世宗仍賞與銀幣。〔註121〕

天和助王瓊平叛番後，「尋蕩湖店強賊，以功朝廷賜白金二十兩紵絲二表裏」。〔註122〕天和巡撫陝西時，適值白蓮教或玄胡教惑亂秦民，據楊一清的〈爲禁約妖人邪術惑愚民貽患地方事〉所言：

> 訪得西安、鳳翔、延安、漢中等府地方，多有山西等處流來人民，
> 呼爲瑞公、居士等項目，持齋誦經、穰修善事，妄稱白蓮教、玄胡
> 教，挾持神像，播弄幻術，捏造妖言，專以禍福利害，恐動人民。
> 城市、鄉村愚夫愚婦，翕然信之。延請供奉，無所不至；資以財帛，
> 結爲婚姻。歲時開社招集，遠近之人，百十爲群，夜聚曉散，扇惑
> 人心。〔註123〕

妖賊以幻術妖言煽惑信眾，無疑將對地方治安構成威脅。漢中府（陝西漢中市）有張文以道士爲名迷惑信眾，天和遂趨漢中殲滅之；隨後，明廷以平妖賊有功而賞天和銀幣。〔註124〕平滅妖賊後，天和再以侍養老母提乞休疏，然其乞休又爲明世宗所不允，〔註125〕這也反映出明代中期以後，邊政問題日趨複雜，非有資格或賢能者專理不可，而天和前後共提出四次乞休，四度乞休僅一次獲允，明廷之所以留任如此，是因爲正德七年至嘉靖十年（1512～1531）內，天和巡視邊政屢有卓功，故其才甚爲明廷器重。

嘉靖十年（1531），依照明代官吏的政績考核制度——三年一考滿，天和自任右僉都御史來已經符合此項資格，又有三邊總制王瓊、巡按御史朱觀與各鎮

〔註119〕〔明〕康海，《對山集》（《四庫全書存目叢書》，集部52，臺南：莊嚴文化事
　　　　業有限公司，1997年6月初版1刷），卷15，〈巡撫都御史松室劉公平番記〉，
　　　　頁9上～9下。

〔註120〕《弇州四部稿》，卷86，〈明光祿大夫太子太保兵部尚書贈少保劉莊襄公墓誌
　　　　銘〉，頁4下。

〔註121〕《明世宗實錄》，卷117，頁4上～4下，嘉靖九年九月庚子條。

〔註122〕《皇明泳化類編》，卷53，〈劉天和〉，頁34下。

〔註123〕《關中奏議全集》，卷16，〈爲禁約妖人邪術扇惑愚民貽患地方事〉，頁597。

〔註124〕《明世宗實錄》，卷139，頁5上，嘉靖十一年六月壬寅條；《皇明泳化類編》，
　　　　卷53，〈劉天和〉，頁24下。

〔註125〕《弇州四部稿》，卷86，〈明光祿大夫太子太保兵部尚書贈少保劉莊襄公墓誌
　　　　銘〉，頁4下。

巡按御史奏保其巡邊的功勞，天和遂陞爲右副都御史，仍巡撫陝西。〔註126〕明年（1532），天和因母歿而得歸居喪，天和以未能終養而甚爲悲痛號說：「吾爲若子，不能顧母氏養；而汝爲吾謹事。吾母！吾何忘？吾何忘？」更立草廬側於亡母墓塚旁，且朝夕守之，〔註127〕明廷以天和有功賜祭葬其母。〔註128〕嘉靖十三年（1534），黃河南徙浸溢濟寧州（山東今市）、徐州（江蘇今市）等地，災害頗巨，明廷起用天和以原職（右副都御史）治理河道；〔註129〕治河期間，天和又爲濟寧仲家（孔子弟子子路後裔）的仲子祠編撰志書，此志名爲《令名志》，日後又有他人不斷地增修，而易名爲《仲志》。〔註130〕

第三節　府縣治行

一、治理金壇

正德八年（1513），天和遭廖堂與錢寧所陷而久繫獄中。當時，除了天和爲鎮守奸寺搆誣讒害外，還有巡按雲南監察御史張璞、前巡按陝西御史王廷相（1474～1544）等人，受害的御史們皆遭禁錮，久未論處罪名。吏部尙書楊一清得知張璞已病死於獄中，深憂天和等輩罹患疫疾或遭受不測；另一方面，又恐消息傳出，致使人心駭動、議論沸騰，任御史者爲圖保全而姑息縱奸，綱紀蕩然無存，楊一清特上疏解救，請明武宗矜憫從輕發落，〔註131〕各言官也紛紛疏救；於是，天和與王廷相等人「乃付法司，擬罪當贖杖還職，內批特降之，蓋（廖）堂以厚賂結同類，諸權倖爲之助也。」〔註132〕天和先困冤獄，後釋出不得還職，反而遭降黜，可看出錢寧、廖堂仍作祟其中，刑部尙書孫繼芳更爲此上疏抱不平，希冀能恢復天和等人的原職，然天和仍降

〔註126〕《明世宗實錄》，卷128，頁9上，嘉靖十年七月庚辰條；《弇州四部稿》，卷86，〈明光祿大夫太子太保兵部尙書贈少保劉莊襄公墓誌銘〉，頁4下。
〔註127〕《耿天臺先生文集》，卷16，〈劉莊襄公逸事略〉，頁45上。
〔註128〕《明世宗實錄》，卷136，頁1上～1下，嘉靖十一年三月癸丑條。
〔註129〕天和的治水經歷詳見本書第三章與第四章。
〔註130〕〔明〕劉天和撰，〔清〕周鼎重訂，《仲志》（《儒藏》，史部8，成都：四川大學出版社，2005年5月1版1刷，據明刻清修本影印），卷首，〈舊序〉，頁8。
〔註131〕〔明〕楊一清，《吏部獻納稿》（收於《楊一清集》，北京：中華書局，2001年5月版1刷），〈爲扶持風紀以弘聖德事〉，頁771～772。《明武宗實錄》，卷107，頁2下～3上，正德八年十二月辛丑條。
〔註132〕《明武宗實錄》，卷108，頁11上，正德九年春正月戊子條。

爲金壇縣縣丞、王廷相黜爲贛榆縣（江蘇今縣）縣丞；至此，各地鎮守中官的威勢更熾，有司官吏不敢與抗，百姓亦不勝其擾。〔註133〕

正德九年（1514），天和赴任金壇縣縣丞；雖然貶爲基層的地方官吏，天和「既爲丞即兢兢職業，無纖毫世俗謫官態」；〔註134〕正德十年（1515），天和升爲金壇縣令。金壇地勢低窪，土多沮洳之壤，爲了防止水潦，明初以降，朝廷於此頗多水利建設，如在湖濱的隙陂之地築壩捍水，以及培土護田，〔註135〕此種田地名爲「圩田」；然圩隄的水閘年久塌壞，或設置不當，造成旱潦皆病民。於是，天和一上任便興修境內的水利設施，其首修建昌圩閘，建昌圩則位於金壇縣的西北，圩的上流全來自茅山（金壇縣西六十五里）、丁角山、長山的諸水，一遇夏秋大雨，則河水傾洩而下，故須環繞圩岸築土隄以禦水，〔註136〕土隄「週迴八十四里，圩埂一萬五千餘丈，中有田地八萬餘畝，餘皆積水，名曰天荒蕩，土雜泥沙腴肥宜麥。」〔註137〕而天和修復水閘的始末，據〈建昌圩閘記〉載：

> 舊於圩南置閘以司蓄洩，顧近上流，水易衝齧，且地高水去不疾，成化間乃移置圩東下流潭頭。然閘高則水積不去，田之下者易没；（閘）下則水去不留，田之高者易旱，有難以兩遂者，以故隨葺隨圮，歲久莫治也。正德歲乙亥（十年）十月余循行田野，偶至此而得其故，乃進圩民之長者而問焉曰：「圩田高者十之八，下者十之二，爾閘南北各二里許，則田之最下者就觀之，水没不盈尺，而閘底之水尚三尺許。」乃稔于衆曰：「使水縮尺許，則田之下者盡露矣！矧可利於寡而不利於衆哉？然則閘視舊宜高而廣。」衆乃欣然，合辭以應曰唯唯。于是鳩工計材，委圩民之能者，分治其事，峙樁木纍堅珉，傍各爲二翼以殺水勢，上覽石爲橋以通往

〔註133〕《明武宗實錄》，卷108，頁10下～11上，正德九年春正月戊子條、

〔註134〕《耿天臺先生文集》，卷16，〈劉莊襄公逸事略〉，頁45下。

〔註135〕〔明〕張內蘊、周大韶，《三吳水考》（《文淵閣四庫全書》，史部335，臺北：臺灣商務印書館，民國75年3月初版），卷16，于業，〈建四區大蕩都圩閘記〉，頁52下～53上，以及〔清〕談遷，《棗林雜俎》（北京：中華書局，2006年4月1版1刷），義集，〈名勝‧田目〉，頁350。

〔註136〕〔明〕張國維，《吳中水利全書》（《文淵閣四庫全書》，史部336，臺北：臺灣商務印書館，75年3月初版），卷25，劉天和，〈建昌圩閘記〉，頁43上。

〔註137〕《（光緒）金壇縣志》，卷1，〈輿地志〉，頁28上。

來。越丙子（正德十一年）春正，凡四月而告成。〔註138〕
建昌圩閘的修築，解決了高低田地的蓄洩水問題。

　　正德十一年（1516），天和再修都圩閘埠，都圩周圍共三十里，西受丫髻山（金壇縣南五十里）、青龍洞（位於丫髻山）、黃金山、白玉澗四源之水，北則受茅山、方山（金壇縣西四十五里）二源之水，兩大派分流入金壇縣東南方的長蕩湖，介於這兩大河中間的土地皆是低窪，隨地形構築圩築埠為田，都圩內共分三區，分別是：（一）中區有蕩東、邵家、東莊、岳家，共有四埠；（二）北區有大蕩、張家、蕩景、伏草，共有三埠一圩；（三）南區有蕩埠、上葑、中葑、下葑、張祥、戴圩，共有五埠一圩；然埠低而圯，閘廢不治，埠閘久未修復，每逢夏秋大雨，則圩田受潦。〔註139〕天和的修築工作，據〈都圩埠閘記〉載：

　　累歲僅一獲，且稅倍重他所，居民流徙者十之七，荒蕪極目。余見而悲之，進區民而語之曰：「若胡不治堤與閘，而甘於轉徙耶？」咸蹙額曰：「傭作以給妻孥，竭力以償稅，凡里鄰之流徙者併償焉，救死且不贍而何有於是耶！」余聞而益悲曰：「閘可復，堤不可卒為也，然歲一治焉，庶其可漸復乎！」眾曰唯唯。乃蠲其稅之倍，償與貧不能輸者，俾民出力以治堤，計田而任；官出貲以治閘，量值而給于是，眾欣然趨令，無督責點集之擾，而工不愆期，堤之高者僅尺許，不欲急就以病民也。自冬徂春而堤成，甫夏而閘成，及秋乃大獲。〔註140〕

在興修金壇縣的水利設施上，天和除了修治建昌圩與都圩的閘、埠外，正德十年（1515），天和以前任知縣董相所開的水關的「關基不固」為由，〔註141〕又改築縣城的南、北兩水關——會潮與會龍。〔註142〕

〔註138〕《吳中水利書》，卷25，劉天和，〈建昌圩閘記〉，頁43上～44上。
〔註139〕《三吳水考》，卷16，于業，〈建四區大蕩都圩閘記〉，頁54下～55上。
〔註140〕《吳中水利全書》，卷25，劉天和，〈都圩埠閘記〉，頁44下～45下。
〔註141〕原水關的規制據〔明〕鄭若曾，《江南經略》（《文淵閣四庫全書》，子部34，臺北：臺灣商務印書館，民國75年3月初版），卷6下，〈金壇縣城池考〉，頁19下～20下所載：「國朝正德七年，知縣董相因流賊之變，始築土城，……并南、北水關皆甃以石，上各有樓，下跨濠為橋。」其又載：「二座架石為梁，緣梁為樓，週遭翼以欄檻，左右壘石為女牆，上列粉墻。」
〔註142〕《（光緒）金壇縣志》，卷1，〈輿地志〉，頁7上：〔明〕王樵，《方麓集》（《文淵閣四庫全書》，集部224，臺北：臺灣商務印書館，民國75年3月初版），

圖 2-2：明代金壇縣水利圖

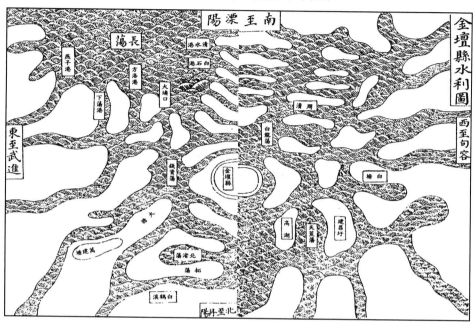

資料來源：〔明〕張內蘊、周大韶，《三吳水考》（《文淵閣四庫全書》，史部
335，臺北：臺灣商務印書館，民國75年3月初版），卷5，〈金
壇縣水利圖〉，頁60上～60下。

　　天和也推動教化和慈濟等事項，先於正德十年（1515）修復縣儒學內的
名宦、鄉賢二祠，據〈名宦鄉賢祠記〉載：

　　　　正德乙亥（正德十年），知縣劉君天和創建二祠於儒學二門之右，其
　　　　為屋皆兩下霤，于南北皆三間；墉於東西，其高十有七尺，其廣二十
　　　　有二尺，前總一門，自門而後悉周以垣，其制務堅固，而不事乎藻麗，
　　　　取其可以多歷年所而已。名宦則自唐劉君彥囧以下凡若干人，鄉賢則
　　　　自唐周君積、戴君叔倫以下凡若干人，皆考諸郡邑之誌與邑大夫士之
　　　　公言，始事則白于巡撫張公津、巡按孫君（樂）；至於所祀之人，則
　　　　又取決於提學張君鰲山，既不敢有所專，尤不敢有所苟也。〔註143〕

可見天和辦事的縝密與務實。金壇縣內有一書院，名為龍山書院，因其地處偏
遠，年久失修而幾近廢棄。正德十一年（1516），天和「考圖志，即遺址創建先

　　　　卷6，〈金壇縣重修兩關記〉，頁10下。
〔註143〕《楊文恪公文集》，卷32，〈金壇縣創建名宦鄉賢二祠記〉，頁12上～12下；
　　　　《（光緒）金壇縣志》，卷13，〈藝文志上〉，頁32上。

賢祠堂、講堂各三間，週遭砌石爲牆，堅緻可久，以漸修復。」〔註144〕同年，天和見縣內有死者因家貧不能葬，不忍屍骨暴露於外，遂爲貧者購置葬地，此一義舉，縣民深受感動，有人因而捐金錢、或獻土地、或作佛事來響應天和的義舉，更使貧寒的亡者有安葬之地，義塚恤貧可說是儒者之政、仁者之心。〔註145〕種種良政仁行使得金壇縣「士民親其賢，樂其利。」〔註146〕其政績亦不亞於曾任金壇縣令的先祖劉訓。

二、治理湖州

　　正德十二年（1517），天和以知金壇有治聲而陞爲蘇州府（江蘇今市）同知。〔註147〕天和擔任蘇州府同知時，曾被延請至湖州府，策謀討剿孝豐縣賊亂事宜。湖州府（浙江今市）的地形，越往西南則地勢越高，且多山地，〔註148〕轄下的孝豐縣（浙江安吉縣）位於此區，其形勢：

> 僻處山中，舟楫之所不通，上司之所罕至。跨連直隸甯（寧）國、廣德府州地方，山林深險，道路崎嶇，民性獷頑不顧法度，豪門巨族招納逋逃，多至百餘人，少不下四五十輩，習俗專尚鬪爭，彼此各相雄長，視官府如兒戲，負稅糧如等閒。有所追攝，輒便舉號鳴鑼，執挈凶器，吶喊拒捕，互相應援，官吏慮恐激成大患，只得隱忍收縮。負租犯法者，間亦捕獲一二，或中途搶回，或就獄劫去。盜賊則縱橫以自恣，人命則私和而不償。〔註149〕

而這年，縣境的廣苕鄉土豪湯毛九（又名湯麻九）、許密四等人招集亡命之徒，聚居深山，多行不法之事，〔註150〕「時知州廖紀遣義勇嚴雷率民兵往捕之，雷爲所殺，自是勢益猖獗」，〔註151〕大肆殺掠百姓與焚燒官舍，賊眾累歲拒命

〔註144〕《（光緒）金壇縣志》，卷7，〈學校志〉，頁14下。

〔註145〕《（光緒）金壇縣志》，卷13，〈藝文志上・義塚記〉，頁34上～34下。

〔註146〕《（光緒）金壇縣志》，卷5，〈職官志〉，頁36下。

〔註147〕《皇明泳化類編》，卷53，〈劉天和〉，頁34上。

〔註148〕〔明〕張鐸修、浦南金纂，《（嘉靖）湖州府誌》（臺北：中央研究院傅斯年圖書館館藏微卷，據明嘉靖二十一年刊本攝製），卷8，〈食貨志〉，頁9上。

〔註149〕〔清〕劉濬修，潘宅仁纂，《（光緒）孝豐縣志》（《中國地方志叢書》，第187號，臺北：成文出版社有限公司，民國64年臺1版，據清光緒三年刊本影印），卷1，〈方輿志〉，頁3下。

〔註150〕《明武宗實錄》，卷153，頁7下，正德十二年九月壬寅條。

〔註151〕〔明〕薛應旂撰，《（嘉靖）浙江通志》（臺北：成文出版社有限公司，民國

不服，浙江巡按御史解冕上奏請求朝廷派發援兵。兵部尚書王瓊謀計明不發兵以懈賊心，暗則密授都御史許廷光派兵討之；〔註152〕另外，都御史張津（？～1518）亦承命督師討賊，且檄邀天和至帳下共同策劃。〔註153〕其剿賊過程，據〈賀平孝豐賊文〉載：

> 都御史張公乃檄浙江三司長貳，各簡精銳分路進討，又命廣德窒其後門，太湖遏其前路，東西部署，遠近邀遮，飛鳥歛翼而莫過，奔鯨觸網而先覺。已乃躬率大軍直壓賊境，甫陳燕樂遂奪崑崙之關，大建鼓旗徑出井陘之口，賊始惶駭，欲戰不敵，欲竄不能，旋伏道傍，延頸受縛，崛強心在。四郊之橫草都無飛走計，一片之降幡斯樹。〔註154〕

前有妙計詐敵，後又有良謀圍敵，使官軍得以不費吹灰之力弭息賊亂，賊黨中「坐凌遲者八十九人，籍沒者凡九家，謫戍及徒者又百餘人，而無辜連及者尤眾。」〔註155〕這些叛亂的原因絕非如官方所宣稱的「民性獷頑不顧法度，豪門巨族招納逋逃」；〔註156〕究其實，孝豐縣雖位處江南地區，未沾其地利之光，卻先蒙其重賦之害，這是因為孝豐為一多山之縣，位置偏僻又交通不便，貧縣之民面對重賦，平時尚可勉強承受，一有天災人禍，輕則採取頑強抗納之策，甚則走向叛亂一途。

正德十二年（1517），天和以贊劃平賊有功旋陞調湖州府知府。〔註157〕湖州府「有蹈士某者抱德深隱，前有司無知之者，即知無能致之。」〔註158〕天和到任後，得知有這位高士，便「下車禮之，問所以治湖」。〔註159〕天和治下的

72年3月1版，據明嘉靖四十年刊本影印），卷60，〈經武志〉，頁2676。

〔註152〕〔明〕何良俊，《四友齋叢說》（北京：中華書局，1997年11月1版3刷），卷6，〈史二〉，頁50～51；〔明〕韓邦奇，《苑洛集》（《文淵閣四庫全書》，集部208，臺北：臺灣商務印書館，民國75年3月初版），卷5，〈嘉議大夫貴州按察使雲心于公墓誌銘〉，頁26下。

〔註153〕《明武宗實錄》，卷153，正德十二年九月壬寅條，頁7；《（光緒）孝豐縣志》，卷8，〈祥異志〉，頁2下。

〔註154〕〔明〕王鏊，《震澤集》（《文淵閣四庫全書》，集部195，臺北：臺灣商務印書館，民國75年3月初版），卷34，〈賀平孝豐賊文〉，頁19下。

〔註155〕《明武宗實錄》，卷153，頁7下，正德十二年九月壬寅條。

〔註156〕《（光緒）孝豐縣志》，卷1，〈方輿志〉，頁3下。

〔註157〕《（嘉靖）浙江通志》，卷35，〈官師志〉，頁1780；《（嘉靖）湖州府誌》，卷3，〈古今守令表上〉，頁14上。

〔註158〕《耿天臺先生文集》，卷16，〈劉莊襄公逸事略〉，頁43上。

〔註159〕《明山藏》，卷78，〈臣林記〉，頁21上。

湖州府，與蘇州、松江（屬江蘇上海市）、嘉興（浙江今市）、常州（浙江今市）等府是明代的重賦地區，也是官田最集中的地區；〔註160〕其中「大抵蘇最重，松、嘉、湖次之，常、杭又次之。」〔註161〕、又「東南財賦之鄉，而杭嘉湖，在浙尤重。」〔註162〕江南地區存在著嚴重的官田重賦問題，官、民田的則例相差懸殊，且「田土雖同而科則甚異」，〔註163〕使得田則相當繁雜不均，而這也造成湖州府的田賦「積年逋負數累億萬，至煩（戶）部使督催，經年累月猶不能償，其間斃於桎梏、殞於圇圄、自投於溝壑者不可勝數。」〔註164〕於是，田賦的改革勢在必行。

　　湖州府是江南地區最早進行田賦徵收科則改革的地方，改革始於成化年間，〔註165〕但是施行並未長久遂敗壞；所以，正德十四年（1519），都御史許廷光至湖州勘糧時，就發現官、民田的則例仍然紛亂，便上疏請求改革，其〈請均湖州府各州縣糧耗疏〉所提出的具體方法為：（一）將京庫折銀米額十四萬一千餘石以官價的二錢五分折算，折算率比市價低一半，折算後為七萬九百餘石。（二）將七萬九百餘石的折銀米再加上四十六萬九千餘石的本色米，以及二十七萬八千餘石的耗米，總額為八十一萬八千餘石，米額總數按全府官、民田總數二萬七千餘頃平均分攤，得每畝實徵三斗。（三）均攤方法以三斗為率，並依田則的輕重不同來調整本色米、耗米、折銀米三者的比例，如原畝科本色米二斗者，則徵本色米二斗，耗米一斗；原畝科本色米三斗者，則徵本色米三斗，但不加徵耗米；原畝科本色米四斗者，則徵本色米一斗，耗米五升，折銀米三斗，而折銀米折算後，實際只徵一斗五升。這些均派方法只是原則，然實際徵收務要通融損益。〔註166〕許廷光對於解決湖州府境內

〔註160〕 范金民，〈明清江南重賦問題述論〉，《中國經濟史研究》，3 期（1996 年），頁108～123；楊亞非，〈明代蘇松嘉湖地區重賦之由〉，《江海學刊》，5 期（1983年），頁 65～69；樊樹志，〈明代江南官田與重賦之面面觀〉，收入中國社會科學院歷史研究所明史研究室編，《明史研究論叢》（蘇州：江蘇古籍出版社，1991 年 5 月 1 版 1 刷），第 4 輯，頁 100～120。

〔註161〕 《明史》，卷 78，〈食貨志二〉，頁 1896。

〔註162〕 〔明〕朱國禎，《湧幢小品》（《筆記小說大觀·正編》，臺北：新興書局，民國 62 年 4 月），卷 14，〈揭帖〉，頁 13 下。

〔註163〕 〔清〕陳子龍編，《明經世文編》（北京：中華書局，1987 年 3 月 1 版 2 刷），卷 180，桂萼，〈請修復舊制以足國安民疏〉，頁 5 上。

〔註164〕 《（嘉靖）湖州府誌》，卷 1，〈郡紀〉，頁 13 上。

〔註165〕 《明經世文編》，卷 180，桂萼，〈請修復舊制以足國安民疏〉，頁 5 下。

〔註166〕 《（嘉靖）湖州府誌》，卷 1，〈郡紀〉，頁 12 上～13 上；〔明〕栗祁、唐樞，

田賦不均的問題，採取按糧多寡調整耗米與折米的比率，而對官民田原有的稅則，基本上沒有觸動；雖然如此，對紓緩嚴重的田賦不均問題也有不少助益。而許廷光這項建議也得到天和的認同。

正德十五年（1520），天和博采民情，遍稽案牘，深入地調查後，將官、民田則各均爲輕重二則以便徵輸，〔註167〕達到「事體畫一，宿弊盡除，民爲永便」〔註168〕之效；另外，朝廷均派給江南諸府的折銀米自正德元年（1506）起，每年加派四萬餘石，並按各地的官米原額多寡通融派撥，頗爲適均；其中，湖州府所獲派的折銀米共十七萬兩千餘石。但是，至正德四年（1509），南直隸、浙江、湖廣各省不論官、民田則的輕重，不究正糧折銀設制的初衷，一體均派折銀米額，導致各府原額官米少民米多者，則折米愈多；官米多民米少者，則折銀米愈少，以湖州所處的浙江爲例：金華府（浙江今市）每官米一石，所派的折銀米九斗以上，杭州（浙江今市）、紹興（浙江今市）、台州（浙江今市）三府一石派八斗以上，衢州（浙江今市）府一石派七斗以上，寧波（浙江今市）、嘉興二府一石派五斗以上，湖州府一石派三斗九升；然湖州府是浙江境內官田最多，也是賦稅最重的地區，所派折銀米額反而最少。這導致應多者愈少，應少者愈多，以及輕則民田多爲富室所有，重租官田則多爲貧民所有，使得折銀多歸有力之家，小民不沾實利。同年，湖州府的折銀米扣減二萬二千餘石後，剩十五萬餘石。到了正德九年（1514）再扣減四千六百石，湖州府只得折銀米一十四萬五千餘石，使得下戶貧民未蒙折銀之利，反受不均之苦。因此，天和亦於正德十五年（1520）奏上〈請均泒京庫折銀疏〉建議朝廷，希冀稽查各地官、民田則例與正糧原額，且依田則輕重、原額多寡通融派撥折銀，使朝廷的均派折銀能切實地達到減賦的立意；另一

《（萬曆）湖州府誌》，（《四庫全書存目叢書》，史部 191，臺南：莊嚴文化事業有限公司，1997 年 6 月初版 1 刷，據明萬曆刻本影印），卷 11，〈賦役〉，頁 1 上〜2 上；另外，「京庫折銀」又稱「金花銀」，正統年間施行於江南重賦區，此法是將稅糧以低於糧食的市場價錢折成金花銀價，將折銀派與官田承納，而官田佃戶通過折納減輕負擔，同時也保證了國家的田賦田賦收入。唐文基，《明代賦役制度史》（北京：中國社會科學出版社，1991 年 12 月 1 版 1 刷），頁 137〜141。

〔註167〕《（萬曆）湖州府誌》，卷 9，〈郡守〉，頁 24 下。

〔註168〕〔明〕劉沂春修、徐守剛纂，《（崇禎）烏程縣志》（《日本藏中國罕見地方志叢刊》，第 26 冊，北京：書目文獻出版社，1991 年 11 月 1 版 1 刷，據明崇禎十年刊本影印），卷 3，〈賦役〉，頁 5 上。

方面，則希望朝廷仍恢復湖州府於正德四年以前所擔負的折銀米原額（十七餘萬石）。〔註169〕翌年（1521），天和的建議獲准施行，湖州百姓大悅。〔註170〕湖州府在許廷光、劉天和的調整官、民田則的賦額，以及合併官、民田則為輕重兩則的改革下，使官田與民田間所承擔的賦額差距能逐漸縮小。

天和「在湖州以關中之威，濟金壇之惠，故湖之人頌之如金壇，而其匿者畏之如關中。」〔註171〕治理湖州五年多有惠政。正德十六年（1521），朝廷舉天和為天下郡守第一，並且調陞天和為山西按察司副使。〔註172〕天和離開湖州後，當地百姓感念其德，刻鑴去思碑以記其功，更於湖州府南邊的峴山山麓上立生祠祀之。〔註173〕

第四節　總制軍務

一、改良兵器

洪武元年（1368），明軍攻克大都（河北北京市），迫使以元順帝為首的蒙古貴族退居漠北。儘管蒙古人敗退草原及其內部的混戰分合，蒙古諸部族勢力依在，仍不時地侵擾明代的北疆，故有明一代北疆邊患始終不絕。為了防禦蒙古人對北疆的侵擾與剽掠，明廷在北邊防線上設衛所屯軍兵，並據險築城設堡，在東起鴨綠江、西迄嘉峪關這恆亙萬里的邊防上逐漸形成遼東鎮（遼寧北鎮市）、宣府鎮（河北宣化縣）、大同鎮（山西今市）、延綏鎮（又稱榆林鎮，陝西榆林市）、寧夏鎮（寧夏銀川市）、甘肅鎮（屬甘肅張掖市）、薊州鎮（河北遷西縣）、太原鎮（又稱山西鎮，山西今市）、固原鎮（前名陝西鎮，寧夏固原市）等九個邊防軍區，這是明廷將北疆邊防大致劃分為九個軍

〔註169〕《（嘉靖）湖州府誌》，卷1，〈郡紀〉，13下～16下；《（萬曆）湖州府誌》，卷11，〈賦役〉，頁2下～5上。

〔註170〕《明世宗實錄》，卷3，頁3上，正德十六年六月癸未條；《弇州四部稿》，卷86，〈明光祿大夫太子太保兵部尚書贈少保劉莊襄公墓誌銘〉，頁3下。

〔註171〕〔明〕方豪，《棠陵文集》（《四庫全書存目叢書》，集部64，臺南：莊嚴文化事業有限公司，1997年6月初版1刷，據清康熙十二年刻本印），卷1，〈賀劉湖州治行第一序〉，頁14上～14下。

〔註172〕《弇州四部稿》，卷86，〈明光祿大夫太子太保兵部尚書贈少保劉莊襄公墓誌銘〉，頁3下；《明世宗實錄》，卷5，正德十六年八月戊申條，頁15上。

〔註173〕《（嘉靖）湖州府誌》，卷10，〈秩祀志〉，頁7上；《（萬曆）湖州府誌》，卷9，〈郡守〉，頁24下。

區，明人稱爲「九邊」。〔註174〕另外，北邊防線的大寧（内蒙古寧城縣）、開平（内蒙古正藍旗）、東勝（内蒙古托克托縣）三衛於明初内遷，使得原來的内邊變爲前線，外險全失，明廷棄失之地則爲蒙古諸部族所占據，成爲蒙古人南下進入河套地區的戰略基地。〔註175〕

「河套」之名始於明代，〔註176〕此時的河套範圍「東至山西偏頭關地界，西至寧夏鎮地界，東西二千餘里。南邊自邊墻，北至黃河，遠者八九百里、六七百里，近者二三百里，惟黃甫川稍近」，〔註177〕又「西據賀蘭（山）之雄，東據黃河之險」，〔註178〕這裡有豐美的水草、天然的鹽池，氣候適宜，草場廣闊，非常適宜游牧業的發展。因此，蒙古人約在宣德至正統年間（1426～1449）進入河套活動，但人數稀少，尚未對明邊防構成重大威脅；天順年間（1457～1464）以後，草原地區連年荒欠，又爲了躲避強敵與游牧需要，部分蒙古部落開始大規模向河套遷移，更以此爲據點騷擾明邊，而明人稱入套之蒙古族人爲「套虜」。〔註179〕「往往套中之虜，秋由花馬池潰牆而入」，〔註180〕又「在春秋則用渾脫浮渡以擾，嚴冬之時則踏冰卒入，乘我（明）不備，甚至取道賀蘭山後，往來莊（浪）、凉（州），肆無忌憚。」〔註181〕使得山固、河險、城障儼然失效。成化年間（1465～1487）以後，蒙古人大規模地進入河套，歷經弘治、正德兩朝（1488～1521），套虜侵掠北疆愈演愈烈，至嘉靖初年，套虜中唯吉囊、俺答二

〔註174〕《明史》，卷 91，〈兵志三〉，頁 2235。

〔註175〕胡凡，《嘉靖傳》（北京：人民出版社，2004 年 10 月 1 版 1 刷），頁 319～323。

〔註176〕〔清〕陳履中纂修，《（乾隆）河套志》（《四庫全書存目叢書》，史部 215，臺南：莊嚴文化事業有限公司，1997 年 6 月初版 1 刷），卷 4，〈河套〉，頁 10 下。

〔註177〕〔清〕顧炎武，《天下郡國利病書》（《四部叢刊》，廣編 24，臺北：臺灣商務印書館，民國 70 年 2 月初版，據上海涵芬樓景印崑山圖書館藏稿本影印），第 34 冊，〈九邊四夷・河套〉，頁 28 下。

〔註178〕〔明〕胡汝礪編、管律重修，《（嘉靖）寧夏新志》（銀川：寧夏人民出版社，1982 年 12 月 1 版 2 刷），卷 1，〈寧夏總鎮〉，頁 10。

〔註179〕胡凡，〈論明代蒙古族進入河套與明代北部邊防〉，《西南師範大學學報（人文社會科學版）》，28 卷 3 期（2002 年 5 月），頁 122～123；劉祥學，《明朝民族政策演變史》（北京：民族出版社，2006 年 6 月 1 版 1 刷），頁 358。

〔註180〕〔明〕唐龍，《漁石集》（《叢書集成初編》，第 2153 冊，北京：中華書局，1985 年 1 版），卷 2，〈三邊四鎮圖序〉，頁 90。

〔註181〕〔明〕兵部編，《九邊圖説》（《玄覽堂叢書》，初輯 5，臺北：國立中央圖書館，民國 70 年 8 月臺初版，據明隆慶三年刊本重印），不分卷，〈寧夏圖説〉，頁 121 下。

部最為強盛，並成為攻掠北部邊防的主要勢力，〔註182〕對北疆侵擾日趨猖獗，於是朝廷把防禦蒙古的邊防重點放在緊鄰河套地區的固原鎮和寧夏鎮一帶。

　　嘉靖十四年（1535），天和治河工成；翌年（1536），天和陞為兵部左侍郎兼都察院右副都御史，再以此職擔任陝西三邊總制（督）。〔註183〕天和「乃躬涉諸邊，意在悉關隘之夷險、城砦之虛實、兵馬之強弱、道路之緩急，而畫禦戎之策以授諸將，是故霜行藿食，弗避厥勞。」〔註184〕並查得甘肅、寧夏、固原三鎮見存的戰車總數二千輛有餘，這些戰車「皆雙輪大車，每輛二十餘人輓之，其行甚遲，少遇溝澗險阻，即不能越，以是不適於用。」〔註185〕這些笨重的大戰車不利於野戰的使用，同時天和也發現八輛破損的隻輪小戰車，這八輛小戰車為前任三邊總制秦紘（1426～1505）於弘治十五年（1502）所製，名為全勝車。〔註186〕天和認為此車輕便，並加以改造，奏請朝廷製造輕車，所製的輕車，據〈條陳戰守便益以圖禦虜實效疏〉載：

　　　　其制輪高三尺一寸，夾輪轅四尺七寸二分，下施四足，前二釘以圓
　　　　鐵轉軸，行之懸之，左右箱各廣九寸五分，於上安熟鐵小佛朗機一，
　　　　及流星砲，或一窩蜂一；箱上為架，用安銅鐵神鎗一，及各邊近年

〔註182〕〔明〕張瀚，《松窗夢語》（北京：中華書局，1997年11月第1版第2刷），
　　　　卷3，〈北虜紀〉，頁49。

〔註183〕《明世宗實錄》，卷183，嘉靖十五年正月甲子條，頁1下；又「陝西三邊總
　　　　制（督）」據《大明會典》載：「總督三邊軍務一員，弘治十年，議遣重臣，
　　　　總制陝西、甘肅、延綏、寧夏軍務；（弘治）十五年以後，或設或革。至嘉靖
　　　　四年，始定設。四鎮兵馬錢糧，一應軍務，從宜處置，鎮巡以下，悉聽節制，
　　　　軍前不用命者，都指揮以下，聽以軍法從事。」〔明〕李東陽等撰、申明行等
　　　　重修，《大明會典》（臺北：新文豐出版公司，民國65年7月初版），卷209，
　　　　〈都察院一〉，頁6下～7上。

〔註184〕〔清〕許容等監修、李迪等編纂，《（乾隆）甘肅通志》（《文淵閣四庫全書》，
　　　　史部316，臺北：臺灣商務印書館，民國75年3月初版），卷47，〈藝文志〉，
　　　　頁42上。

〔註185〕《明經世文編》，卷157，劉天和，〈條陳戰守便益以圖禦虜實効疏〉，頁3下
　　　　～4上。

〔註186〕「全勝車」的規制據《明經世文編》，卷68，秦紘，〈獻戰車疏〉，頁1上～1
　　　　下所載：「車高五尺四寸，廂闊二尺四寸，前後通長一丈四寸，在上放銃者二
　　　　人，在下推車并放銃者四人，每車重不過二石，遇險但用四人肩行，車上下
　　　　前後通用布甲以遮矢石，甲上皆畫猛獸，轅內放銃者亦用布甲護蔽下身，每
　　　　遇賊先發車十輛或五輛直衝賊陣，前有阻礙，則首車向前放銃；後有追襲，
　　　　則尾車向後放銃；若入賊陣，則各車兩廂放銃，使賊馬驚擾，自相踩踐，其
　　　　餘車輛，或掎角夾攻，或邀賊歸路。」

> 所造三眼品字鐵銃一，飛火鎗筒一；箱之四角，插倒馬長鎗、開山
> 巨斧各二，斬馬刀、鐃鈎各一，并火藥、鉛子、鍬钁、鹿角等器，
> 通不過重一百五十餘斤；箱前樹獸面牌，繪以虎貌之象，兩面各掛
> 虎頭挨牌，戰則張之以蔽矢，兩車相連可蔽三、四十人，每車二人
> 推之，一人輓之，二人翼之。〔註187〕

其中的佛郎機銃，首經汪鋐（？～1536）於嘉靖八年（1529）推行，並分發
與北邊諸鎮，〔註188〕後再由天和加以倡議推廣並結合戰車應用於野戰上；車
上除了架有小佛郎機銃外，還備有流星砲、鐵銃、開山巨斧、盾牌等兵器，
火力、防護力和機動力三者的結合提升了戰車的越野性。〔註189〕天和的另一
個改良的兵器為強弩，弩弓是據城樓上所見存的數百張損壞的百年弩弓倣造
而成，據〈條陳戰守便益以圖禦虜實效疏〉載：

> 其制用闊厚堅勁大弓，其力一百五十斤上下及九十斤上下為三等，慮
> 人力有強弱也。其長均四尺五寸，下施弩以機發之，制箭為長短大小
> 輕重等，及倣周禮施人之制，以箭榦三分之一居前，二分居後，前後
> 鐵鏃以衡平之，俾輕重適均，歷試之取其射最遠，而端可及三百步內
> 外者為式。其長約三尺五寸，其重則六錢，上下亦三等，俾與弩稱，
> 復倣漢耿恭之法，箭鏃開四尖，又傅以河南崧縣等處射虎箭藥，俾人
> 馬中之無不立斃，尤虜所畏。其箭鏃後小，鐵管心僅長分許，入箭幹
> 處，內用膠漆、外用竹絲以夾縛之，俾虜不能取以返射。此則不分諸
> 邊、腹裏、馬步、輕車、邊墻、墩臺、城堡皆可通用。〔註190〕

造輕車和強弩均是天和「勞心竭智，遠求往古，近咨羣議」，〔註191〕故規畫設

〔註187〕《明經世文編》，卷157，劉天和，〈條陳戰守便益以圖禦虜實效疏〉，頁4上
　　　　～4下。
〔註188〕據《明史・兵志四》載：「至嘉靖八年，始從右都御史汪鋐言，造佛郎機砲，
　　　　謂之大將軍，發諸邊鎮。」《明史》，卷92，〈兵志四・火器〉，頁2264；又〔明〕
　　　　徐學聚，《國朝典彙》（北京：書目文獻出版社，1996年7月1版1刷），卷
　　　　152，〈兵部・戰具〉，頁5載：「嘉靖八年，都御史汪鋐奏廣東佛朗機銃致遠
　　　　克敵，屢奏奇功，請如式製造。兵部覆議，詔鑄造三百，分發各邊。」
〔註189〕中國軍事史編寫組，《中國歷代軍事裝備》（北京：解放軍出版社，2007年1
　　　　月3版1刷），頁181。
〔註190〕《明經世文編》，卷157，劉天和，〈條陳戰守便益以圖禦虜實效疏〉，頁6上
　　　　～6下。
〔註191〕〔清〕黃宗羲編，《明文海》（北京：中華書局，1987年2月1版1刷），卷
　　　　46，樊鵬，〈輕車強弩賦〉，頁15下。

計非常縝密且符合實用，因此獲得朝廷允准製造。〔註192〕

　　天和改良火器戰車與強弩外，還進一步地分析如何應用於作戰上，據其
策畫：

> 各隨地形，環布爲陣，馬軍居中，敵遠則使火器，稍近則施疆帑弓
> 矢，逼近則用鎗斧鈎刀，短兵出戰，敵敗則軍馬出追，遇夜則用火
> 箭，虜騎圍繞，則火器弓弩四向齊發，勢如火城，虜不敢逼，退進
> 所向無前，虜不敢遮。……蓋馬步兼用，長技并施，戰守皆宜，誠
> 謂可萬全取勝。止則環列爲營，傍施鹿角，連以鐵繩，臣復製爲隨
> 車小帳，以免軍士露宿，用存恤愛，是雖不能追奔逐北，星馳霆擊，
> 然擺列邊墻以過虜入，據阨險要以邀虜歸，占據水頭以困虜馬，誠
> 可以弱爲強，以強敵眾。〔註193〕

這支配備精良的火器戰車營在往後數次與蒙古騎兵的交戰中，發揮相當大的
威力，更爲天和立下不少戰功。嘉靖十五年（1536）四月，虜酋吉囊率十萬
眾屯牧賀蘭山後，並分兩部入侵明邊，寇涼州（甘肅武威市）者，爲副總兵
王輔所擊敗；而寇莊浪（甘肅平涼市）者，爲總兵姜奭擊敗，明軍共得虜首
一百二十八級，獲馬三百四十匹。因此，朝廷陞天和爲兵部左侍郎兼都察院
右都御史。〔註194〕同年秋天，套虜再集結入延綏黑河墩（榆林鎮西）、蒺藜川
（近黑河墩），以及寧夏打礄口（寧夏平虜所北四十里）等處，天和授奇計予
寧夏總兵王效、延綏總兵白爵及延綏參將吳瑛等人，使套虜中其埋伏之計，
並首次將改良的戰車、弓弩應用於此役上。據載：

> 虜果以四百騎，束入黑河墩，適與爵伏卒遇，大被創而去。既又入
> 蒺藜，用前與官軍接，爵覆尾其後急擊之，虜棄旗鼓奔爭，絕水渡
> 多死，所獲器械慎重，（虜）人入冠家澗，爵敗之；入張家塔，瑛敗
> 之。邊人禾稼被野得免于蹂躪，虜既不得志，乃復以輕騎六千，西
> 犯寧夏，效偵知之，伏軍打礄口，俟其半入，輕車、強弩、火器四
> 起，橫絕其中擊之，斷虜爲二，我兵亦集，虜盡氣奔渡河，我河防

〔註192〕《明世宗實錄》，卷190，嘉靖十五年八月辛丑條，頁5下。

〔註193〕《明經世文編》，卷157，劉天和，〈條陳戰守便益以圖禦虜實效疏〉，頁4下
　　　　～5上。

〔註194〕《皇明輔世編》，卷5，〈劉司馬天和〉，頁36下～37上；《明史》，卷200，〈劉
　　　　天和〉，頁5293。

辛復以戰艦邀擊之，溺死無算。〔註195〕

可見天和所設計的輕車、強弩於退敵上發揮了相當的功效，該戰獲虜首一百六十餘級，明世宗大悅，陞天和爲兵部左侍郎兼都察院左都御史，仍總督三邊軍務，並賞銀五十兩及綵緞四表裏，以及恩蔭其子劉深爲國子生。〔註196〕

二、修築邊墻

天和認爲「守備之要，固莫急於修邊。」〔註197〕於是在職內，屢屢修邊墻以防套虜南下剽掠。嘉靖十五年（1536），天和修復寧夏鎮的「河東墻」，〔註198〕沿黃河東岸「修復外邊防守；黃河東與外邊對岸修築長堤一道，順河直抵橫城（寧夏清水營西北八十里）邊墻，以截套虜自東過河以入寧夏之路。」〔註199〕這道邊墻是逼近黃河岸邊修築，由於比河東邊墻低矮，有如河隄，所以又被稱爲「長堤」，實際上也是邊墻。〔註200〕天和又繼續修葺乾溝（榆林鎮西）至乾澗（榆林鎮西），以及定邊營（距榆林鎮六百六十里）一帶的墻、壕、隄、臺，總共三百餘里，並增加守兵防衛。〔註201〕「去花馬池之西南、興武營之東南、小鹽池之東北，均九十里交會之處，水湧甘冽，是爲鐵柱泉，日飲數萬騎弗之涸。幅員數百里，又皆沃壤可耕之地，北虜入寇，往返必飲于茲。是故散掠靈夏，長驅平鞏，實深藉之。」〔註202〕弘治年間總制秦紘曾於此築堡設防，其城圍狹小，日後更傾圮且無人防守，〔註203〕有如虛設。天和巡至鐵柱泉（寧夏後

〔註195〕《明世宗實錄》，卷195，嘉靖十五年閏十二月庚午條，頁9上～9下。

〔註196〕《明世宗實錄》，卷195，嘉靖十五年閏十二月庚午條，頁9上，以及卷196，嘉靖十六年閏正月戊子條，頁1下。

〔註197〕《明經世文編》，卷157，劉天和，〈條陳戰守便益以圖禦虜實效疏〉，頁7上。

〔註198〕沿寧夏的黃河東岸所築的邊墻，明人稱作「河東墻」，城墻起迄和築城據《（嘉靖）寧夏新志・寧夏總鎮》載：「自黃沙嘴起至花馬池止，長三百八十七公里。成化十年，都御史余子俊奏築，巡撫都御史徐廷章、總兵官範瑾力舉而成之者。」《（嘉靖）寧夏新志》，卷1，〈邊防〉，頁19。

〔註199〕《皇明九邊考》，卷8，〈寧夏鎮・保障考〉，頁4上。

〔註200〕景愛，《中國長城史》（上海：上海人民出版社，2006年10月第1版1刷），頁312。

〔註201〕〔明〕馬理等纂，《（嘉靖）陝西通志》（西安：三秦出版社，2006年6月1版1刷），卷32，〈藝文・聖天子設險除器以靖中夏記〉，頁1813～1814；《明經世文編》，卷250，魏煥，〈論邊墻〉，頁10下。

〔註202〕《（嘉靖）寧夏新志》，卷3，〈所屬各地〉，頁243。

〔註203〕《明經世文編》，卷157，劉天和，〈條陳戰守便益以圖禦虜實效疏〉，頁10下～11上。

衛西南六十里），見此貌狀，便命按察僉事譚闇、總兵官王効修復之。據〈鐵柱泉記〉載：

> 即年（嘉靖十五年）秋七月丙申，按察僉事譚大夫闇度垣墉，量高厚計丈尺，鎮守總兵官都督王効率師徒，具楨幹，役畚鍤，人樂驅事，競效乃力。越八月丁酉，城成，環四里許，高四尋有奇，而厚如之。城以衛泉，隍以衛城，工圖永堅。……置兵千五，兼募土人守之，設官操馭，皆檢其才且能者。慮風雨不蔽之患，則給屋以居之；因地之利而利，則給田以耕之。草萊闢，禾黍茂，孳蓄蕃。……其廨署倉場，無一不備，宏綱細節，無一不舉。〔註204〕

修復擴建後的新堡，使得「虜數百里無飲馬之水，勢自難於深入矣。……內擾之志亦將自寢矣。」〔註205〕切斷了套虜犯內的中間補給站。

嘉靖十六年（1537），天和沿興武營（寧夏鎮東南三百二十里）一帶的長城「內外挑壕塹各一道，表長五十三里二分，深一丈五尺，闊一丈八尺。」；〔註206〕同年八月，天和與總兵任傑倡議從徐斌水至沙鳴州築一道邊墻，〔註207〕而固原鎮西路邊墻地形，據《讀史方輿紀要·陝西七》引明人許論的敘述：

> 固原舊邊，繇徐斌水西南至靖遠衛（應爲靖虜衛）黃河岸凡六百五十里。其間有青沙峴者凡八十里，隨風流走，不可築墻，寇若竊發，必假途於此。繇青沙峴以北，紅寺堡以南，周環曠阻，有地數百里，水泉四十五處，草木繁茂，寇至每駐牧焉，呼爲小河套。紅寺堡雖當其衝，而堡勢孤懸，且外高內下，四面受敵，又去水甚遠，取汲必於堡西之梁家泉，彼若據水頭駐守，則立斃矣。〔註208〕

當中的「青沙峴（寧夏後衛東北）八十餘里俱走沙磧石，（墻）隨風剝落，隨脩隨壞，工力不堪」。〔註209〕但是，天和與任傑欲築徐斌水至鳴沙州這一道約一百二十里的新墻，其目的爲「舍六百里平漫之地，守百二十里易據之險，又占水泉數十處，斷胡馬飲牧之區，而召軍佃種，可省饋餉。」〔註210〕隨後，

〔註204〕《（乾隆）河套志》，卷6，〈鐵柱泉記〉，頁27上。
〔註205〕《明經世文編》，卷250，魏煥，〈論邊墻〉，頁10下。
〔註206〕《（嘉靖）寧夏新志》，卷1，〈寧夏總鎮〉，頁20。
〔註207〕《明世宗實錄》，卷203，頁3上～3下，嘉靖十六年八月庚申條。
〔註208〕〔清〕顧祖禹，《讀史方輿紀要》（北京：中華書局，2005年3月1版1刷），卷58，〈陝西七〉，頁2803。
〔註209〕《皇明九邊考》，卷8，〈寧夏鎮·保障考〉，頁3下。
〔註210〕《明經世文編》，卷157，劉天和，〈固原事宜疏〉，頁15下。

兵科都事中朱隆禧等，以「棄地擾民」議之，致使此案遭否決，任傑被處以奪俸半年，天和則暫且不究。〔註211〕然而這項計畫後來還是實現，天和仍築徐斌水（固原州北三百里）至鳴沙州這一道新墻，其形制：

> 新紅寺堡直北稍東（即徐斌水），總制劉天和新築橫墻二道，以圍梁家泉，直北稍西舊有深險大溝一道，受迤東硯山之水，流于黃河（即鳴沙州岸），長一百二十五里；總制劉天和塹崖築堤一百人（八）里五分，築墻堡一十六里八分。〔註212〕

新邊墻呈東南往西北走向，且兩線夾護梁家泉等水泉於中間，防止虜騎佔據。此舉已違背兵部的否決，勢必遭人詰論。嘉靖十七年（1538）三月，天和「以擅築邊墻，爲科臣所論，輒疏乞休。上責其辭誇辯，至是引罪自劾。上曰：『劉天和疏欲引退，顧自敘才能，殊失大臣體，茲既知罪，故宥之，奪俸三月。』」〔註213〕同年八月，套虜吉囊侵犯河西地區，天和部署將卒防禦，並斬虜首八十三級，以功晉升爲兵部尚書仍兼左都御史總督三邊軍務。〔註214〕

陝西「以延（綏）、寧（夏）爲藩籬，花馬池（寧夏後衛西）爲戶門，固原爲堂奧。」〔註215〕而花馬池一帶「地里平漫」，〔註216〕又「逼臨邊墻，係套賊侵犯腹裏必由之地」，〔註217〕該地戰略地位甚爲重要。嘉靖十八年（1539），兵部將兵部右侍郎許論（1495～1566）的「移總督於花馬池」的建議行各總督等官議處，〔註218〕天和聞之且附議：

> 總督之設原爲居中調度各鎮軍馬，是以駐箚固原，不宜偏守北地。況河凍之後，虜隨處可入，不止花馬池一帶當守，有如虜見重兵在此，腹裏空虛，大眾牽制在邊，潛以精騎數萬直擣平、固、臨、鞏，總兵還救不及，其若之何？宜于大虜駐套時，則總督于五、六月親

〔註211〕《明世宗實錄》，卷203，頁3下～4上，嘉靖十六年閏八月庚申條。

〔註212〕《皇明九邊考》，卷8，〈寧夏鎮〉，頁3下～4上。

〔註213〕《明世宗實錄》，卷210，頁5上，嘉靖十七年三月乙亥條。

〔註214〕《明世宗實錄》，卷215，頁1上～1下，嘉靖十七年八月甲辰條。

〔註215〕〔明〕張雨，《邊政考》（《中國西北文獻叢書》，第3輯，78冊，蘭州：蘭州古籍書店，1990年10月1版，據嘉靖刻本影印），卷3，〈固原衛〉，頁45上。

〔註216〕〔明〕楊一清，《關中奏議》（《楊一清集》，北京：中華書局，2001年5月1版1刷），卷7，〈爲經理要害邊防保固疆場事〉，頁320。

〔註217〕《關中奏議》，卷7，〈爲易置邊方將官事〉，頁498。

〔註218〕《明世宗實錄》，卷222，頁10上，嘉靖十八年三月辛卯條；《明經世文編》，卷232，許論，〈固原論〉，頁22上。

赴花馬池統調諸軍禦之，鎮守陝西都督則出駐酌中近地，以通防各
路候調應援，巡撫亦照舊規，前赴固原調度兵食，是亦不失論原議
之意。及套無大虜，則仍居中調度爲便。〔註219〕

此議奏准可行，嘉靖十八年以後，「三邊總督於五、六月間，親臨花馬池，調
集延、寧奇遊等兵，赴平虜城等處併力防禦，其陝西巡撫亦於五、六月間往
固原調度兵食，後探無大勢虜情，及秋盡多初，邊腹收成俱畢，方許照常居
中調度。」〔註220〕也就是三邊總督平時駐守固原居中調度兵馬，秋防時則移
駐花馬池，於此有益於早聞敵情及就近指揮，更有效地調集延、寧、固、甘
四鎮兵馬以防套虜南牧擾邊。

〔註219〕《明經世文編》，卷157，劉天和，〈議設總督疏〉，頁15下～16上。
〔註220〕《大明會典》，卷209，〈都察院一〉，7上。

圖 2-3：明代延綏鎮邊鎮墻示意圖

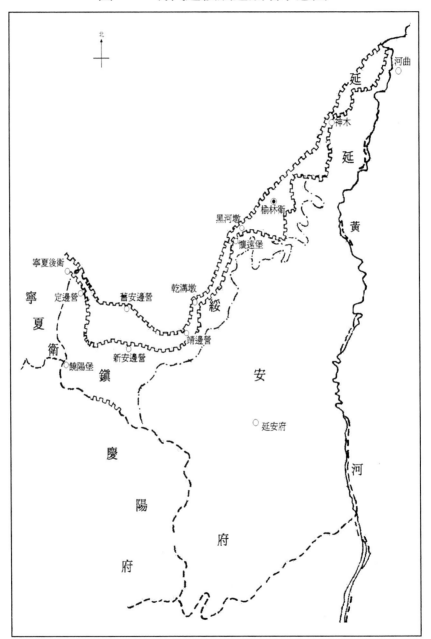

資料來源：改繪艾冲，《明代陝西四鎮長城》（西安：陝西師範
大學出版社，1990 年 6 月 1 版 1 刷），頁 19。

圖 2-4：明代寧夏鎮邊鎮墻示意圖

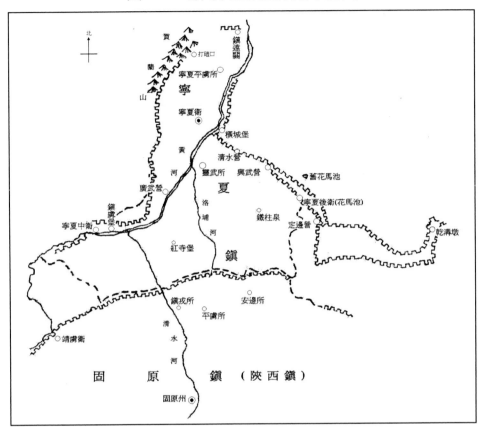

資料來源：改繪艾冲，《明代陝西四鎮長城》（西安：陝西師範
大學出版社，1990 年 6 月 1 版 1 刷），頁 62。

圖 2-5：明代固原鎮邊鎮墻示意圖

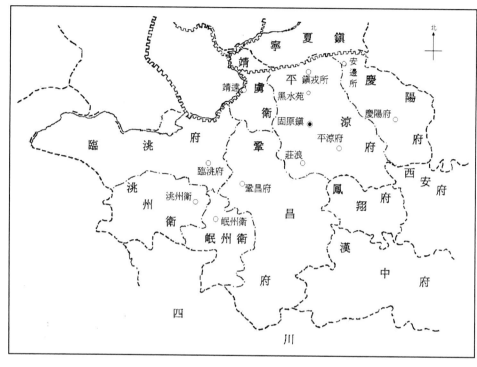

資料來源：改繪艾沖，《明代陝西四鎮長城》（西安：陝西師範
大學出版社，1990 年 6 月 1 版 1 刷），頁 130。

三、黑水苑捷

天和自任三邊總督以來，捷音迭奏，嘉靖十五年有七捷、十六年有十一捷、十七年有十捷，以及十八年有十一捷。〔註221〕另一方面，套虜每南侵時，擄掠漢地男女，「遇老稚殺之，取壯者歸」，〔註222〕而歷年被劫掠的漢民趁套虜南牧時，逃脫回歸，卻遭明軍殺害取首級，濫報邀功。因此，立功的同時，天和發現此情形，便嚴懲濫殺者，並安撫來歸之漢民：

> 遇有到邊，鎮巡官查取姓名鄉貫，差人伴送寧家。……然走回人口，少小而去，強壯而歸，虜之伎倆知之稔矣，其耐寒暑，習戰鬥，猶夫虜也，以此赴敵，所謂以虜制虜也。……通行各該鎮巡

〔註221〕《弇州四部稿》，卷86，〈明光祿大夫太子太保兵部尚書贈少保劉莊襄公墓誌銘〉，頁 5 下～5 上。

〔註222〕《松窗夢語》，卷3，〈北虜紀〉，頁 48。

官，曉諭守墩官軍，但有敵中走回人口，隨即收送鎮巡官處，時
刻不許遲留。除老弱婦女照舊伴送寧家，其精壯男子及十四、五
歲幼童，若係本鎮附近軍民，俱倍加撫恤，編入衛所，與正軍一
體食糧。無妻者官爲娶妻，無屋者官爲買屋，發遊兵部下，名爲
先鋒軍，……若有貪功妄殺者，下手之人抵命，該管官知情者，
問發充軍。仍行各該撫臣出給告示，發給各墩懸掛曉諭，或別行
召誘。〔註223〕

仁人愛民之心昭灼可見，此舉又可增加明軍戰鬥力，嘉靖十九年（1540）「黑
水苑大捷」，更使天和的仕途達到顛峰。

　　嘉靖十九年（1540）六月，天和率領精兵九千人親駐花馬池，〔註224〕
「調度防禦，趲運軍餉，查理墩塘，較閱邊備」。〔註225〕七月，套虜渡黃河
欲襲寧夏平虜城，天和設伏兵挫敵，使得敵赴水者多死，並斬首二十八級，
以功獲銀二十兩和大紅紵絲一表裏餘。〔註226〕套虜襲平虜城大敗後，旋於
八月二十一日乘虛從定邊營諸處入，欲寇固原，虜勢初勢頗猖，明軍戰鬥力
低落，〔註227〕天和「集諸將，以所賜金爲牛酒饗士，陳二劍，堂皇指左劍
曰：『將不用命者狗此！』指右劍曰：『卒不用命者狗此！』」〔註228〕隨後斬
酗醉敗戰的指揮使牛斗、郭卿二人；另外，天和特別檄召昔日部屬周尚文前
來助戰，〔註229〕此役之戰況：

會大雨決旬道濘，虜騎不得騁，弓矢盡膠。陝西總兵魏時督兵分道
邀之，虜始引旋至黑水苑，延綏革任總兵周尚文盡銳攻之，自巳至
申，凡三戰勝負未決，吉囊子號小十王者，驍果而輕率其勁卒三十
餘人馳衝中，堅爲我軍所殲，虜眾遂奪氣斂去。〔註230〕

黑水苑（固原州北九十里）一役，總兵周尚文獲虜首一百三十餘級，至此明

〔註223〕《（乾隆）河套志》，卷45，〈藝文‧陳邊計疏〉，頁48下～49上。
〔註224〕《松窗夢語》，卷3，〈北遊紀〉，頁50。
〔註225〕《涇野先生文集》，卷13，〈贈大司徒前總督三邊大司馬松石劉公之部序〉，頁26下。
〔註226〕《明世宗實錄》，卷239，頁2下，嘉靖十九年七月戊戌條。
〔註227〕《明世宗實錄》，卷243，頁4上～4下，嘉靖十九年十一月戊戌條。
〔註228〕《明文海》，卷388，王一鳴，〈劉莊襄公列傳〉，頁14上。
〔註229〕《弇州四部稿》，卷86，〈明光祿大夫太子太保兵部尚書贈少保劉莊襄公墓誌銘〉，頁5下～6上。
〔註230〕《明世宗實錄》，卷243，頁4上～4下，嘉靖十九年十一月戊戌條。

軍軍心大振。套虜大敗而欲從寧夏撤退，巡撫楊守禮、總兵任傑、副總兵陶希臯等人於鐵柱泉迎擊之，或乘虛從賀蘭山後而入剿其巢穴，終於在九月二十日，套虜被完全逐出邊外，共斬虜首四百四十餘級。天和以功受封爲太子太保，隨後又於十一月陞爲南京戶部尚書。〔註231〕

　　嘉靖二十年（1541）九月，朝廷特詔陞改天和爲兵部尚書提督團營軍務。〔註232〕適時，方士陶仲文（1475～1560）以明世宗寵信而位列少師、少傅、少保，一人兼領三孤，達人臣之極，大臣們爭相諂媚取悅。〔註233〕陶仲文聞知天和將來京，便「於天和未至都三舍，而近使使以外戚禮迎天和，天和髮上指眥曰：『與而主胡戚耶！天和結髮事皇帝，下獄當死不死，在馬革間日夜與勁敵戰不死，而主黃冠瞠然者耶！終不能與若共事矣！』不視而去。」〔註234〕並「返其刺曰：『悞矣！吾中外姻連無是人。』仲文恚，其罷官有力焉。」〔註235〕天和寧可得罪權貴，也不願趨炎附勢，埋下日後被劾罷的遠因。嘉靖二十一年（1541）正月，天和條列興革營務十事：

> 一足軍伍，言京營之兵原額十二萬，今逃故者四萬有奇，猝難清補，請自今凡有傍枝戶丁堪補充者，俱令收入。一革冒濫，謂營軍雇役多市井無賴，尺籍莫考，許自首免罪，若果精壯，即改充召募軍役，不必盡棄。一嚴選替，謂既選之後，仍有冒名代替者，重寘之法。一簡精銳，將東、西兩廳官軍通行揀選，務足三萬六千員，名分爲十枝，增設參將四員領之，以備征調。一重教練，凡開操之月，於各兵教師，人給銀六錢資其勞費，并行各邊省地方，每選二、三十人，諳武藝有膂力者，赴營練習。一定人役，凡營中大小官員隨從人役，多寡有制，不得妄用。一專責成，謂兵既簡補，宜令將領練習如法，提督大臣時加閱視，第加勤惰，以爲賞罰。一定賞革，請每歲於太僕寺動支草場租銀三千兩，以給犒賞之需。一精器械，舊規京營出征，盔甲、鎗刀皆外衛歲造

〔註231〕《明世宗實錄》，卷243，頁4下，嘉靖十九年十一月戊戌條：〔明〕王九思《渼陂續集》，（臺北：偉文圖書出版有限公司，民國65年5月，據明嘉靖間刊本印），卷下，〈奉賀總制大司馬松石劉公破虜奇勳序〉，頁10：《明史》，卷200，〈劉天和傳〉，頁5293，以及卷211，〈周尚文傳〉，頁5581。

〔註232〕《明世宗實錄》，卷253，頁10下，嘉靖二十年九月己亥條。

〔註233〕《明史》，卷307，〈陶仲文傳〉，頁7896。

〔註234〕《明文海》，卷388，〈劉莊襄公列傳〉，頁15上～15下。

〔註235〕《明史》，卷200，〈劉天和傳〉，頁5294。

觧納，朽鈍不可應敵，乞令廠局自造，仍照三邊以火器及神臂彊
弩相兼弓矢爲用。一製戰車，請仿全勝車制，照舊造雙輪火車，
以備戰守。一設公署，城中無公所，春秋操演，外不得會議，公
務戎政悉歸武臣私宅，積弊擅權，乞以帥府爲公所，有事至府中
會議。〔註236〕

此議上奏後，唯有戰車不准再造，其餘悉從所議；〔註237〕「然將領惡其害，
已率從中沮饒陰壞正議，而軍士又習驕惰厭紀律，輒亡匿澳散或倡流言，清
理未半，事復中止。」〔註238〕天和鬱鬱不得志，又因日夜治軍不休而積勞成
疾，同年八月，史科給事中周怡（1505～1569）論劾戶部尙書李如圭（？～
1545）、兵部尙書張瓚（1473～1542），以及天和三人不稱職，當中以年老不
適合視理戎務爲由彈劾天和，加上方士陶仲文懷恚讒間天和於上，不久天和
以衰老之由乞休獲允。〔註239〕

　　天和歸鄉家居時，「有大帥某絨繒爲壽，公時已得請力却之，且報書以爲
識；饒人有感知者選瓷器遺公，公怪其精曰：『得非上方物也！吾書生焉用
此！』却之不可遂破之，以明非己所好也。」〔註240〕持儉治身，遵禮用物；
另，雖身居桑梓，心猶繫廟堂，每逢「月朔望必冠帶焚香遙祝上壽，一生經
營者家祠與先壟耳，餘置不問。」〔註241〕甚於「病篤時，夢中諄諄語曰：『如
何了！如何了！無兵無糧，如何了！』」〔註242〕仍憂心社稷安危，隨後病逝於
嘉靖二十四年（1545）十二月二十三日，享年六十七歲，訃聞傳至京師，「天
子爲震掉輟視朝，太宰議贈，贈至少保，大宗伯議祭，祭至九、議諡，諡法
履正志和，因事有功爲莊襄，大司空議葬，葬所須縣官共給無乏。」〔註243〕

〔註236〕《明世宗實錄》，卷257，頁5下～6上，嘉靖二十一年正月壬寅條。

〔註237〕《明世宗實錄》，卷257，頁6上，嘉靖二十一年正月壬寅條。

〔註238〕《明世宗實錄》，卷365，頁3上，嘉靖二十九年九月辛卯朔條。

〔註239〕〔明〕周怡，《訥谿奏疏》（《文淵閣四庫全書》，史部187，臺北：臺灣商務
印書館，民國75年3月初版），卷1，〈懇乞聖斷俯從人心亟罷不職大臣以重
禦戎根本事〉，頁12上；《明世宗實錄》，卷265，頁8上，嘉靖二十一年八
月辛丑條；《明文海》，卷388，王一鳴，〈劉莊襄公列傳〉，頁15下。

〔註240〕〔明〕張萱，《西園聞見錄》（臺北：華文書局股份有限公司，民國57年10
月初版），卷12，〈狷介‧劉天和〉，頁40下。

〔註241〕《西園聞見錄》，卷5，〈敦睦‧劉天和〉，頁13上～13下。

〔註242〕《耿天臺先生文集》，卷16，〈劉莊襄公逸事略〉，頁47上。

〔註243〕《弇州四部稿》，卷86，〈明光祿大夫太子太保兵部尚書贈少保劉莊襄公墓誌
銘〉，頁1下；《明世宗實錄》，卷306，頁4下，嘉靖二十四年十二月甲寅條。

朝廷治喪隆重，極盡榮哀，賜葬於麻城縣南方。〔註244〕縱觀天和一生，廉儉持身及仁民愛物，無論在朝在野皆心繫廟朝，甚至病篤依然如此，誠爲一代赤膽丹心之能臣！

〔註244〕《（萬曆）湖廣總志》，卷 44，〈陵墓〉，頁 3 上。

第三章　整治黃河理論與實務

　　明中期（1490～1535）的歷任治河官多採行「北隄南疏」的方策，即將黃河主流維持於單縣、沛縣、徐州一線東流濟運，並於黃河北岸修築長隄防河北衝漕河，以及於河南境內疏濬分流數道以宣洩盛漲的黃水。由於河南境內的黃河北岸的隄防逐漸系統化，遏止了黃河向北的擺動，以致黃河決溢向下移動，黃泛區從單純的河南境內的黃河沿岸地區，轉移至河南、山東及南直隸三省交會區域，河水的散溢造成了田土的流失與百姓生命的罹害。在抑制黃河南流以保證漕運的暢通的政策下，使得黃河情勢到了正德時期、嘉靖初期以後，日漸嚴峻，每況愈下，而治河的工作亦隨之艱鉅，以致治河官中有人治河未竟卻上疏乞休求退，或有人禱祀河神求助，幾近束手無策的地步。嘉靖十三至十四年間（1534～1635），任職總理河道官的劉天和面對如此嚴峻的河情，仍於黃河北岸修築隄防，南岸則疏濬分流，其治河思想仍未跳脫「北隄南疏」的框架，但是其治河理論與實務在前人的基礎上則有所創新，當中尤以「植柳六法」最為顯要，且影響後世甚深。天和的治河時間雖短，為期僅三個月，卻用力甚巨，而與正德時期、嘉靖初期的治河者相較之下，天和在治河工程上取得了明顯的成績，至此黃河的情況似有趨緩之勢。

第一節　治黃背景

一、弘治時期

　　弘治二年（1489）五月，黃河在開封府（河南今市）和封丘縣（河南今

縣）荊隆口（又稱金龍口）等處決口，並向南、北兩岸潰決，北流水占十分之七、南流水則占十分之三，〔註1〕洪流「彌衍四出，不繇故道，禾盡沒，民溺死者甚眾」，〔註2〕沿河兩岸的郡邑亦多遭害，其中以開封附近受害最甚。於是有人提議遷徙居民，或遷開封城以避水患，然這些提議實施甚難，均被朝廷否決。〔註3〕

　　弘治二年九月，朝廷命南京兵部左侍郎白昂（1435～1502）為戶部左侍郎，負責修治河道工程。〔註4〕翌年（1490）正月，白昂至黃泛區進行勘查，並向朝廷報告勘查結果：

> 南決者自中牟縣楊橋等處，至於祥符縣界，析為二支：一經尉氏（屬
> 河南尉氏縣）等縣，合潁水下塗山，入于淮，一經通許（河南通許
> 縣）等縣入渦河，下荊山入于淮；又一支自歸德州通鳳陽之亳縣，
> 亦合渦河入于淮。北決者自原武經陽武、祥符、封丘、蘭陽、儀封、
> 考城（河南蘭考縣）諸縣，其中一支決入金龍等口，至山東曹州等
> 處，衝入張秋運河。去冬，水消沙積，決口已淤，因併為一大支，
> 由祥符之翟家口合沁河，出丁家道口等處，俱下徐州。〔註5〕

南流者多經由潁、渦二水注入淮河，北流則衝入漕河的張秋（山東陽穀縣張秋鎮）運道，「所過閘座，間有漗沒，隄岸多被衝塌」。〔註6〕白昂進一步提出治河策略，認為「合潁、渦二水而入于淮者，其間各有灘磧，水脉頗微，宜疏濬以殺河勢，……宜於北流所經七縣築為隄岸以衛張秋。」〔註7〕舉用南京兵部郎中婁性為助理，率領二十五餘萬人先堵塞荊隆口等處決口，修築陽武縣（河南原陽縣）、封丘縣、蘭陽縣（河南蘭考縣）、儀封縣（河南蘭考縣）長隄三百

〔註1〕　〔明〕李東陽等撰，《明孝宗實錄》（京都：中文出版社，1984年5月，據中
　　　　央研究院歷史語言研究所民國51年刊本縮印），卷26，頁1下，弘治二年五
　　　　月庚申條；《明經世文編》，卷82，徐恪，〈定許謨以袪河患疏〉，頁10下，以
　　　　及卷80，白昂，〈論河道疏〉，頁5上。
〔註2〕　〔明〕李東陽，《懷麓堂集》（《文淵閣四庫全書》，集部89，臺北：臺灣商務
　　　　印書館，民國75年3月初版），卷32，〈宿州符離橋月河記〉，頁17下。
〔註3〕　《明孝宗實錄》，卷26，頁1下，弘治二年五月庚申條，以及卷32，頁5下，
　　　　弘治二年十一月庚辰條。
〔註4〕　《明孝宗實錄》，卷30，頁7下，弘治二年九月庚辰條。
〔註5〕　《明經世文編》，卷80，白昂，〈論河道疏〉，頁5上～5下。
〔註6〕　〔明〕謝肇淛，《北河紀》（《文淵閣四庫全書》，史部334，臺北：臺灣商務印書
　　　　館，民國75年3月初版），卷3，〈河工紀・命戶部侍郎白昂治河敕〉，頁9上。
〔註7〕　《明孝宗實錄》，卷34，頁9上，弘治三年正月辛巳條。

餘里，防止黃河北衝會通河。〔註8〕同時，也疏濬南流三支汊道，各「上築長堤，下修減水閘」：〔註9〕（一）導水自中牟縣（河南今縣）下南頓（河南項城縣南頓鎮），經潁州（安徽阜陽市）、懷遠縣塗山至鳳陽府（安徽今縣），即循潁水入淮河；〔註10〕（二）疏濬宿州（安徽今市）的古汴河，引黃水至泗州（安徽泗縣）入淮河；〔註11〕（三）疏濬睢水，自歸德經宿州、靈璧縣（安徽今縣）、睢寧縣（江蘇今縣），至宿遷縣（江蘇今市）入漕河，〔註12〕藉此「一殺河勢，一利商船」。〔註13〕白昂又恐向南分流一時不能容納黃水，便繕修魚臺（山東今縣）、德州（山東今市）的長隄。其隨河修隄總共二千餘里，並隨隄種植百萬餘株柳樹以護隄，〔註14〕暫時不致潰溢危害，使得開封府、中牟縣、祥符縣一帶被水淹沒的土地「復爲良田，植藝交作，貿易駢集」，〔註15〕亦降低黃河北衝會通河的機會，確保了漕運的安全。白昂的治河方法爲「北隄南分」（即北堵南疏）的雛型，也爲明代樹立治河的新方針。

　　白昂治河後的兩年，分洩黃水南流入淮的河道又淤塞。先是，弘治五年（1492）七、八月，黃河決溢開封府之東，再決祥符縣楊家口、荊隆口等處，致使蘭陽縣、考城縣、曹縣（山東曹縣）、鄆城縣（山東今縣）諸縣皆水患，朝廷命工部左侍郎陳政（1418～1476）治理河道；而治河工作未完，陳政卒於任內。〔註16〕弘治六年（1493）二月，朝廷命劉大夏（1436～1516）爲都

〔註8〕　《北河紀》，卷3，〈河工紀・弘治庚戌治河紀〉，頁45上～46上。
〔註9〕　《明史》，卷83，〈河渠志一・黃河上〉，頁2022。
〔註10〕　此道走向據《明史》，卷83，〈河渠一・黃河上〉，頁2021～2022載：「引中牟決河出滎澤陽（楊）橋以達淮。」此句所述的流徑上下顛倒且有誤，依白昂的〈論河道疏〉所言，楊橋位於中牟縣境內，而非滎澤縣；再依岑仲勉的《黃河變遷史》的考證，以及參考譚其驤《中國歷史地圖集》的地圖，滎澤爲中牟之上，故應從滎澤而下流至中牟，再下流達於淮河。另外，其詳細流向據《北河紀》，卷3，〈河工紀・弘治庚戌治河紀〉，頁46上載：「導南河自原武、中牟下南頓，至潁州，由塗山達於鳳陽故道，仍環繞於皇陵、祖陵之前合淮以入海。」
〔註11〕　《明史》，卷83，〈河渠志一・黃河上〉，頁2022。
〔註12〕　〔明〕曾顯纂修，《（弘治）直隸鳳陽府宿州志》（《天一閣藏明代方志選刊續編》之35，上海：上海書店，1990年12月1版1刷，據明弘治增補刊本影印），下卷，徐溥，〈新修睢河記〉，頁46下；《北河紀》，卷3，〈河工紀・弘治庚戌治河紀〉，頁45上～46上。
〔註13〕　〔明〕章潢，《圖書編》（《文淵閣四庫全書》，子部276，臺北：臺灣商務印書館，民國75年3月初版），卷53，〈黃河治法〉，頁54上。
〔註14〕　《明史》，卷83，〈河渠志一・黃河上〉，頁2022。
〔註15〕　《懷麓堂集》，卷32，〈宿州符離橋月河記〉，頁18上。
〔註16〕　《國朝典彙》，卷190，〈工部・治河〉，頁15上，以及《明孝宗實錄》，卷66，

察院右副都御史修治決河，〔註17〕同年六月，「大霖雨，（黃）河流驟盛，而荊隆口一支尤盛，遂決張秋運河東岸，併汶水奔注於海，由是淤涸，漕舟阻絕」，〔註18〕事態極其嚴重。於是，劉大夏會同河南、山東等地的相關官員一同進行視察工作，並提出初步的治理計畫：

> 河南、山東、兩直隸地方，西南高阜，東北低下，黃河大勢，日漸東注。究其下流，俱妨運道，雖該上源分流，終是勢力浩大，較之漕渠數十餘倍。縱有隄防，豈能容受，若不早圖，恐難善後。其河南所決孫家口、楊家口等處，勢若建瓴，皆無築塞之理，欲於下流修治，緣水勢已逼，尤難爲力。惟看得山東、河南與直隸大名府（河北大名縣）交界地方，黃陵岡南、北古隄，十存七八，賈魯舊河，尚未泄水，必須修整前項隄防，築塞東注河口，盡將河流疏通南去，使下徐、沛，由淮入海。〔註19〕

劉大夏的主張基本上與白昂的方法一樣，即疏濬和堵塞並行，然而當時許多人對劉大夏的治河缺乏信心，「訛言沸騰，謂河不可治，治之祗勞且費，或謂河不必治，宜復前元海運，或謂陸輓雖勞無虞」。〔註20〕同年十二月，河南巡按御史涂昇也認爲北面築隄堵塞，南面疏濬分流，導黃入淮才能解決河患問題，並支持劉大夏的治河計畫，經過朝廷的幾次討論，劉大夏與涂昇治河計畫獲准。〔註21〕

弘治七年（1494）五月，明孝宗命內宮監太監李興、平江伯陳銳（陳瑄之孫）協同劉大夏治河。〔註22〕劉大夏的治河工作首先從通運著手，所以於張秋決口的西岸開一條長約三里的月河，使受阻的漕船得以通行，〔註23〕「舳

頁 5 下，弘治五年八月庚戌條。

〔註17〕《明孝宗實錄》，卷 72，頁 6 上～6 下，弘治六年二月丁巳條。

〔註18〕〔明〕不著撰人，《（嘉靖）儀封縣志》（《天一閣藏明代方志選刊續編》之 59，上海：上海書店，1990 年 12 月 1 版 1 刷，據明藍絲闌抄本本影印），下卷，〈藝文·劉健，黃陵岡塞河功完之碑〉，頁 401。

〔註19〕〔明〕黃訓編，《名臣經濟錄》（《文淵閣四庫全書》，史部 202，臺北：臺灣商務印書館，民國 75 年 3 月初版），卷 50，劉大夏〈議疏黃河決口狀〉，頁 13 上。

〔註20〕〔明〕陸釴等纂修，《（嘉靖）山東通志》（《四庫全書存目叢書》，史部 188，臺南：莊嚴文化事業有限公司，1997 年 6 月初版 1 刷），卷 38，〈遺文下·安平鎮治水功完碑〉，頁 28 下。

〔註21〕《明孝宗實錄》，卷 83，頁 5 上～6 下，弘治六年十二月丁亥條。

〔註22〕《明孝宗實錄》，卷 88，頁 4 下，弘治七年五月甲辰條。

〔註23〕〔明〕徐溥，《謙齋文錄》（《文淵閣四庫全書》，集部 187，臺北：臺灣商務印

艫相銜，順流畢發，懽聲載道」，〔註24〕再挑濬南流河道以分洩河水。據《明史・河渠志一》載：

> 濬儀封黃陵岡南貫魯舊河四十餘里，由曹（縣）出徐，以殺水勢。又濬（滎陽）孫家渡口，別鑿新河七十餘里，導使南行，由中牟、潁川（州）東入淮。又濬祥符四府營淤河，由陳留（河南開封縣陳留鎮）至歸德分爲二：一由宿遷小河口，一由亳（州）渦河，俱會於淮。〔註25〕

漕運暫時通行，加上黃河分四支流道南流入淮，使得下游的張秋決口水勢變小，又秋天霜降，水勢稍落，同年十月，劉大夏趁勢集中人力物力整治張秋決口。由於衝決勢大，造成決口寬大，決口寬約九十餘丈，〔註26〕塞決工程十分浩大艱難，據王鏊的〈安平鎮治水功完碑〉載：

> 於張秋兩岸兩岸東、西築臺，立表貫索，網聯巨艦，穴而窒之，實以土牛，至決口，去窒艦沉，壓以大埽，合且復決，隨決隨築。吏戒丁勵，畚鍤如雲，連晝夜不息，水乃由月河以北。決既塞，繚以石堤，隱然如虹，輔以滉柱，森然如星，又於上流作減水壩，又濬南旺湖諸泉源，又堤河三百餘里，漕運復通。役始於六年之夏，其冬告成，用軍民凡四萬餘人，鐵爲斤一萬九千有奇，竹木二萬七千，薪爲束六十三萬，芻二百二十萬。〔註27〕

堵塞決口後，又築石隄確保堅固，以及建減水石壩分洩溢水。〔註28〕張秋決口工成於弘治七年（1494）十二月，張秋段的漕河恢復通運，同時張秋鎮也易名安平鎮。〔註29〕

由於安平鎮的決口已堵塞，使得漕河恢復暢通；然「（儀封）黃陵岡居安平鎮之上流，其廣九十餘丈，荊隆等口又居黃陵岡之上流，其廣四百三十餘

書館，民國 75 年 3 月初版），卷 2，〈奉敕撰安平鎮治水碑記〉，頁 43 下。

〔註24〕《（嘉靖）山東通志》，卷 38，〈遺文下・安平鎮治水功完碑〉，頁 28 下。

〔註25〕《明史》，卷 83，〈河渠志一・黃河上〉，頁 2023。

〔註26〕《懷麓堂集》，卷 65，〈安平鎮減水石壩記〉，頁 6 上。

〔註27〕《（嘉靖）山東通志》，卷 38，〈遺文下・安平鎮治水功完碑〉，頁 29 上。

〔註28〕劉大夏所築的減水壩據《懷麓堂集》，卷 65，〈安平鎮減水石壩記〉，頁 6 下載：「于舊決之南一里，用近世減水壩之制，植木爲代，中實以甄石，上爲衡木者以厚板，又上堤以巨石，屈鐵以鍵之，液秫以埴之，壩成，廣袤皆十五丈，又其上甃石爲實五梁而涂之，梁可引纜，實可通水。」

〔註29〕《明孝宗實錄》，卷 95，頁 6 上，弘治七年十二月甲戌條。

丈，河流至此寬漫奔放」，〔註30〕又「（滎澤）孫家渡又為黃陵岡要害，黃陵岡不塞，張秋（即安平）之漕道不可保；孫家渡不疏，則黃陵岡之功不可成」，〔註31〕由於黃河仍有北衝運道之虞，必須再築塞上流決口才能維持運道的暢通。於是，劉大夏在弘治八年（1495）正月，著手堵塞河南境內的黃陵岡、荊隆口等處決口。堵塞工程，據劉健的〈黃陵岡塞河功完之碑〉載：

> 初，河南諸口之塞，惟黃陵岡屢合而屢決為最難，故既塞之後，特築堤三重以護之，其高各七丈，厚半之。又築長堤，荊隆口之東、西各二百餘里，黃陵岡之東、西各三百餘里，直徐州俾河流恒南行改道，而下流張秋可無潰決之患矣。是役也，夫用匠以名計五萬八千有奇，柴草以束計一千三百萬有奇，竹木大小以根計一萬二百有奇，鐵生熟以斤計一萬九百有奇，麻以斤計三十二萬有奇。〔註32〕

塞決了河南境內的的決口，使「上流河勢復歸蘭陽、考城，分流逕徐州、歸德、宿遷，南入運河，會淮水，東注於海」。〔註33〕同時，更為了降低黃河北衝漕河的危險，劉大夏於黃河北岸修築兩道長隄：一為自胙城縣（屬河南延津市），經歷滑縣（河南今縣）、長垣縣（河南今縣）、東明縣（山東今縣）、曹州（山東曹縣）、曹縣，抵虞城縣（河南今縣），長共三百六十里，名為太行隄；二為自封丘縣于家店，經歷封丘縣陳橋鎮（河南封丘縣陳橋鎮）、蘭陽縣銅瓦廂，抵儀封縣小宋集，長共一百六十里，兩隄內外互輔，而石壩全修築堅厚。〔註34〕至此，劉大夏將治河計畫幾乎付諸實踐。

劉大夏治河成功後，安平鎮有了長隄做為屏障，河患大為降低，「迨弘治塞決口，改名安平以後，休養生聚，稱殷盛焉。商賈刀泉貿易肩相摩，萬井樂業」，〔註35〕安平鎮至此恢復了繁榮的市景。另一方面，劉大夏完全繼承了白昂的「北隄南分」治河思想，更進一步地加以發展，隨後的治河者多奉行

〔註30〕《明孝宗實錄》，卷97，頁6下，弘治八年二月己卯條。

〔註31〕《謙齋文錄》，卷2，〈黃陵岡水神祠記〉，頁47上。

〔註32〕《（嘉靖）儀封縣志》，下卷，〈藝文・黃陵岡塞河功完之碑〉，頁404。

〔註33〕《明史》，卷83，〈河渠志一〉，頁2024。

〔註34〕《明孝宗實錄》，卷97，頁6下～7上，弘治八年二月己卯條，以及〔明〕潘季馴，《兩河經略》（《文淵閣四庫全書》，史部188，臺北：臺灣商務印書館，民國75年3月初版），卷3，〈恭報兩河工成仰慰聖衷疏〉，頁9上。

〔註35〕〔清〕林芃修，馬之驪纂，《（康熙）張秋志》（《中國地方志集成》，第29冊，上海：江蘇古籍出版社，1992年8月1版1刷，據清康熙九年斌業齋抄本影印），卷2，〈街市〉，頁37。

此策，成爲明代中期的主要治河政策。此後，黃河北岸的隄防逐漸系統化，斷絕了衝犯漕河的安平鎮運道；而南岸則採數支分流入淮以宣洩水勢，也造成黃河的決溢地點日漸下移，沿岸州縣飽受水患之苦，受災範圍主要集中在山東西南部、南直隸西北部和河南東北部的臨河州縣，造成田土「東坍西塌，歲無虛日，甚至一村一落，百數十頃，盡入河者，舊日大家，今爲貧民，舊稱多丁，今盡流亡。」〔註36〕又徐州、邳州、開封府等地的「人民流移滿道，十室九空，攜男帶女，鬻賣易食，啼號奔走，絡繹不絕。」〔註37〕以及山東的「曹、單、金（金鄉縣，山東今縣）、成（城武縣，山東成武縣）皆濱河被水之區，當其受災，一望無際，顆粒不收。」〔註38〕另外，一些沿岸的州縣亦在城外培築護城隄，藉以抗拒洪水的浸灌，如河南的原武縣於「弘治十四年，知縣張愷築護城堤，週圍十四里，城中始無患。」〔註39〕

二、正德時期

弘治十八年（1505），黃河主流北徙三百里，於宿遷縣小河口入漕河，此後逐漸向東北擺動。至正德三年（1508），黃河再向北徙三百里，至徐州小浮橋入漕河。正德四年（1509）六月，黃河又北徙一百二十里，達沛縣（江蘇沛縣）小浮橋入漕河，故向南分流的穎、渦、睢諸河淤塞，又黃河流至單縣、豐縣（江蘇今縣）一帶的河道後，因河道狹窄而決溢鄰近的州縣，〔註40〕造成「曹、單二縣田廬多湮沒」。〔註41〕黃河旋於九月又潰決，黃水「奔流曹、單二縣，直抵豐、沛，遂成大河，塞之不克」〔註42〕已致災情甚重，「人畜死者、房屋衝塌者甚眾，圍豐縣城郭。」〔註43〕同年十二月，朝廷命工部左侍

〔註36〕〔明〕王廷相，《王氏家藏集》（《四庫全書存目叢書》，集部53，臺南：莊嚴文化事業有限公司，1997年6月初版1刷），卷27，〈與徐都憲朝儀〉，頁8下～9上。

〔註37〕〔明〕馬文升，《端肅奏議》（《文淵閣四庫全書》，史部185，臺北：臺灣商務印書館，民國75年3月初版），卷10，〈賑恤饑民以固邦本事〉，頁1下。

〔註38〕〔明〕于慎行纂修，《（萬曆）兗州府志》（濟南：齊魯書社，1985年，據明萬曆二十四年刻本影印），卷15，〈戶役志〉，頁57上。

〔註39〕〔明〕張祥修，《（萬曆）原武縣志》（臺北：國立故宮博物院，民國86年，據明萬曆甲午年刊本攝製膠片），卷上，〈河防〉，頁33。

〔註40〕《明史》，卷83，〈河渠志一・黃河上〉，頁2026。

〔註41〕《明武宗實錄》，卷58，頁4下～5上，正德四年十月癸卯條。

〔註42〕〔明〕于慎行，《（萬曆）兗州府志》，卷19，〈河渠志・歷代治河沿革〉，頁30下。

〔註43〕《明武宗實錄》，卷58，頁4下～5上，正德四年十月癸卯條。

郎崔巖（？～1522）兼都察院右副都御史治理黃河。〔註44〕

正德五年（1510）九月，黃河更從「儀封北徙衝黃陵岡、入賈魯河，汎濫橫流，直抵豐（縣）、沛（縣）」。〔註45〕黃河日漸向東北徙動，使得黃河沿岸的州縣百姓淪爲魚鱉，飽受河患之苦，朝廷對此甚感耽憂；然讓朝廷更憂懼的是黃河若繼續向北擺動，洪水將衝犯到漕河北段的會通河，引起一些朝臣的議論，監察御史林茂達等人遂提議：

> 河勢北趨，堤外水高，堤內地下，倘北決龍王廟，壞安平鎮，必爲運河害。法當先治上流儀封、考城等縣，疏濬故道，引河南流，勢有所分，然後築塞決口，修復故堤。……庶幾大堤可全，運河可保。
> 〔註46〕

故保漕實爲朝廷關心的重點，民生問題則爲次要。工部左侍郎兼都察院右副都御史崔巖役四萬二千餘人治理黃河，其先分洩黃水：（一）疏濬祥符縣董盆口、寧陵縣（河南今縣）五里鋪，經亳州達鳳陽府，循渦河南流入淮河。（二）疏濬滎澤縣（河南滎陽縣）孫家渡口，經朱仙鎮（河南開封市朱仙鎮）至壽州（安徽壽縣），循潁河南流入水。（三）疏濬賈魯河淤塞河道八十餘里，東流至徐州、淮安府（江蘇今市）間的漕河，並南流匯淮河。疏濬河道後，崔巖接著堵塞山東長垣縣、曹縣等州縣的決口，〔註47〕其中的曹縣梁靖口「用工三月，止餘四丈，雨霑水漲，一時衝蕩，不克完合。」〔註48〕使得堵塞工程更爲艱困，於是崔巖便建議：「決口恐難卒塞，莫若於曹、單、豐、沛沿河處增堤，毋令不徙，庶可護障運道。……俟秋成之時施工。」〔註49〕即於黃河北岸的曹縣至沛縣這一條線，培築隄防以遏止黃河北徙。

正德五年（1511）六月，明武宗深責崔巖治河無方，遂於正德六年（1511）二月命工部右侍郎李堂取代崔巖治河，〔註50〕繼任的李堂（1462～1524）提

〔註44〕《明武宗實錄》，卷58，頁11下，正德四年十二月丙辰條。

〔註45〕《明武宗實錄》，卷60，頁3上，正德五年二月丙辰條。

〔註46〕《明武宗實錄》，卷60，頁3上，正德五年二月己亥條。

〔註47〕《明武宗實錄》，卷64，頁6下，正德五年六月己亥條；〔明〕王在晉，《通漕類編》（臺北：臺灣學生書局，民國59年12月，據明天啓崇禎年間刊本），卷8，萬恭，〈國朝河決考〉，頁10上～10下。

〔註48〕《明經世文編》，卷169，馬卿，〈預處黃河水患疏〉，頁17上。

〔註49〕《明武宗實錄》，卷64，頁6下～7上，正德五年六月己亥條。

〔註50〕《明武宗實錄》，卷64，頁7上，正德五年六月己亥條，以及《明武宗實錄》，卷72，頁8下，正德六年二月庚子條。

出計畫：

> 黃河自河南蘭陽、儀封、考城一帶故道淤塞，其流俱入賈魯河，經黃
> 陵岡至曹縣，勢甚瀰漫，衝（曹縣）梁靖、楊家二隄決口，湮沒曹（縣）、
> 單（縣）田畝。前此侍郎崔巖亦嘗修濬，緣地高河澱，隨濬隨淤，水
> 殺不多，而決口又難築塞，以今觀之梁靖口以下地勢最卑，故眾流奔
> 注成河，直抵沛縣，凡河流故道湮不復疏。況河勢北徙有如建瓴，不
> 但直趨梁靖決口，其黃陵岡上、下及杜勝集縷水隄俱被衝嚙，水淹大
> 隄，計抵安平鎮甚近，……今欲起自大名府地名三春柳至沛縣飛雲橋
> 止築隄，共長三三百十里，正以防河北徙，可保運道。〔註51〕

李堂以培築大名府至沛縣的隄防為首要之務，決口與河淤的治理則暫擱一旁，以保漕作為治黃的指導方針，漕運的安危實為朝廷的關注所在，獲准興工。隨後，李堂又建議增築蘭陽縣銅瓦廂、祥符縣陳橋集的隄防；然工程未竣，適逢流賊劉六、劉七猖獗橫行，李堂僅修緊要之處，其餘停罷後，〔註52〕李堂上疏乞休，未為明武宗所允。〔註53〕

　　正德八年（1513）六月，黃河決儀封縣黃陵岡。〔註54〕同年七月，黃河再「曹縣以西娘娘廟口、孫家口二處，從曹縣城北東行，而曹、單居民被害益甚。……曹、單以北，城武以南，居民田廬盡被漂沒。」〔註55〕黃河擺徙不定，氾濫情勢難以控制。因此，治河官員如劉愷、趙璜除了於黃河北岸修築長隄外，幾近束手無策，遂禱祀求助河伯神靈。〔註56〕正德十二年（1517）十二月，朝廷命龔弘為都察院右副都御史治理河道，〔註57〕其治河方法依然於黃河北岸的儀封、長垣等州縣築兩百餘里的隄防，藉此防止黃河向北衝決。〔註58〕正德末年，由於南流的穎、渦諸河日漸壅塞，黃河情勢據載：

〔註51〕《明武宗實錄》，卷68，頁2下，正德五年十月己丑條。

〔註52〕《明武宗實錄》，卷72，頁8下，正德六年二月庚子條。

〔註53〕《明武宗實錄》，卷75，頁5下，正德六年五月癸酉條。

〔註54〕《明武宗實錄》，卷101，正德八年六月戊戌條，頁1上。

〔註55〕〔明〕潘季馴，《河防一覽》（《中國水利要籍叢編》，第二集，第15冊，臺北：文海出版社，民國59年1月初版），卷5，〈河源河決考〉，頁123。

〔註56〕〔清〕谷應泰，《明史紀事本末》（臺北：三民書局有限公司，民國58年4月），卷34，〈河患之決〉，頁537，以及〔明〕于慎行，《（萬曆）兗州府志》，卷19，〈河渠志·歷代治河沿革〉，頁30下～31上。

〔註57〕《明武宗實錄》，卷156，頁4下，正德十二年十二月戊午條。

〔註58〕《明世宗實錄》，卷2，頁4下，正德十六年五月乙卯條。

黃河大股南遷之勢，既無所殺，乃從河南北界，徑由山東曹、濮（濮
州，河南范縣）地方，奔赴豐（縣）、沛（縣）飛雲橋等處，分爲三
口，悉入運河，泛濫瀰漫，茫無畔岸，自徐州至於清河（江蘇淮安
市）數百餘里，一望皆水，田地悉在水中，居民依山棲泊，耕種失
業，遞年糧草無從辦納。……官民船隻南去北來者，通無牽挽之路，
必待順風，乃能前進。〔註59〕

自此以後，黃河常徙不定，造成曹縣、單縣、徐州、沛縣等州縣經常罹水患，
成爲黃泛區，使得有些州縣於城外創築隄防抵拒洪水的浸犯；〔註60〕同時，
濟寧（山東濟寧市）至清河間的運道始受黃河衝溢的威脅；由於治河無效，
龔弘遂上疏乞休，但不爲明世宗所允。〔註61〕

三、嘉靖初期

　　至嘉靖初期，黃河更下決徐州、沛縣一帶。嘉靖二年（1523），黃河決溢沛
縣，造成沛縣的「堤堰崩圮，衝壞廬舍，平野中清碧接天，民多流亡。」〔註62〕
嘉靖五年（1526），黃河在徐、沛等州縣遷徙不定，〔註63〕黃河「上流驟溢，東
北至沛縣廟道口，截運河，注雞鳴臺口，入昭陽湖。汶、泗南下之水，從而東；
而河之出飛雲橋者，漫而北。泥沙填淤，亙數十里」，〔註64〕並淹沒豐縣縣城，
徙縣治以避水患，〔註65〕是時，「清河（縣）以北，兗州以南，水勢瀰茫，田廬
淹沒」，〔註66〕災情甚重。對於此一情勢，朝臣多有提議，大學士費宏（1468

〔註59〕　〔明〕費宏，《太保費文憲公摘稿》（臺北：文海出版社，民國59年3月初版），
　　　　　卷6，〈請差官治河疏〉，頁47上。
〔註60〕　據《（嘉靖）山東通志》，卷12，〈城池〉，頁11下載：「（曹州城）正德六年，
　　　　　黃河浸漫，有議遷城者，知縣易謨築堤禦之，九年，知縣趙景鸞增築城高一
　　　　　丈二尺，闊二丈，改濬舊壕，外增護城堤，而遷城之議寢矣。」又據〔明〕
　　　　　姚應龍纂修，《（萬曆）徐州志》（《天津圖書館孤本秘籍叢書》，第5冊，北京：
　　　　　中華全國圖書館文獻縮微複製中心，1999年，據明萬曆五年刻本影印），卷1，
　　　　　〈城池〉，頁69上：「（豐縣）正德十三年，知縣裴爵築堤於城外爲障護。」
〔註61〕　《明世宗實錄》，卷4，頁19上，正德十六年七月庚午條。
〔註62〕　〔明〕王治修，《（嘉靖）沛縣志》（《天一閣藏明代方志選刊續編》之9，上海：
　　　　　上海書店，1990年12月1版1刷，據明嘉靖刻本影印），卷9，〈災祥〉，頁
　　　　　55上。
〔註63〕　《明世宗實錄》，卷62，頁4下，嘉靖五年三月戊戌條。
〔註64〕　《大明會典》，卷196，〈工部十六・河渠一〉，頁8上～8下。
〔註65〕　《（萬曆）徐州志》，卷1，〈城池〉，頁69上。
〔註66〕　《明世宗實錄》，卷71，頁12下，嘉靖五年十二月丙子條。

～1535）奏言：

> 近日以來，又聞沛縣、沙河等處，浮沙湧塞四十餘里，隨濬隨湧，
> 河流不通，一應舟楫由昭陽湖取道往來，其勢似為可慮。況昭陽湖
> 積水不多，春夏之交，湖面淺涸，則運道不免阻塞，京師歲收四百
> 萬之糧石何由可達？官軍數百萬之眾何所仰給？此則可憂之甚也。
> 為今之計，必須渦河等河如舊通流，分殺河勢，然後運道不至泛溢，
> 徐、邳之民乃得免於漂沒。若不作急整理，將來河復北決，意外之
> 慮又有不可言者。〔註67〕

監察御史戴金（1484～1548）也建言：

> 黃河入淮之道有三：一自中牟至荊山合長淮之水，曰渦河；一自開
> 封府經葛岡、小壩、丁家道口、馬牧集、鴛鴦口至徐州出小浮橋，
> 曰汴河；一自小壩經歸德城南飲馬池，至文家集，經夏邑至宿遷，
> 曰白河。弘治間，黃河變遷，渦河、白河二道上源年久湮塞，而徐
> 州獨受其害，若自小壩至宿遷小河一帶，并貫魯河、鴛鴦口、文家
> 集壅塞之處，逐一挑濬，使之流通，則趨淮之水，不止一道，而徐
> 州水患可以少殺矣。〔註68〕

與費宏、戴金二人持相同意見者，還有禮部尚書吳一鵬（1460～1542）、監察御
史劉讖、漕運總兵官楊宏，皆建議疏濬南流的賈魯河、潁河、渦河以分洩黃水。
然工部則認為賈魯河、潁河和渦河的疏濬工大難成，只須堵塞決口與修築隄防
即可，如此消極地治河，主要源於工部將此次的危害認定為「民患」。〔註69〕

　　嘉靖五年（1526）十二月，朝廷陞章拯為工部右侍郎兼都察院右僉都御
史，命其治理黃河。章拯與山東、河南等省有司官員一同視察受災區，〔註70〕
隨後於嘉靖六年（1526）提出治河計畫。章拯認為：

> 黃河濟漕，固為國家之利，至於氾濫，則為地方之患。今欲築濬分
> 殺，以免民患，而濟運漕者有二處：一曰孫家渡，在滎（榮）澤縣
> 北；二曰趙皮賽（寨），在蘭陽縣北，皆可以引水南流，以殺水勢。
> 但此二河通亳州渦河東入淮，又東至鳳陽長淮衛，經壽春王等園寢，

〔註67〕《太保費文憲公摘稿》，卷6，〈請差官治河疏〉，頁47上～47下。
〔註68〕《明世宗實錄》，卷71，頁13下，嘉靖五年十二月丙子條。
〔註69〕《明世宗實錄》，卷71，頁14上～14下，嘉靖五年十二月丙子條。
〔註70〕《明世宗實錄》，卷71，頁14下，嘉靖五年十二月丙子條。

> 爲患巨測。惟考之寧陵縣北岔河一道，通飲馬池，至文家集，又經
> 夏邑，至宿州符離橋，出宿遷小河口。自趙皮賽（寨）至文家集，
> 凡二百餘里，其中壅塞者，宜大發丁夫濬活，庶水勢易殺，而園陵
> 亦無所患。〔註71〕

朝廷同意此計畫，並命立即舉工；此次的治河，爲了分洩黃水南流入淮，首次提出河水侵犯皇室陵寢的問題。同年六月，黃河決溢徐州、豐縣、沛縣、城武等地；同時溢水亦衝入昭陽湖，侵奪運河道，使漕船三千多艘不能航進，〔註72〕嚴重地影響北方的糧食供應，而造成朝廷的巨大恐慌。嘉靖六年（1527）九月，章拯上疏自劾治水無效乞罷，不爲明世宗所允。〔註73〕十月，御史吳仲彈劾章拯不能辦理河事，應另請能者代之。〔註74〕朝臣亦紛紛獻策，當中分爲導河北出與分河南流兩派。

北流派有光祿少卿黃綰（1480～1554）與詹事霍韜（1487～1540）。黃綰認爲：（一）於山東和北直隸之間，覓尋兩高中低之處，引河經行此道，流至北直隸的直沽（河北天津市）入海，唯有順著黃河的自然走向，才能使黃河下游的州縣免於水潦之苦。（二）沿昭陽湖側畔築長隄，以此形成運道，並設置閘門蓄洩水量，水溢時可避風濤，水涸時則易疏濬。（三）徐州、呂梁二洪運道（徐州至淮安間的漕河）不必資引黃河，只須開濬山東境內的諸泉源，以及整治南旺、馬場諸湖，則足資供應二洪所需水量。〔註75〕另，霍韜則主張：（一）於河南境內的原武縣、河陰縣（河南滎陽縣）、孟津縣（河南今縣）、懷慶縣間審視地勢，引黃河向北注入衛河，行經臨清州（山東臨清市），達於天津三衛（河北天津市）入海。（二）仿元代漕運之制，水運至封丘縣，換轉陸運至淇門鎮（河南淇縣）入衛河，冬春兩季循行此道，經由臨清州，至天津三衛入京師；夏秋兩季則走徐州、沛縣運道，可免黃河下游州縣的水患，使治黃與漕運皆獲利。〔註76〕黃綰、霍韜二人的論點雖有微許相異，但都指定由天津三衛附近出海。

〔註71〕《明世宗實錄》，卷77，頁1下，嘉靖六年六月丙午條。
〔註72〕《明世宗實錄》，卷81，頁16上～19下，嘉靖六年十月壬申條；《明史》，卷83，〈河渠一・黃河上〉，頁2029。
〔註73〕《明世宗實錄》，卷80，頁10上，嘉靖六年九月丙申條。
〔註74〕《明世宗實錄》，卷81，頁16上，嘉靖六年十月壬申條。
〔註75〕《明經世文編》，卷156，黃綰，〈論治河理漕疏〉，頁8下～9下。
〔註76〕〔明〕霍韜，《渭厓文集》（《四庫全書存目叢書》，集部68，臺南：莊嚴文化事業有限公司，1997年6月初版1刷，據明萬曆四年霍與瑕刻本印），卷2，〈議處黃河疏〉，頁15下～16上。

南流派有左都御史胡世寧（1469～1530）與兵部尙書李承勛（1473～1531）。胡世寧主張：（一）黃河決溢於東南，入海路近，且又有山脈的阻隔，爲害較小；若往東北潰決，入海路遠，更衝決安平鎭段的漕河，故須導河南流。（二）黃河自開封向南、東南、東潰流數支。向南分二道：1. 自滎澤縣，經中牟縣、陳留縣、潁州、壽州，循潁河入淮河；2. 自祥符縣，經亳州、懷遠縣（安徽今縣），循渦河入淮河。向東南一道：自歸德府（河南商丘市），經宿州、虹縣（安徽泗縣）、睢寧縣，至宿遷縣入漕河。向東分五道：1. 自長垣縣，經曹縣、鄆城縣，至陽穀縣（山東今縣）入漕；2. 自曹州雙河口，至魚臺縣塌場口入漕河；3. 自儀封縣，經歸德府，至徐州小浮橋入漕河；4. 由沛縣的飛雲橋入漕河；5. 在徐州城北的北溜溝（徐州北六十里）入漕河。恐向東北衝決安平鎭，陽穀鎭與魚臺縣二道不開濬外，其餘諸道皆疏濬以分洩黃水。（三）修築城武縣、豐縣、單縣、沛縣一帶的隄防，藉此堵塞新決口和防河北流。（四）於昭陽湖東岸開一新渠，並於新渠的西岸築一長隄，將昭陽湖隔於外，可避河水淹漫，以此作爲漕船的新航道。﹝註77﹞同時，李承勛也主張：「相六道分流之勢，導引使南，可免衝決之患，此下流不可不疏濬者也；然欲保豐、沛、單縣、穀亭（鎭）之民，必因其舊堤，築之障其西北，使不溢出爲患此，則上游不可不隄防者也。……于昭陽湖之東引諸泉水，甃爲運道，建閘以節水。」﹝註78﹞胡世寧、李承勛二人均倡議北隄南分，且於昭陽湖東岸開新渠通運；另外，黃河下游的支流，於此時可能有六至八道之多，漫流區域亦相當廣泛。

嘉靖六年（1527）十一月，章拯上疏乞休，朝廷詔拯回京。﹝註79﹞同年十二月，朝廷陞盛應期爲右副都史總理河道，﹝註80﹞盛應期取胡世寧之策，試於昭陽湖東別開新運河，並疏濬蘭陽縣趙皮寨、滎澤縣孫家渡等處以分洩黃水，修築陽武縣至沛縣的隄防以防北潰；然工程進行到一半，適值旱災，言者多謂不應繼續開新河，又督工急迫，以致漕河沿岸魚臺縣、沛縣一帶的百姓多怨言，並阻撓開河，﹝註81﹞而百姓反對開河的原因是擔心「漕去無所

﹝註77﹞　﹝明﹞胡世寧，《胡端敏奏議》（《文淵閣四庫全書》，史部186，臺北：臺灣商務印書館，民國75年3月初版），卷7，〈陳言治河通運以濟國儲而救民生疏〉，頁4上～7上。

﹝註78﹞　《明世宗實錄》，卷81，頁18上，嘉靖六年十月壬申條。

﹝註79﹞　《明世宗實錄》，卷82，頁11上，嘉靖六年十一月辛丑條。

﹝註80﹞　《明世宗實錄》，卷78，頁9上，嘉靖六年十月辛酉條。

﹝註81﹞　《明世宗實錄》，卷84，頁3下，嘉靖七年正月乙酉條，以及卷92，頁1上、3上～3下，嘉靖七年九月庚午條、己卯條；《明史》，卷223，〈盛應期〉，頁5864。

居貨」，〔註82〕懼怕漕河一改道，其所居地將隨之沒落，至於勞民費財則在其
次。於是，朝廷爲了杜眾口、安人心，遂調盛應期回京，開新河一事亦隨之
停罷，而盛應期則上疏乞休，但未爲明世宗允許，〔註83〕此一新河後由總理
河道官朱衡於嘉靖四十四年（1565）開成。〔註84〕

　　嘉靖七年（1528）七月，朝廷命工部右侍郎潘希曾（1476～1532）主持
治理河道，〔註85〕其於黃河下游北岸的沛縣、豐縣、單縣三處築隄防，長共
一百五十餘里，以防河勢北決；另外，復於黃河上游疏濬滎澤縣孫家渡、蘭
陽縣趙皮寨一帶的河道，以分洩黃水。〔註86〕潘希曾積勞成疾，欲引疾乞休，
另舉能者代理，但未獲明世宗允許。〔註87〕黃河旋於嘉靖九年（1530）六月，
再度潰決漫溢，形勢據載：

> 黃河至曹縣地方胡村寺東衝開一道，濶三里有餘，東南至本縣（曹
> 縣）賈家壩入古蹟黃河，由歸德州丁家道口，至徐州小浮橋入運河；
> 胡村寺東北衝開一道，濶一里有餘，又分爲二支：東南一支經虞城
> 縣，至碭山縣（安徽碭山縣），合古蹟黃河，出徐州；東北一支經單
> 縣長隄，盡頭至魚臺縣，漫爲坡水，傍谷（穀）亭入運河，其單、
> 豐、沛三縣，黃河賴長隄障迴，即今沙淤平滿，民多耕作，不復爲
> 沛（縣）、漕（河）之患。〔註88〕

以上諸流爲黃河下游東流河道，當中所謂「古蹟黃河」即是賈魯故道。單、
豐、沛三縣有著長隄的屏障，使得水患次數降低，轉以魚臺受災最甚，其地
「歷經三年濟沒，廬舍水患不息」；〔註89〕然黃河東流諸道之所以勢強，則緣

〔註82〕〔明〕于慎行，《穀城山館文集》（《四庫全書存目叢書》，集部147，臺南：莊
　　　嚴文化事業有限公司，1997年6月初版1刷，據北京圖書館藏明萬曆于緯刻
　　　本影印），卷13，〈勅建新河洪濟廟記〉，頁13上。

〔註83〕《明世宗實錄》，卷91，頁9下，嘉靖七年八月庚申條，以及卷92，3上～3
　　　下，嘉靖七年九月己卯條。

〔註84〕〔明〕于慎行纂修，《（萬曆）兗州府志》，卷19，〈河渠志〉，頁8上～8下。

〔註85〕《明世宗實錄》，卷90，頁13下，嘉靖七年七月辛卯條。

〔註86〕〔明〕潘希曾，《竹澗集》（《文淵閣四庫全書》，史部205，臺北：臺灣商務印
　　　書館，民國75年3月初版），卷4，〈河工告成疏〉，頁17上～19上。

〔註87〕《竹澗集》，卷4，〈多病乞休薦賢自代疏〉，頁22上～23上，以及《明世宗
　　　實錄》，卷108，頁4下，嘉靖八年十二月甲戌條。

〔註88〕《竹澗集》，卷4，〈黃河復由故道疏〉，頁30上～30下。

〔註89〕〔明〕于慎行，《（萬曆）兗州府志》，卷19，〈河渠志・歷代治河沿革〉，頁
　　　31上。

於西南諸流皆塞，而西南流者有四道：（一）由滎澤縣孫家渡出壽州。（二）由渦河出懷遠縣。（三）由蘭陽縣趙皮寨出桃源縣（江蘇泗陽縣）。（四）由曹縣梁靖口出徐州小浮橋。〔註90〕

嘉靖十一年（1532）二月，朝廷命戴時宗爲都察院右僉都御史總理河道，〔註91〕其治河方法爲開濬西南流諸道；惟入渦出懷遠一支恐危及鳳陽王墳和泗州祖陵，故不疏外，餘者三支皆濬。另外，見魚臺縣之地已經殘破，乾脆以魚臺縣爲受水之區，即成爲滯洪區，並導河入昭陽湖，以此四道來分洩黃水，戴時宗治河幾近無策，遂自劾起罷，然未獲允。〔註92〕自嘉靖朝以後，明代的治河策略、工程有保漕的制約與民生的顧慮之外，更多了一層護陵的牽制，這使得黃河問題更加錯綜複雜。

第二節　治河經歷

一、治河的理論

自嘉靖十一年（1532）以後，黃河的向南支流渦河、潁河、睢河等河道又淤塞，而黃河主流向北擺動，漫流曹縣、單縣、城武縣、沛縣、金鄉縣、魚臺縣等地，使得閘漕（漕河的臨清至徐州段）南段運道的安全堪虞。〔註93〕翌年（1533），朝廷陞浙江左布政使朱裳（1482～1539）爲都察院右副都御史總理河道，〔註94〕六月，朱裳自陳乞罷疏，但未得明世宗批允。〔註95〕十月，朱裳上疏主張滎澤縣孫家渡、蘭陽縣趙皮寨、曹縣梁靖口三支南下分流，以此三河道宣洩百分之七十的黃水，另百分之三十的黃水則由於魚臺縣入漕河，藉此接濟閘漕南段運道。〔註96〕嘉靖十三年（1534）正月，朱裳上疏報告治河進度與建議：

> 今梁靖口、趙皮寨幸乞（已）通疏，孫家渡亦行挑濬，惟渦河一支

〔註90〕《明世宗實錄》，卷141，頁2上，嘉靖十一年八月辛己條。
〔註91〕《明世宗實錄》，卷135，頁6下，嘉靖十一年二月癸卯條。
〔註92〕《明世宗實錄》，卷141，頁2上～2下，嘉靖十一年八月辛己條，以及卷145，頁1上，嘉靖十一年十二月甲戌條。
〔註93〕《明世宗實錄》，卷158，頁10下～11上，嘉靖十三年正月甲子條。
〔註94〕《明世宗實錄》，卷146，頁3上，嘉靖十二年正月己未條。
〔註95〕《明世宗實錄》，卷151，頁2下，嘉靖十二年六月癸未條。
〔註96〕《明世宗實錄》，卷155，頁6下，嘉靖十二年十月癸未條。

因趙皮寨下流睢州野鷄岡，淤正河五十里，漫于平地，注入渦河，所以挑濬深廣，導引漫水歸入正河而入睢州。……。自河南原武縣至山東曹縣，歷年築長堤以防東北入海，守護甚嚴；但日久坍塌者多不任衝激，所宜亟爲修築，兼天築月堤以禦奔潰，……。今宜魯將橋（將魯橋）至沛縣東堤一百五十餘里修築堅厚，相其要害，固之以石，洩之以壩，自城武縣至濟寧州創築縷水大堤百五十餘里以防北溢，……孫家渡、渦河二支俱出懷遠縣，會淮流至鳳陽縣，經皇陵及壽春王陵，至泗州經祖陵。皇陵地形高、去河遠，無可慮者；而祖陵東、西、南三面距河，壽春王陵尤爲迫近，屢有浸侵，今宜于祖陵築土堤以過泛濫，壽春陵王（王陵）砌石崖以防衝決。〔註97〕

除了北岸固隄以防北衝外，朱裳又指出向南的分流會淮河後，若支流與淮河水勢驟大時，恐水淹侵泗州的祖陵與鳳陽的壽春王墳，於此黃河的向南分流也有了限宥。然治河不久，朱裳卻因丁憂而去。〔註98〕

（一）災情考察

朱裳憂去後，朝廷隨即於嘉靖十三年（1534）二月，命天和以原職右副都御史兼任總理河道官，主持治河的事務。〔註99〕原守喪居家的天和於四月初接到敕諭，據其自述：

嘉靖十三年四月初一日，臣方守制家居，該工部差武功左衛千户仇錫齎捧勅諭一道到臣，并該吏部咨該本部會，題爲缺官事，奉聖旨：「劉天和着照原職總理河道，寫勅與他，欽此欽遵。」臣當即望闕叩頭，臣隨於本月初五日服滿，聞運河一帶，閘水淺涸，漕運事重，不敢辭避稽延，謹兼程趨赴，於本月二十六日前到濟寧，交代接管。〔註100〕

天和至駐守地濟寧州就任，其兢兢業業，「惟不勝天子之簡命是懼。」〔註101〕於是，天和接受治河任務後，爲了探究治河對策，親自沿著黃河與各支汜道進行實地勘查，「遡長河而徂征，覩洪流之浩渺」。〔註102〕其考察路線「由山

〔註97〕《明世宗實錄》，卷158，頁10下～11下，嘉靖十三年正月甲子條。

〔註98〕《明史》，卷83，〈河渠志一‧黃河上〉，頁2026。

〔註99〕《明世宗實錄》，卷160，頁2下，嘉靖十三年閏二月丁巳條。

〔註100〕〔明〕劉天和，《問水集》（《中國水利要籍叢刊‧第二集》，臺北：文海出版社，民國59年1月初版），卷3，〈謝恩疏〉，頁51。

〔註101〕《問水集》，卷首，胡纘宗，〈問水集序〉，頁1。

〔註102〕《問水集》，卷2附，〈銅瓦廂告河文〉，頁46。

東溯流而上，直抵河南孫家渡，復由開封順流而下，直抵直隸鳳、泗，恭謁祖陵、皇陵、壽春王墳，下至淮海之間，上遡徐、呂二洪而還」。〔註103〕其中「所至雖斷港故洲，漁夫農叟，亦罔弗咨，咨罔弗悉」，〔註104〕還派遣屬下官吏「循河各支，沿流而下，直抵出運河之口，逐段測其深淺廣狹紆直所向」，〔註105〕

在整個調查研究後，天和繪製〈黃河圖〉，並附上說明，當中歸納分析河遷徙無常的原因：

> 河水至濁，下流束溢停阻則淤，中道水散流緩則淤，河流委曲則淤，伏秋暴漲驟退則淤，一也；從西北極高之地，建瓴而下，流極湍悍，隄防不能禦，二也；易淤故河底常高，今於開封境測其中流，冬春深僅丈餘，夏秋亦不過二丈餘，水行地上，無長江之淵深，三也；旁無湖陂之停瀦，四也；孟津而下，地極平衍，無羣山之束隘，五也；中州南北悉河故道，土雜泥沙，善崩易決，六也。是以西北每有異常之水，河必驟盈，盈則決，每決必瀰漫橫流，久之，深者成渠，以漸成河；淺者淤澱，以漸成岸，即幸河道通直，下流無阻，延數十年，否則數年之後，河底兩岸，悉以漸而高，或遇驟漲，雖河亦自不容於不徙矣。此則黃河善決遷徙不常知情狀也。〔註106〕

天和接續又指出黃河「發源於星海，遂九折而東之，下崑崙之峻極，絕萬里以奔馳，逦迤逗乎秦晉，阻羣山之束隘，出砥柱（屬河南三門峽市）之險巇，遂奔騰而澎湃」，〔註107〕再加上「中州平陸土雜泥沙，況水濁則易淤，下壅則上溢。」〔註108〕從天和對黃河「善淤、善決、善徙」的現象的闡述中，可知黃河這條多沙的河流，自河南孟津縣附近流下之後，由於河床低平，流速的減緩造成泥淤沙積，使得黃河主流河床澱高，以及其分流淤塞，故黃河改道氾濫無常且頻繁。簡言之，黃河的徙緣於決，而決又來自於淤，徙、決、淤三者可謂既為因果關係，亦是循環關係。

天和另透過對黃河下游河道，以及其他汜道的河床的測量，得出黃河在

〔註103〕《問水集》，卷6，〈預處黃河水患疏〉，頁104。
〔註104〕《問水集》，卷首，陳講書，〈問水集序〉，頁3。
〔註105〕《問水集》，卷1，〈治河之要〉，頁13。
〔註106〕《問水集》，附錄，〈劉天和黃河圖說〉，頁140。
〔註107〕《問水集》，卷2附，〈銅瓦廟告河文〉，頁46。
〔註108〕《問水集》，卷3，〈謝恩疏〉，頁51。

「孟津而下,河乃橫奔,北吞爲濟(濟寧),南溢爲滎澤,……河所經,通塞靡常,疏濬頻興」,[註109]之所以如此,則是黃河自「孟津而下,夏秋水漲,河流甚廣(滎澤漫溢至二三十里,封丘、祥符亦幾十里許),而下流甚隘(一支出渦河口,廣八十餘丈;一支出宿遷小河口,廣二十餘丈;一支出徐州小浮橋口,亦廣二十餘丈,三支不滿一里),中州之多水患,不在茲歟?」[註110]這種上寬下窄的地形容易造成「下壅上盈」[註111]的現象發生,若洪峰時期,黃河與其支流無法大量宣洩暴水,遂成爲河南境內的黃河沿岸州縣多水患的主要原因。

(二)治河理論

天和除了躬行視察外,還博考歷代的治河經驗,當中對孝宗朝的禮部尚書丘濬(1420~1495)的「古今言治河者,蓋未有出賈讓此三策者」[註112]這句話頗爲置疑,這是因爲漢代賈讓的上策認爲:

> 徙冀州之民當水衝者,決黎陽遮害亭,放河使北入海。河西薄大山,東薄金隄,勢不能遠泛濫,暮月自定。……。今瀕河十郡治隄歲費且萬萬,及其大決,所殘無數。如出數年治河之費,以業所徙之民,遵古聖之法,定山川之位,使神人各處其所,而不相奸。且以大漢方制萬里,豈其與水爭咫尺之地哉?此功一立,河定民安,千載無患。[註113]

此策源於賈讓對上古治河方法的考察,所得出的結論:「古者立國居民,疆理土地,必遺川澤之分,度水勢所不及。大川無防,小水得入,陂障卑下,以爲汙澤,使秋水多,得有所休息,左右游波,寬緩而不迫。」[註114]也就是提供給黃河遷徙擺動的寬廣空間;然天和對此則認爲「惟我聖朝,建都上游,運道所繫至重」,[註115]又「徐、呂二洪非閘河比,必資黃河之水而後深廣利

〔註109〕《問水集》,卷2附,〈孫家渡告河文〉,頁47。
〔註110〕《問水集》,卷1,〈治河之要〉,頁13。
〔註111〕《問水集》,卷2附,〈梁靖口告河文〉,頁47。
〔註112〕〔明〕丘濬,《大學衍義補》(《文淵閣四庫全書》,子部18,臺北:臺灣商務印書館,民國75年3月初版),卷17,〈治國平天下之要・固邦本除民之害〉,頁6下。
〔註113〕〔漢〕班固,《漢書》(北京:中華書局,2002年11月1版2刷),卷29,〈溝洫志第九〉,頁1694。
〔註114〕《漢書》,卷29,〈溝洫志第九〉,頁1692。
〔註115〕《問水集》,卷1,〈古今治河同異〉,頁10。

濟」，〔註116〕因而「放河使北入海，是即禹之故智也，今妨運道，已不可行。」〔註117〕更是犯了朝廷治河保漕的大忌，且遷徙若眾的百姓仍是一大問題。另一方面，賈讓的中策主張：

> 若乃多穿漕渠於冀州地，使民得以漑田，分殺水怒，……。今可從淇口以東爲石隄，多張水門。……，其水門但用木與土耳，今據堅地作石隄，勢必完安。……。治渠非穿地也，但爲東方一隄，北行三百餘里，入漳水中，其西因山足高地，諸渠皆往往股引取之；旱則開東方下水門漑冀州，水則開西方高門分河流。……。民田適治，河隄亦成，此誠富國安民，興利除害，支數百歲。〔註118〕

即引黃河北入漳水，並於東岸河隄及西岸高地開若干水門、水渠，因而既可分洪防汛，又可灌漑防淤；然明代河南境內的黃河沿岸的州縣「地平衍而土疏，恣湍流之衝盪，瀰千里其沮洳」，〔註119〕故天和對此又認爲：「據堅地作石堤，開水門，旱則開東方下門漑冀州，水則開西方高門，分河流；然自漢至今千數百年，盡中州大名之境，率爲河所淤，泥沙填委，無復堅地，而河流不常，與水門每不相值，或併水門而衝決淤漫之，濬始無已，所漑之地，一再歲而高矣，西方地高安可往。」〔註120〕西側地勢高使水無所往，至於東側方面則一再增高外，「旱則河水已淺，雖於分漑，潦固可泄」，〔註121〕即河南境內的黃河沿岸州縣的地形爲黃河沖積平原，沉積土層深厚，且地質疏鬆，不利於開設水門洩水。

由於賈讓的「治河三策」的上、中兩策未能符合明代治河的現實條件，故天和認爲賈讓的上策與中策皆不可行，並認爲丘濬缺乏實際治河經驗，丘濬的評價意見不足爲據，〔註122〕天和對賈讓與丘濬的評論也得到日後的治河官潘季馴的認同，季馴褒讚天和的評論爲「言之甚詳，蓋名言也。」〔註123〕同時，天和亦認爲治河應該隨著時勢的不同，而採取適當的方法與措施，不必拘泥於古法。

〔註116〕《問水集》，卷1，〈治河之要〉，頁14。
〔註117〕《問水集》，卷1，〈古今治河同異〉，頁10。
〔註118〕《漢書》，卷29，〈溝洫志第九〉，頁1694～1695。
〔註119〕《問水集》，卷2附，〈銅瓦廟告河文〉，頁46。
〔註120〕《問水集》，卷1，〈古今治河同異〉，頁11。
〔註121〕《河防一覽》，卷2，〈河議辯惑〉，頁59。
〔註122〕《問水集》，卷1，〈古今治河同異〉，頁11。
〔註123〕《河防一覽》，〈古今治河同異〉，頁11。

對於如此嚴峻的黃泛形勢，天和接著提出治河的主張：一為塞決分流，天和認為「河性湍悍，如欲殺北岸水勢，則疏南岸上流之河，上策也」，〔註124〕並指出「治河決，必先疏支河以分水勢，必塞始決之口，而下流自止，劉忠宣（劉大夏）弘治之役，始惟治張秋，久而弗績，廼開上流孫家渡，及導河下由梁靖口出徐州，方繼治黃陵崗決口，而張秋之口自塞，可以為法矣。」〔註125〕即是在黃河下游的蘭陽、考城一帶開濬多支分流，以待洪峰來時分洩黃水，減少下游河道的暴漲水量，並避免河隄與灘岸的決口；二為築隄攔水，漢代賈讓的「治河三策」中的上策及中策已不可行，唯取下策──「培築隄防」；〔註126〕但天和於實際勘察時，發現「宋、元迄今，隄防型址斷續，橫斜曲直，殊可駭笑，蓋皆臨河為堤，河既改而堤既壞。」〔註127〕基於此，天和相當贊同宋代任伯雨的治河方法，〔註128〕而任伯雨的主張：「蓋河流混濁，泥沙相半，流行既久，迤邐淤澱，則久而必決者，勢不能變也。或北而東，或東而北，亦安可以人力制哉！為今之策，正宜因其所向，寬立隄防，約欄水勢，使不至大段漫流。」〔註129〕所以，天和認為築隄「不宜近河而宜遠」，〔註130〕使黃河洪漲時仍可約束於河道內，不致決溢，目的更是為了保護漕河不被沖毀。三為引沁濟運，天和鑑於閘漕（漕河的臨清至徐州段）的水量資引「汶泉之水，遇旱則微，匯水諸湖，以淤而狹，運舟恆苦淺澀。」〔註131〕因此，主張借沁引黃以濟運，其辦法是在河南武涉境內的沁河上橫建滾水石壩引黃河之水，又導沁河經原武縣（河南原陽縣）、陽武縣、延津縣（河南今縣）、長垣縣的長隄，此即是循「太行隄」而行，但沁河勿與長隄相近，以防衝嚙隄防，沁河東流至曹州境內分為南、北兩股資注漕河，北至安平鎮建一閘控制水量，南向濟寧由永通閘入運，若閘漕的水量枯旱時則

〔註124〕《問水集》，卷1，〈治河之要〉，頁14。

〔註125〕《問水集》，卷1，〈治河之要〉，頁13。

〔註126〕《問水集》，卷1，〈隄防之制〉，頁15；另據《漢書》，卷29，〈溝洫志第九〉，頁1696所載的賈讓言：「若乃繕完故隄，增卑倍薄，勞費無已，數逢其害，此最下策也。」

〔註127〕《問水集》，卷1，〈隄防之制〉，頁15。

〔註128〕《問水集》，卷1，〈古今治河同異〉，頁11。

〔註129〕〔元〕脫脫等撰，《宋史》（北京：中華書局，1985年6月1版3刷），卷93，〈河渠三・黃河下〉，頁2310。

〔註130〕《問水集》，卷1，〈隄防之制〉，頁15。

〔註131〕《問水集》，卷1，〈古今治河同異〉，頁11。

全引沁河，而涔潦時則洪水可由滾水壩排入黃河，唯此既可滿足閘漕的所需水量，又可分殺黃河水勢。〔註132〕

二、治河的實務

（一）治河始末

嘉靖十三年（1534）四月，天和就任不久，旋逢黃河日漸北徙，「七、八月以來，黃河變遷，又將（魚臺）穀亭河口以漸淤塞，復自上流曹縣地方榆林集岔分一股，向東南流出徐州小浮橋口；又自單縣候家林岔分一股，向東北流至魚台縣塌場口入運。」〔註133〕十月初至十八日，黃河全流逐漸南徙，決溢蘭陽縣趙皮寨，單縣候家林、榆林集兩支東北行的河道完全淤塞，〔註134〕「（濟寧）魯橋直抵徐州，泥沙沉壅，未易疏通」，〔註135〕運道因而受阻絕，又災況甚峻，「上自蘭陽、儀封，下及歸德、睢州、寧陵、永城、夏邑（河南夏邑縣）等縣，皆當河之衝，洪流衝盪，巨侵沮洳，民患已極。」〔註136〕然稍後，黃河忽從夏邑縣的太丘集、回村集陸續衝開若干決口，並轉向東北流經蕭縣城南，最後出徐州小浮橋，徐、呂二洪得此水源，使漕船得以通行無阻；〔註137〕是時，天和對此有感云：「若使盡勢北趨，則濟甯（寧）一帶閘座，必將盡壞；若盡勢南遷，則濟甯（寧）下至徐州三百餘里運河立見淺涸，均於運道有害。」〔註138〕

嘉靖十三年（1534），天和首先督率十四萬河夫，疏濬魚臺縣穀亭鎮至沛縣廟道口的淤河，旋又疏濬濟寧州魯橋至徐州之間二百里的河道。〔註139〕疏濬工作結束後，天和又接著率眾進行築隄的工作，於曹縣梁靖口至岔河口修築一道長三里的纜水隄，又修築自曹縣八里灣至單縣候家林的一道長八十里的長隄，〔註140〕而河隄的規制均為「根闊五丈，頂闊一丈五尺，高一丈，以

〔註132〕《問水集》，卷1，〈古今治河同異〉，頁11。
〔註133〕《問水集》，卷3，〈修濬運河第一疏〉，頁59。
〔註134〕《名臣經濟錄》，卷50，楊旦，〈劉天和治河始末〉，頁32上，及《問水集》，卷3，〈修濬運河第二疏〉，頁66。
〔註135〕《問水集》，卷5，〈治河功成舉劾疏〉，頁91。
〔註136〕《問水集》，卷4，〈改設管河官員疏〉，頁79。
〔註137〕《問水集》，卷4，〈議築曹單長堤疏〉，頁74。
〔註138〕《問水集》，卷3，〈河道邊改分流疏〉，頁53。
〔註139〕《明史》，卷83，〈河渠志一‧黃河上〉，頁2034。
〔註140〕《問水集》，卷4，〈議築曹單長堤疏〉，頁71。

備其（黃河）復衝」，[註141] 又爲了防止黃河北衝，天和再加固河南至山東境
內黃河北岸的隄防：

> 上自河南之原武，下迄曹、單、沛上，於河北岸七八百里間，擇諸
> 隄去河最遠且大者（去河四五十里及二三十里者），及去河稍遠者（一
> 二十里及數里者），各一道，内缺者補完，薄者幫厚，低者增高，斷
> 絕者連接創築，務俾七八百里間，均有堅厚大隄二重，……。自兹
> 苟非異常之水，北岸固可保無虞矣。[註142]

天和所修築隄防的範圍，仍爲弘治朝以來的北隄（太行隄），以及正德朝以降的
東隄，將河南迄山東境內的黃河北岸寬築隄防，藉以加固隄岸，並將河隄分爲
遠近內外兩道，劃定了黃河北氾的限界，而天和所提出的兩道隄防，近河道者
即是「縷隄」，遠者則爲「遙隄」。天和治理黃、漕二河的時間是從嘉靖十四年
（1535）正月十五日至四月初十，約略爲三個月時間。然此次的治河業績爲「濬
河三萬四千七百九十丈，築長堤、縷水堤一萬二千四百丈，修閘座一十有五，
順水壩八，植柳二百八十餘萬株，役夫一十四萬有奇，白金七萬八千餘緡，木
以根計一萬七千四百餘，稍草以束計一十九萬五千餘，鐵以斤計六萬五千九百
餘，麻灰磚石之類稱是」。[註143] 同年七月，朝廷以河功陞天和爲工部右侍郎
兼左僉都御史，仍管理河道事務，朝廷復於九月召天和回工部理事。[註144]

　　總言之，天和的治黃主要目標在於治運，即治河思想仍爲「治河保漕」。
並指出：「古之治河也，或以國，或以渠；今之治河也，以漕焉耳」。[註145]
又認爲：「運河國計所繫，凡宗廟軍國之需，營建宴賞之費，與夫四夷薄海之
朝貢，京師萬姓之仰給，舉由是以達，而所慮爲運河之患以，則惟黃河而已。」
[註146] 同時，天和仍未超出明代自白昂後的歷任治河者的治河方策——「北
岸築隄堵塞」。

（二）疏濬河道

　　雖然天和的治河時間不長，而其治河方略仍未超出前人「北隄南疏」的範

〔註141〕《問水集》，卷5，〈治河工成舉劾疏〉，頁95。
〔註142〕《問水集》，卷1，〈隄防之制〉，頁15。
〔註143〕《名臣經濟錄》，卷50，楊旦，〈劉天和治河始末〉，頁37下～38上。
〔註144〕《明世宗實錄》，卷177，頁4下，嘉靖十四年七月己卯條，以及卷177，頁
　　　　4上，嘉靖十四年九月乙酉條。
〔註145〕《問水集》，卷2，張治，〈修復汶漕記〉，頁15。
〔註146〕《問水集》，卷5，〈治河工成舉劾疏〉，頁96。

圍，但在疏濬黃河、培築隄防、工程管理等方面則有所創新，如在疏濬河道上，天和對於黃河河槽的開濬主張「河面宜廣，俾伏秋水漲有所容；底宜深而狹，視面僅可四分之一，形如鍋底，俾冬春水落流迅，可免淤塞。」〔註147〕當疏濬河道時，先是將河槽的「泥陷者施榼子法，每州縣各截河為數橫壩，橫壩之內則縱橫填路如井字」，〔註148〕即採截流疏濬法，接著依據不同的土質採取不同的疏濬措施：

> 於淤泥之工，則用杉條、板片、椿木搭橋成路，先於中心取溝徹水，復用椿草欄河築壩，及用土用草，縱橫鋪墊成路，通用去秋新製鐵兜杓、方杓、杏葉杓、竹夾等器數萬具，魚貫撈取，其油泥最稀者，則用木筲、柳斗下取，猿臂傳遞登岸；瓦礫之工則用鍬钁；溜沙之工則用布杓；沙姜石之工則旋製鋸齒、鐵叉，寸寸鑿之。〔註149〕

疏濬的過程中，天和對於疏濬機械的選擇則認為「鐵龍爪」〔註150〕與「滾江龍」〔註151〕皆不可用，而另創「平底方舟」作為疏濬機械。其具體用法：

> 先計濬廣若干丈，插標水中，次計所濬若干遠，及夫役之數而約計，然後用新製平底方舟，橫排河中為一層，船四維各施椿橛，插繫水中，用新製長柄鐵爬立船中齊濬之，每濬深數尺，即移船少退，以次再濬之，後數丈復為一層，如前法。〔註152〕

至於從河中所挑挖出來的泥沙可用來堆高隄防與灘岸，於是天和將黃河的淤

〔註147〕《問水集》，卷1，〈疏濬之制〉，頁17。

〔註148〕《名臣經濟錄》，卷50，楊旦，〈劉天和治河始末〉，頁55上。

〔註149〕《問水集》，卷5，〈治河工成舉劾疏〉，頁88。

〔註150〕「鐵龍爪」為宋代疏濬河漕機械，其全名為「鐵龍爪揚泥車」，據《宋史》，卷92，〈河渠二‧黃河中〉，頁2282載：「（熙寧）六年四月，始置疏濬黃河司。先是，有選人李公義者，獻鐵龍爪揚泥車法以濬河。其法：用鐵數斤為爪形，以繩繫舟尾而沈之水，篙工急櫂，乘流相繼而下，一再過，水已深數尺。」

〔註151〕「滾江龍」又名「混江龍」，其為明、清兩代常用的疏濬河沙的工具，據〔清〕麟慶編，《河工器具圖說》（《中國水利要籍叢編‧第一集》，臺北：文海出版社，民國58年5月初版），卷2，〈修濬‧混江龍〉，頁30下：「車以硬木為軸長一丈一尺五寸，圍一尺二寸，周身密排鐵箭，兩頭鑿孔穿鈎繫繩，每車用輪三箇，每輪排鐵齒四十，每齒長五寸，輪身用鐵箍四道，間釘鐵杙如八卦式，用船牽挽而行，泥可翻動，顧嘗試之於順水，尚可流行逆水，則船重難上車，亦無從置力。」

〔註152〕《問水集》，卷1，〈疏濬之制〉，頁17。

泥「遠置河岸四十步外，平鋪地上，免妨耕種，用堤者即以之成堤，毋仍臨河，免致雨水衝洗，仍歸河內。」〔註153〕

（三）培築河隄

在修築河隄上，天和主張「築縷水堤以防衝決，置順水壩以束漫流」，〔註154〕亦不盲目地修築河隄，對於隄防的施工到維護等培築細節都相當講究：

> 凡創築隄必擇堅實好土，毋用浮雜沙泥，必乾溼得宜，燥則每層須用水灑潤，必於數十步外平取尺許，毋深取成坑，致妨耕種，毋仍近堤成溝，致水浸沒，必用新製石夯，每土一層，用夯密築一遍，次石杵，次尖杵，各築一遍，復用夯築平，隄根宜闊，隄頂宜狹，俾馬可上下，謂之「走馬隄」，毋太峻，水易衝嚙，凡幫隄外一面，毋幫隄內，恐新土水漲易壞。〔註155〕

天和十分重視河隄土料的挑選與隄土含水量的控制，然而隄防有了適宜含水量的土料，還須復用夯築器具加以夯實，以增加河隄土體的密實度，因而提高隄防主體的穩固性；同時，也加強土體抗禦黃水滲透的能力。

另一方面，天和視察河南境內的黃河北岸時，發現「隄防重複至四五道者，而往往衝決，蓋修築不堅，一也；工成報完已矣，管河監司府貳不復省驗，二也；舊堤日就珊損，車馬行人，踐踏成路，不復巡視完補禁治，三也；千里之隄壞於蟻穴，夫安得而不決哉。」〔註156〕於是，天和制定隄防的驗收和管理方法，要求「凡驗築隄之工，必逐段橫掘至底而後見」。〔註157〕接續再規定：

> 自今創築者，必用新發尺式（度長短不一即生弊矣），必編號，必分定州縣工程丈尺，及官夫名數必置籍備紀，府貳必身親督理指授，工成監司必親閱實舊堤，必委屬時一巡視，完補車馬行人路口之隄，必兩箱各築闊厚斧刃襯隄，俾車可上下，隄面邊箱路口，各限以橫埋丈餘圓木，上覆以土，守隄者每遇踐踏木露，即仍以土覆之，隄內外柳株稀少者補植之。〔註158〕

〔註153〕《問水集》，卷1，〈疏濬之制〉，頁18。

〔註154〕《名臣經濟錄》，卷50，楊旦，〈劉天和治河始末〉，頁36下。

〔註155〕《問水集》，卷1，〈隄防之制〉，頁15～16。

〔註156〕《問水集》，卷1，〈隄防之制〉，頁16。

〔註157〕《問水集》，卷1，〈工役之制〉，頁19。

〔註158〕《問水集》，卷1，〈隄防之制〉，頁16。

天和又改良守隄舖夫的防守制度，其主張距河遠者與近者的徭役對調，「將近舖居民編當，如徭役已定，則將別差更換，別州縣者亦將別差兌編，以後編役更不必改易，仍將本舖所管堤岸，每夫畫地分管，專令修堤植柳，時閱而勸懲」，〔註159〕這使得遠者可免赴役之苦，而近者可就近守護隄防，非常之時又可迅速調撥人力，故河隄修繕後，必須嚴加護理，時時補繕，唯此方能保持隄防的長期使用。

（四）管理河工

在工程管理上，天和對於施工進度、工程量分配、河工夫役額數等都做了嚴格的實際測算，根據「工以日計，定番休以節夫勞，兼顧役以省民力」〔註160〕的原則，詳細制定河夫工作量：

> 凡堤岸創築者，每方廣一丈，每夫每日就近取土者高六寸，取土稍遠者高五寸，最遠者高四寸，爲一工；凡幫隄則先計舊隄高若干，今幫厚若干，增高若干，亦以前法折算計工。河道創開者，每方廣一丈，每夫每日開深一尺，爲一工；濬河泥水相半者，減十分之五，全係水中撈取者減十分之七八；取土登岸就築隄者亦折半算工。然後通計工數，以定夫數，即所費大省而尤便於稽考，弊亦大省，而歲有餘，積每二三歲即可減免夫銀一歲，以少蘇中州之民困矣。〔註161〕

天和申令工程進度，以及劃地分工後，以五十人爲一隊，〔註162〕隊伍中「各州縣內仍分各鄉里，俾同聚處，逃者即本鄉本里眾爲代役，而倍責其值」，〔註163〕即採取責任制，河夫的工作天數爲「每役五日即與休息一日，如遇風雨即准休息，毋妨用工。」〔註164〕其有計畫地進行施工，使得工程進度獲得了保證。

另一方面，天和也十分愛護河夫，能深入群眾體察下情，關心河夫疾苦，「戒諭管工官員，不許凌虐，令其人自效力，早完早放」，〔註165〕又搭廬舍以供河夫居處，〔註166〕若遇有不堪勞役而逃者時，天和便「躬率職等遍詣工所，

〔註159〕《問水集》，卷1，〈工役之制〉，頁19。
〔註160〕《名臣經濟錄》，卷50，楊旦，〈劉天和治河始末〉，頁34上。
〔註161〕《問水集》，卷1，〈工役之制〉，頁19。
〔註162〕《名臣經濟錄》，卷50，楊旦，〈劉天和治河始末〉，頁34下。
〔註163〕《問水集》，卷1，〈工役之制〉，頁19。
〔註164〕《問水集》，卷1，〈工役之制〉，頁19。
〔註165〕《問水集》，卷5，〈治河功成舉劾疏〉，頁86。
〔註166〕《名臣經濟錄》，卷50，楊旦，〈劉天和治河始末〉，頁34下。

宣布朝廷恩威，申明累奉勅旨，曉以國計至重，役民不得已之故，勞之以飲食，撫之以溫言」，〔註167〕藉此安撫河夫們的情緒。由於「大眾聚處，疾病易生」，〔註168〕天和又相當關心河夫們的健康問題，規定每個州縣的河工隊伍須配有一名醫者，以隨時調治河夫的身體，天和更親自配製數萬枚藥錠，〔註169〕命人「印發簿籍，逐路各分兩路，自工首至尾，逐隊問病查脈用藥，記名記簿」，〔註170〕從而使得「大小臣工，罔不矢心戮力，奮勵之餘，仁懷義激，感載之下，恩重身輕，是役不逾時，民不久勞。」〔註171〕無疑地，這將對河夫們有一定的策勵作用，並確保河工進度能如期完成。

〔註167〕《問水集》，卷5，〈治河功成舉劾疏〉，頁89。
〔註168〕《問水集》，卷5，〈治河功成舉劾疏〉，頁88。
〔註169〕《名臣經濟錄》，卷50，楊旦，〈劉天和治河始末〉，頁36下。
〔註170〕《問水集》，卷5，〈治河功成舉劾疏〉，頁88。
〔註171〕《問水集》，卷5，〈治河功成舉劾疏〉，頁97。

圖 3-1：明中期（1490～1535）黃河形勢與「北隄南分」工程示意圖

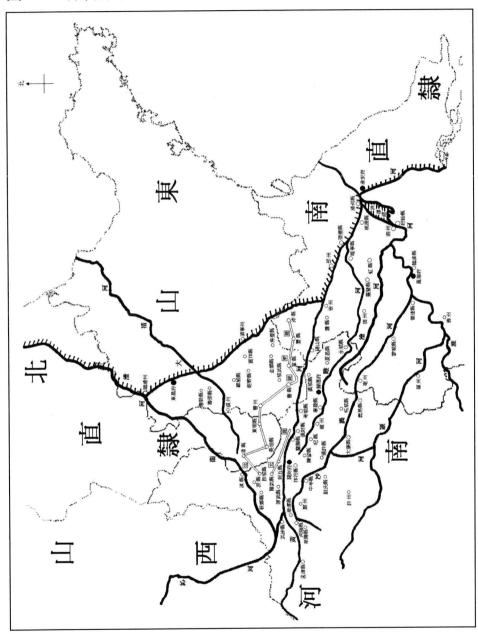

資料來源：改繪自中央研究院，《中國歷史文化地圖集系統》第一版，臺北，
2002 年 9 月。

第三節　植柳護隄

一、植樹固隄的歷史傳統

　　古代中國早已知道在河隄上種植樹木，藉以穩固隄壩與保護灘岸，這種護隄方法的提倡起源甚早，如春秋時代有人對隄防的維護提議：「令甲士作堤大水之旁，大其下，小其上，隨水而行。地有不生草者，必爲之囊。大者爲之堤，小者爲之防。……歲埤增之，樹以荊棘以固其地，雜之以柏楊以備決水。」〔註172〕北魏時期，賈思勰的《齊民要術》更對栽柳方法有詳細的描述：

> 種柳：正月、二月中，取弱柳枝，大如臂，長一尺半，燒下頭二三寸，埋之令沒，常足水以澆之。必數條俱生，留一根茂者。別豎一柱以爲依主，每一尺以長繩柱攔之。一年中，即高一丈餘。其旁生枝葉，即掐去，令直聳上。高下任人，取足，便掐去正心，即四散下垂，婀娜可愛。六七月中，取春生少枝種，則長倍疾。〔註173〕

從上可知，柳樹以插枝法便可栽種，栽植時節以初春爲佳；若非時栽植，則取當年春季所長的柳枝栽植即可。

　　大規模於隄上種樹，則約始於隋代，大業元年（605）三月，隋煬帝命「發河南諸郡男女百餘萬，開通濟渠，自西苑引穀、洛水達于河」，〔註174〕又「自板渚（河南滎陽市境內）引河，達于淮海，謂之御河。河畔築御道，樹以柳。」〔註175〕溝通了黃河與淮河之間的水運，「又發淮南諸州郡兵夫十餘萬，開邗溝，自淮起山陽（江蘇淮安市）至於揚子（屬江蘇揚州市）入江，三百餘里。（通濟渠、邗溝）水面闊四十步，通龍舟。兩岸爲大道，種榆柳，自東都（洛陽，河南今市）至江都（江蘇今市）二千餘里，樹蔭相交。」〔註176〕兩岸隄道植柳樹，既可護岸，又可供縴挽者遮蔭。唐代的建築法規《營繕令》也有

〔註172〕〔周〕管仲，黎翔鳳校注，《管子校注》（北京：中華書局，2006 年 4 月 1 版 2 刷），卷 57，〈度地第五十七〉，頁 1063。

〔註173〕〔北魏〕賈思勰，繆啓愉校釋，《齊民要術校釋》（臺北：明文書局，民國 75 年 1 月初版），卷 5，〈種槐、柳、楸、梓、梧、柞第五十〉，頁 252。

〔註174〕〔唐〕魏徵、令狐德棻等，《隋書》（北京：中華書局，1973 年 8 月 1 版 1 刷），卷 3，〈煬帝紀上〉，頁 63。

〔註175〕《隋書》，卷 24，〈食貨〉，頁 686。

〔註176〕〔唐〕杜寶撰，辛德勇輯校，《大業雜記輯校》（西安：三秦出版社，2006 年 1 月 1 版 1 刷），不分卷，頁 2。

植樹護隄的條令：

> 諸侯水堤內，不得造小堤及人居，其堤內外各五步，並堤上種榆柳
> 雜樹。若堤內窄狹，地種，擬充堤堰之用。〔註177〕

隄內禁止培築圍墾灘地用的小隄，以及人民構屋居住，隄內須有緩衝地，藉此供河川於洪汛期的流道；另外，於隄防保護範圍內所種的樹木，將被充作築隄修防的用料。植柳固隄除了應用於河隄工程外，亦可施用於湖隄上，如南唐昇元五年（941），丹陽令呂延禎修葺練湖（江蘇丹陽市境內）的隄堰，〔註178〕「乃植柳以助其防，并工以培其闕。」〔註179〕

北宋時期，汴河是貨物運往京師開封的主要航線，而汴河的水源主要引黃河水濟運，由於黃河遷徙不常，使得汴河對京師常有決溢之虞。〔註180〕建隆三年（962）十月，宋太祖下詔令要求：「緣汴河州縣長吏，常以春首課民夾岸植榆柳，以固堤防。」〔註181〕開寶四年（971）十一月，黃河決溢澶淵（河南濮陽市境內），並氾濫其附近諸州。〔註182〕五年（972）正月，太祖又下詔令：

> 修利隄防，國家之歲事；勸課種蓺，郡縣之政經。繕完未息於科徭，
> 刊伐慮空於林木，如聞但責經費，不思教民，言念于茲，殊乖治體。
> 自今應沿河州縣除舊例種蓺桑麻外，委長吏課民別種榆柳及所宜之
> 木，仍按戶籍高卑，爲五等：第一等，歲種五十本；第二等，四十
> 本；餘三等，依此第而減之。民欲廣種樹者亦自任，其孤寡癃病者，

〔註177〕仁井田陞編，《唐令拾遺補》（東京：東京大学出版会，1997 年 3 月 25 日初版），第二部，〈營繕令第三十一・補七〉，頁 916；此令源於元稹的〈修隄請種樹判〉：「乙修隄畢復請種樹功價，有司以爲不急之務，乙固請營繕令諸侯水隄內不得造小隄及人居，其隄內外各五步，并隄上種榆柳雜樹，若隄內窄狹，地種，擬充隄堰之用，善防既畢，固合程功，柔木載施。亦將補敗。乙之亟請，誰謂過求，隱椎之役雖終，列樹之思尚切，有司見阻，無備實難，苟　養材之資，贊非長利，遠求爲捷之用，豈不重勞，當有取於繕完，顧何煩於藝植，且十年可待，五步足徵，防在未萌。著之先甲，因而致用，庶無瓠子之災，言之不從，恐累匏瓜之繫。」〔清〕董誥等編，《全唐文》（北京：中華書局，1983 年 11 月 1 版 3 刷），卷 652，元稹，〈修隄請種樹判〉，頁 13 下。

〔註178〕〔宋〕盧憲，《嘉定鎮江志》，（《宛委別藏》，第 44 冊，上海：江蘇古籍出版社，1988 年 2 月初版 1 刷），卷 6，〈山川・丹陽縣・練湖〉，頁 30 下～31 上。

〔註179〕《全唐文》，卷 871，呂延禎，〈練湖碑銘〉，頁 10 下。

〔註180〕《宋史》，卷 93，〈河渠志三・汴河上〉，頁 2316～2317。

〔註181〕《宋史》，卷 93，〈河渠志三・汴河上〉，頁 2317。

〔註182〕《宋史》，卷 93，〈河渠志三・汴河上〉，頁 2257。

不在此例。〔註183〕

咸平三年（1000）五月，黃河決溢鄆州（山東鄄城縣）、鉅野（山東巨野縣）等州縣，宋眞宗除了命人徙鄆州城避水患，以及修復河隄外，更嚴申盜伐河隄上的榆柳的禁令，〔註184〕以致京師開封附近的州縣「植樹數十萬以固隄岸」；〔註185〕因此，使居住在河隄沿岸附近的百姓都參與種榆植柳的護隄工程，這確保了汴河、黃河及其他諸河隄岸的安全和穩定。太原府并州（山西太原市）每次「汾水漲，州人憂溺」，〔註186〕故於天聖三年（1025），并州知官陳堯佐（963～1044）修築汾河隄防，且「植柳數萬本，作柳溪，民賴其利。」〔註187〕而朝廷更將修築隄防和種植榆柳作爲考核治水相關官員的升黜條件之一。〔註188〕

　　南宋時期，隨著宋朝廷南遷，並定都於臨安（浙江杭州市），使得南方的水利建設獲到更大的關注。紹熙五年（1072），淮東提擧陳損之興築自揚州江都縣至楚州淮陰縣的隄堰，長共三百六十里，又築高郵（江蘇今市）、興化（江蘇今市）至鹽城縣（江蘇今市）的隄堰，長共二百四十里，後於隄上栽柳十餘萬株以固岸，因此，農田藉由隄堰來瀦洩陂湖的水量，免於旱潦之患，使高郵、興化一帶的州縣得良田數百萬頃。〔註189〕由於南方爲多水地區，沿江湖濱的低田窪地，臨水一面築隄，周圍所築的隄稱爲圩隄，防止外水大時侵入圩田，而栽柳固隄亦可應用於圩岸工程上，如乾道九年（1173），戶部侍郎葉衡（1114～1175）於江南東路的寧國府（安徽宣城市）、太平州（安徽當塗縣）考察：

> 奉詔覈實寧國府、太平州圩岸，內寧國府惠民、化成舊圩四十餘里，新築九里餘；太平州黃池鎮福定圩周四十餘里，延福等五十四圩周一百五十餘里，包圍諸圩在內，蕪湖縣圩周二百九十餘里，通當塗圩共四百八十餘里。並高廣堅緻，瀕水一岸種植榆柳，足捍風濤，

〔註183〕〔宋〕宋綬、宋敏求編，《宋大詔令集》（臺北：鼎文書局，民國61年9月初版），卷182，〈沿河州縣課民種榆柳及所宜之木詔〉，頁658～659。
〔註184〕《宋史》，卷91，〈河渠志一‧黃河上〉，頁2260。
〔註185〕〔宋〕李燾，《續資治通鑑長編》（《文淵閣四庫全書》，史部73，臺北：臺灣商務印書館，民國75年3月初版），卷64，頁11上，眞宗景德三年十月丁酉條。
〔註186〕《續資治通鑑長編》，卷103，頁6上，仁宗天聖三年三月丙子條。
〔註187〕《宋史》，卷284，〈陳堯佐〉，頁9583。
〔註188〕《宋史》，卷165，〈職官五‧都水監〉，頁3922。
〔註189〕《宋史》，卷97，〈河渠志七‧東南諸水下〉，頁2395。

詢之農民，實爲水利。〔註190〕

而南方的豪強勢家圍湖造田甚爲猖獗，其築隄圍湖時，於隄「中植榆柳，外捍菱蘆」，〔註191〕藉以鞏固隄岸。另一方面，北方的金國，也於黃河沿岸的河隄上廣種榆柳。〔註192〕到了元代，至元元年（1335），僉四川肅政廉訪司事吉當普主持都江堰的修建工作，以都江堰爲主體工程，次則內江、外江等隄堰，以及一些灌漑渠道，〔註193〕其所修復的隄堰據〈大元勅賜修隄堰碑〉載：

> 諸堰皆甃以山石，範鐵以關其中，取桐實之油，刀麻爲絲，和石之灰以苴罅漏，禦水潦。岸善崩者，密築江石以護之。上植楊柳，旁種蔓荊，櫛比鱗次，賴以爲固，蓋以數百萬計。〔註194〕

除了利用石岩來護岸外，吉當普還別出心裁栽種楊柳、荊蔓等植物來固岸。另一方面，吉當普還增鑿若干新渠，並興建一些石閘，因而改善了都江堰灌區的排灌設施。〔註195〕

明代，沿河植柳固隄始於平江伯陳瑄（1365～1433）。永樂十三年（1415），陳瑄負責漕河南段的整治工程，當中的築隄工程，據《明史・陳瑄傳》載：

> 自淮安城西管家湖，……，又緣湖十里築隄引舟，……。又築沛縣刁陽湖、濟寧南旺湖長隄，……。又築高郵湖隄，於隄內鑿渠四十里，避風濤之險。……。復緣河隄鑿井樹木，以便行人。〔註196〕

此處的「樹木」再據《明良記》的記載：「平江伯陳恭襄公瑄既通運河，緣堤皆樹楊、棗二木，並淮北所宜，且楊枝可薪，棗實可噉，又易長多陰。」〔註197〕就能更明瞭其實際栽法，而在隄上栽種植物，不僅可防護隄壩，又可作爲食料、薪材、遮蔭之用，兼具數利。永樂九年（1411），工部尚書宋禮（1359～1422）

〔註190〕《宋史》，卷173，〈食貨上一・農田〉，頁4186。
〔註191〕《宋史》，卷173，〈食貨上一・農田〉，頁4188。
〔註192〕〔元〕脫脫等撰，《金史》（北京：中華書局，1975年7月1版4刷），卷42，〈高霖〉，頁2289。
〔註193〕〔明〕宋濂等撰，《元史》（北京：中華書局，1976年4月1版4刷），卷66，〈河渠三・蜀隄〉，頁1655～1657。
〔註194〕〔元〕揭傒斯《揭傒斯全集》（上海：上海古籍出版社，1985年6月1版1刷），卷7，〈大元勅賜修隄堰碑〉，頁364。
〔註195〕《元史》，卷66，〈河渠三・蜀隄〉，頁1657。
〔註196〕《明史》，卷153，〈宋禮〉，頁4207。
〔註197〕〔明〕楊儀，《明良記》（《叢書集成・初編》，第2921冊，北京：中華書局，1985年北京新1版），不分卷，頁2。

於東平州（山東東平縣）東六十里築戴村壩，築此壩遏汶水南流入會通河濟運；〔註198〕然日後，戴村壩壩隄履修履圮，營費不貲，直至天順五年（1461），知州潘洪將壩隄「增築高厚，上植以柳」，〔註199〕情況才略有改善。

山東的濮州地形「皆平衍，無崇山峻嶺爲之奠鎮，間有一二以山名者，大抵皆土阜」，〔註200〕又「其地爲下，爲河流所經，自昔恒有水患」，〔註201〕更由於黃河遷決無常，故常受「黃河衝齧之患」，〔註202〕造成該地「農業久廢，民多轉徙失所。」〔註203〕巡撫山東右副都御史原傑見此困狀，遂於成化三年（1467）開濬新渠洩水：

> 河長七十里，深皆及泉，以防壅塞兩岸築堤，廣二丈，高半之，長與河等。以防泛溢，復令范縣，遞相濬築，二十里許，下接故渠以達張秋（安平）運河。是歲，水不爲患，農業驟興，獲利者數千家。……明年春，都憲（即原傑）復按濮，以水患雖息，河堤未固，又命新任知州張雲，益工濬築，高深視舊倍之，兩堤各植楊柳，培護以圖堅久。州民相與語曰：「自今以始，吾儕得享粒食之樂，以免于墊溺流離之苦者，都憲之功，與二三大夫之力也。」〔註204〕

不僅開新渠疏水，還培築隄防固定河槽，以及植柳維護河隄的穩固。另外，湖廣的岳州府（湖南岳陽市）北十五里的城陵磯，爲一交通要地，〔註205〕該地形勢：

> 西頻洞庭、大江二水之流，東有白石、翟家二湖之匯。每夏秋，洞

〔註198〕〔明〕楊士奇，《明太宗實錄》（京都：中文出版社，1984 年 5 月，據中央研究院歷史語言研究所民國 51 年刊本縮印），卷 118，頁 4 下，永樂九年八月戊午條。

〔註199〕〔清〕葉方恆，《山東全河備考》（《四庫全書存目叢書》，史部 224，臺南：莊嚴文化事業有限公司，1997 年 6 月初版 1 刷，據康熙十九年刻本印），卷 2 下，〈河渠志下・壩閘建置事宜〉，頁 6 下～7 上。

〔註200〕〔明〕鄧韍纂修，《（嘉靖）濮州志》（《天一閣藏明代方志選刊續編》之 61，上海：上海書店，1990 年 12 月 1 版 1 刷，據明嘉靖刻本影印），卷 1，〈山類志〉，頁 297。

〔註201〕《（嘉靖）濮州志》，卷 1，〈川類志〉，頁 298。

〔註202〕《（嘉靖）濮州志》，卷首，〈新修濮州志叙〉，頁 275。

〔註203〕《明經世文編》，卷 38，商輅，〈濮州新開河渠記〉，頁 19 上。

〔註204〕《明經世文編》，卷 38，商輅，〈濮州新開河渠記〉，頁 19 下。

〔註205〕〔明〕劉璣編，《（弘治）岳州府志》（《天一閣藏明代方志選刊續編》之 63，上海：上海書店，1990 年 12 月 1 版 1 刷，據明弘治刻本影印），卷 2，〈驛舖志〉，頁 83。

庭、江、漢水漲，與二湖合，茫無畔涯；冬春水涸，二湖口泥深莫
測，有事于茲者，一則畏其風濤，一則懼其墊溺，可謂地之至險者
也。〔註206〕

因此，「舟行則多限風濤，或累信宿；陸行則巡山歷澗，紆迴三百餘里，艱阻
萬狀，人甚苦之」，〔註207〕成化十九年（1483），知府李鏡於此新築永濟隄，
隄長四千丈，廣則二丈，並於隄的兩側種植柳樹二萬株，解決了城陵磯的水
潦之苦，〔註208〕使得居民「免於奔溺之苦」。〔註209〕弘治三年（1490），戶部
左侍郎白昂主持治理黃河，所採取的方法為「北隄南塞」，河工當中「修汴堤，
令高廣如一，上數萬柳，使不能崩頹。」〔註210〕

　　北直隸的饒陽縣（河北饒陽縣），「縣南有滹沱、鴨河，北有滋河，通灌
一處，頻年衝決。」〔註211〕知縣仇相於正德十二年（1517）築隄禦捍水衝，
〔註212〕復「於堤口上、下植柳二萬餘株，根蟠土固」，〔註213〕使民免於水
患之虞。嘉靖二年（1523），河南管河副使陶諧（1474～1546）監修境內黃
河沿岸隄防，其「立法沿河植柳固堤，傍植葭葦，採取捲掃以當草束、椿木」，
〔註214〕兼具防隄備堭雙利，又沿隄築堡舍以守護隄上的桃、柳，另外，由
於隄防原為百姓田土，故除了護隄的桃、柳外，亦許百姓種桑飼蠶，〔註215〕

〔註206〕　《（弘治）岳州府志》，卷2，〈紀述志‧永濟隄碑陰題名記〉，頁143。
〔註207〕　《懷麓堂集》，卷32，〈岳州府新築永濟隄記〉，頁15上。
〔註208〕　《懷麓堂集》，卷32，〈岳州府新築永濟隄記〉，頁15上。
〔註209〕　《（弘治）岳州府志》，卷2，〈紀述志‧李公祠碑文〉，頁180。
〔註210〕　〔明〕吳寬，《鮑翁家藏集》（《四部叢刊‧初編》，第74冊，臺北：臺灣商務
　　　　　印書館，民國64年6月臺3版，據上海涵芬樓藏明正德刊本印），卷59，〈白
　　　　　康敏公家傳〉，頁371上。
〔註211〕　〔明〕翟耀修，石徑世纂，《（萬曆）饒陽縣志》（北京：中華全國圖書館文獻
　　　　　縮微複製中心，2000年6月，據明萬曆二十九年刻本印），存卷3，〈藝文志‧
　　　　　仇侯去思碑記〉，頁33上。
〔註212〕　〔明〕焦竑編，《國朝獻徵錄》（臺北：臺灣學生書局，民國73年12月再版），
　　　　　卷87，〈饒陽縣知縣仇公相傳〉，頁101下。
〔註213〕　《（萬曆）饒陽縣志》，存卷3，〈藝文志‧仇侯去思碑記〉，頁33下。
〔註214〕　〔明〕呂本，《期齋呂先生集》（《四庫全書存目叢書》，集部99，臺南：莊
　　　　　嚴文化事業有限公司，1997年6月初版1刷，據萬曆三年鄭雲鷟等刻本
　　　　　印），卷12，〈明故通議大夫兵部左侍郎贈兵部尚書謚莊敏陶公墓誌銘〉，
　　　　　頁31上。
〔註215〕　〔明〕陶諧，《陶莊敏公文集》（《四庫全書存目叢書》，集部48，臺南：莊嚴
　　　　　文化事業有限公司，1997年6月初版1刷，據明天啓四年崇道重刻本印），
　　　　　卷4，〈築堡舍〉與〈課種桑〉，頁4上～4下。

可謂用心至極。種樹應用於水利工程上，其施用的範圍相當廣，如河隄、湖隄、壩堰、圩岸、護城隄等水利建設，而歷代對植樹固隄也都相當重視，這些爲日後天和的治河提供了珍貴的經驗。

二、植柳六法的護隄理論

天和的治河時間不長，而治河方法仍沿用前人的「北堵南疏」；然天和在前人的治河基礎上又有所創新，其中以提出「植柳六法」最爲突出。植柳六法即爲臥柳、低柳、編柳、深柳、漫柳、高柳共成系列的隄柳栽植法，具體作法根據黃床高低、水位深淺、流勢緩急等不同情況進行栽植，植柳時間宜於冬春兩季之交，層層密密地栽種，形成了防水護隄的多重防線。其「植柳六法」的詳細內容如下：

（一）臥　柳

在初春培築隄壩時，每於隄上加一層土，便在隄內、外兩邊，各舖如銅錢如手指大的柳枝一層，舖置勿太稀疏，相隔約一小尺即舖一枝柳枝，每枝埋於隄土內二小尺多，隄土面只留二小寸，隄面柳枝不許留長，使柳枝深深紮根於隄中，自隄根直栽至隄頂，不許中斷。〔註216〕

（二）低　柳

無論新隄或舊隄，又非在栽柳時節所修築的隄壩，等到初春的時候，利用小引橛於隄上打孔，在隄內、外兩邊，自隄根至隄頂補栽柳枝，而補栽的柳枝也是如銅錢似手指般的尺寸，每株樹距縱橫各約一小尺多，柳枝亦下埋二小尺，上露二小寸即可。〔註217〕

（三）編　柳

凡是在近河數里的險要地方，不分新隄或舊隄，先用如雞蛋大小約四小尺的柳椿於隄根密栽一層，各柳椿的間距爲六、七寸，下埋三小尺，上露一小尺多，然後將小柳臥栽一層，隄內留二尺，隄面露二或三寸，再用柳條按編籬笆之法編高五寸，柳籬內用土築實填平，又於上臥栽小柳一層，再編柳條高五寸，於內用土築實平滿，如此兩次，即與先栽出土一尺的柳椿相平，這時復於上退四、五寸，如前法再打橛編柳。如此類推，根據隄的高低決定

〔註216〕《明經世文編》，卷157，劉天和，〈治河六柳〉，頁20下～21上。
〔註217〕《明經世文編》，卷157，劉天和，〈治河六柳〉，頁21上。

編柳層數的多少，如隄高一丈，則編柳栽植十層。〔註218〕

（四）深　柳

距隄稍遠處，於離河數里，以及洪水將衝嚙等近河險工處，先用四尺至兩丈五尺不等的鐵裏引橛挖約兩丈深的坑，然後栽植樹幹勁直且帶枝葉的柳枝，復用稀泥灌滿樹穴，勿令樹枝搖動，出土的枝梢不能少於二至三尺高，每株間距縱橫五尺，栽樹的多寡根據河勢緩急而定，多者栽十餘層，少者栽四、五層，數年之後，柳於地下盤根錯節，愈紮愈深，於地上則枝梢長茂，若河水暴漲，就可發揮防衛河隄的作用。〔註219〕

（五）漫　柳

在河水漫流，難以築隄的地方，即灘地，可以沿河兩岸，密栽數十層的低小檉柳，俗名為隨河柳，不怕漫淹，每遇水漲退潮後，泥沙落淤，土堆隨淤隨高，每年數次，數年之後，不假人力，自成巨隄，即以柳代隄，用工甚微，而成效甚大。〔註220〕

（六）高　柳

按照平常的植樹方法，在黃河沿岸的隄壩內、外兩側，成排成行地栽種高大粗壯的柳樹，數量不可稀少，藉以鞏固隄壩；而漕河沿岸則栽植於隄面上，除了鞏固堤壩外，還方便漕船的縴挽，兩利兼收。〔註221〕

當中的臥柳、低柳、編柳三法僅為防止河水漲溢時浸潖隄壩所用，功能是固護隄岸；另外，對於洪水暴漲時衝激隄壩則要用深柳、漫柳、高柳三法。然植柳六法並非單採一法，而是六法兼施，相輔相成，如此既能固護隄岸，又能抵禦洪峰濁浪，使得隄壩不致於崩塌流失。天和之所以如此重視植柳護隄，並非出於個人的偏好，而是歸納前人的植柳護隄的經驗，並加以系統化外，還經過個人縝密的調查與研究，據天和的視察經驗：

> 余行中州（河南一帶），歷觀堤岸，絕無極堅者，且附隄少盤結繁密之草，與南方大異，為之憂虞，迺審思備詢，……。嘗於睢州見有臨河四方上（土）岸，水不能衝者，詢之父老，舉云：「農家舊圃，四圍柳株伐去，而根猶存。」彼不過淺栽一層，況深栽數十層乎？

〔註218〕《明經世文編》，卷157，劉天和，〈治河六柳〉，頁21上～21下。
〔註219〕《明經世文編》，卷157，劉天和，〈治河六柳〉，頁22上～22下。
〔註220〕《明經世文編》，卷157，劉天和，〈治河六柳〉，頁23上～23下。
〔註221〕《明經世文編》，卷157，劉天和，〈治河六柳〉，頁23下。

及觀洪波急流中，週遭已成深淵，而柳樹植立，略爲不動，益信前
法（植柳）可行。〔註222〕

天和又看見「村莊週遭積沙成巨隄，上復多柳，云以禦水，詢之乃先於平地
植低柳成行，以俟風沙搏聚，旋自成隄，柳愈繁則沙愈聚。」〔註223〕因此，
天和親睹柳樹固岸的景象後，愈堅信柳樹在抗洪護隄方面的巨大能力，便加
以推廣應用，其於黃河下游沿岸植柳二百七十二萬五千三百零九株，及漕河
沿岸植柳八萬八千八百零二株，〔註224〕藉以固隄護岸。天和不僅承繼了前人
植柳固隄的經驗，更有所改良發明。

　　天和與前代的治水者爲栽種防護林以固隄護岸頗費心力，而防護林的栽
種植物多以柳樹爲主，這恰因河、湖以及灘岸等潮濕的環境正符合柳樹的生
長所需，據今人章錦瑜的《景觀樹木觀賞圖鑑》關於柳樹的生物機能說明：

陽性植物，生長處日照須充足，……。熱帶至亞熱帶氣候均能適應，
略耐寒。喜水濕地，溼潤之粘壤土可生長，一般土壤亦無問題，但
不要種在砂礫地，因排水快速，枝葉易呈現乾枯缺水狀。……。枝
條脆，不耐風，強風亦折幹斷枝。育苗可用扦插法，春季爲適期，
生根容易。……。適應性強，生長快速，幼年時一年約長高一公尺。
萌芽力強，所謂「有心栽花花不成，無心插柳柳成蔭」，即形容隨手
扦插就很容易生根之意。〔註225〕

在河、湖、圩等隄上栽種柳樹，是最恰好不過了。柳樹「雖弱質，生植亦繁
昌」，〔註226〕生命力強，又生長速度快，爲「易生之木」，〔註227〕栽種簡易，
其成樹後，根部發達，盤根錯節，柳根深紮隄內，可固結隄土，使隄身結成
牢固整體，不致受水湧浪激而坍塌崩坯，又柳根緊攀隄面、隄坡，可防止河
水衝囓，以及雨水沖刷，減少隄土的流失量；同時，柳梢呈細長下垂狀，可
攔泥落淤，幫厚河隄基址，又可作爲搶險防汛的埽料，故柳樹誠爲護隄之樞
翼材料。

〔註222〕《問水集》，卷1，〈植柳六法〉，頁19～21。
〔註223〕《問水集》，卷1，〈白河〉，頁23。
〔註224〕《問水集》，卷5，〈治河功成舉劾疏〉，頁85。
〔註225〕章錦瑜，《景觀樹木觀賞圖鑑》（臺中：晨星出版有限公司，2007年8月10
　　　　日初版），頁134。
〔註226〕《揭傒斯全集》，卷3，〈京城閑居雜言八首〉，頁64。
〔註227〕〔明〕徐光啓，石聲漢校注，《農政全書校注》（臺北：明文書局股份有限公
　　　　司，民國70年9月初版），卷38，〈種植・木部・楊柳〉，頁1056。

三、後世對六柳法的評議

　　天和的「植柳六法」爲往後的治河者廣泛採用，其中有些人直接繼承應用，亦有些人於植柳護岸這點上是贊同天和的「植柳六法」，但在具體植法上則持不同意見，進而有所改良。如明隆慶六年至萬曆二年（1572～1574）間，擔任總理河道官的萬恭（1515～1591）在植樹護隄的工程上，完全承襲天和的「植柳六法」，且認爲：

> 植柳固隄，「六柳之法」盡之矣。然必立春前所植，交春後則生氣動，多蟲嚙之患。舊制：不活者罰銀錢。余念貧夫安所得銀錢，第一株罰栽五株耳，而柳益眾，自張家灣以及于瓜（瓜洲鎮，江蘇揚州市境內）、儀（儀眞，江蘇儀征縣），循（漕）河二千餘里，萬曆初，植至七十餘萬株。後來者踵行之，則柳巷二千里，捲埽有餘材，輓運者有餘陰矣。〔註228〕

萬恭自北向南沿著漕河兩岸栽柳護隄，同時也利用柳梢作埽岸的材料，以此來構築護岸工程與搶險塞決，可謂整株柳樹的完全利用。

　　萬曆六年至八年（1578～1580），潘季馴（1521～1595）以右都御史兼工部左侍郎主持治理黃河，〔註229〕期間所修築的土隄長共十萬二千餘丈，繼而採用天和的植柳六法來保護河隄，其於河隄上栽植低柳八十三萬二千二百株；〔註230〕但在具體植法上，則持有不同的見解：

> 臥柳、長柳須相兼栽植。臥柳須用核桃大者，入地二尺餘，出地二、三寸許，柳去隄址約二、三尺，密栽，俾枝葉搪禦風浪。長柳須距隄五、六尺許，既可捍水，每歲有大枝可供埽料。俱宜于冬夏之交、津液含蓄之時栽之，仍須時常澆灌。長柳宜用棘刺圍護，以防盜拔畜嚙。〔註231〕

當中的「長柳」即是天和的「高柳」，季馴雖同意天和的栽臥柳、高柳以護隄，但不贊同栽植於隄身，反認爲臥柳應栽在隄基附近，而高柳則種在隄外的灘

〔註228〕〔明〕萬恭，《治水荃蹄》（北京：水利電力出版社，1985年5月1版1刷），上卷，頁45～46，第七十三條。

〔註229〕〔明〕不著撰人，《明神宗實錄》（京都：中文出版社，1984年5月，據中央研究院歷史語言研究所民國51年刊本縮印），卷72，頁6下，萬曆六年三月丁酉條，以及卷101，頁5上，萬曆八年六月庚申條。

〔註230〕《兩河經略》，卷3，〈恭報兩河工成仰慰聖衷疏〉，頁7上～7下。

〔註231〕《河防一覽》，卷4，〈修守事宜〉，頁104。

岸上。除了植柳護隄外，季馴又主張種蘆葦、茭草護隄，其栽法爲：

> 凡隄臨水者，須于隄下密栽蘆葦或茭草，俱掘連根叢株，先用引橛
> 錐窟，深數尺，然後栽入，計闊丈許，將來衍茁愈蕃，即有風不能
> 鼓浪，此護臨水隄之要法也。隄根至面，再採草子，乘春初稍鋤覆
> 密種，俟其暢茂，雖雨淋不能刷土矣。〔註232〕

柳樹、蘆葦和茭草三者將來枝繁葉茂、盤根錯節，既能鞏固隄岸，使之不致
崩塌，又能達到減少隄防的表土流失的效用，這對維護隄防就更爲完備。

萬曆十六年至二十年（1588～1592），潘季馴復以右都御史總理河道，
〔註233〕面對多處爲河所沖而殘破的河隄形勢，季馴認爲河隄修好後，必須
嚴加修築，且時時維修，更要嚴格執行護隄之法，堅持植柳固隄：

> 查護隄之法，無如栽柳爲最；而栽柳六法，無如臥柳爲佳。蓋取其
> 枝從根起，扶蘇茂密，足抵狂瀾也，每隄一丈，栽柳十二株，每夫
> 一名，栽隄三丈，柳椿以徑二寸爲則，離隄以三尺爲準，隄内栽完，
> 方及隄外，如有枯死，臨時補種，年終管河官呈報各該司道，要見
> 本隄原高若干，今加五寸，共高若干，栽過柳株若干，司道官躬親
> 驗覈，開報總理衙門覆覈無異，造冊奏聞，其不合數及不如式者，
> 指名參究，庶幾事有成規，而人知法守矣。〔註234〕

季馴希望栽柳固隄應形成法令規範，以及作爲考核治河官員升遷的標準，如
此才能保持河隄的長期效用。季馴這次完成南直隸、河南、山東等地所屬的
黃、漕二河的整建工程，而當中山東工程，「修築過馬塲、馬踏、蜀山、南旺、
安山五湖土隄，共長三萬二千五百五十一丈三尺，……栽過護隄臥柳一萬六
千一百五十株，封界高柳六千七十一株。」〔註235〕對於植柳固隄，季馴不僅
繼承了天和的「植柳六法」，更在此基礎又有所創新。

清康熙十六年至二十七年間（1677～1688），靳輔（1633～1692）以河道
總督主持黃、淮、運三河的治理工程。〔註236〕康熙十七年（1678），靳輔修築
江都一帶的漕隄，以及堵塞清水潭決口，並實踐「按里設兵，分駐運隄，自

〔註232〕《河防一覽》，卷4，〈修守事宜〉，頁104。
〔註233〕《明神宗實錄》，卷197，頁9下，萬曆十六年四月甲寅條。
〔註234〕《河防一覽》，卷10，〈申修守事宜疏〉，頁281。
〔註235〕《河防一覽》，卷11，〈河工告成疏〉，頁332。
〔註236〕〔清〕趙爾巽撰，《清史稿》（臺北：鼎文書局，民國70年9月初版），卷279，
〈靳輔〉，頁10115～10121。

清口至邵伯鎮（江蘇江都市邵伯鎮）南，每兵管兩岸各九十丈，責以栽柳蓄草，密種菱荷蒲葦，爲永遠護岸之策。」〔註237〕靳輔對於栽柳護隄，也效法天和的「植柳六法」。據載：

> 凡沿河種柳，……。然種柳不得其法，則護堤之用微，且成活者少，
> 惟明臣劉天和六柳說曲盡其妙，當倣其法行之，統計每年歲修需柳
> 不下一百萬束，自康熙二十年，始令各官種柳，已得若干株；自（康
> 熙）二十六年以來，所用之柳半取諸此，再行各營弁，凡春初防守
> 少暇之時，每丁計地，各課種柳若干，不過三年，沿河成林一有不
> 測，捲埽搶防不煩砍運於他處，即以本汛之柳供本汛之工，力省而
> 功易集，所益非小也。〔註238〕

柳樹成活後，不但可固護隄防，又可防水衝齧；另外，沿岸柳樹成林後，還可將柳枝備作埽工的材料，於搶險堵塞時，即可就地取材，供應急需。

　　清乾隆年間，河南同知劉永錫對天和的六柳法則持反對意見，首先針對臥柳、低柳、編柳的批判：

> 莊襄（即天和）論臥柳、低柳、編柳，俱自堤根至堤頂偏栽。其法
> 似有未盡然者。公之所論，蓋指中土遙堤而言，三法止可護隄以防
> 漲溢，如倒岸沖堤之水，恐亦無濟……倒岸沖刷自必用埽護禦，若
> 堤工悉系柳樹，根株枝格，急切礙難砍伐盡去，如何搶救下埽？是
> 柳僅可種于堤根及近提之地，堤身止栽草，勢難栽柳。〔註239〕

認爲堤身栽柳不僅無法防沖，更有礙於隄面的埽具舖設，劉永錫接著又說：

> 蓋堤頂既高而爲地甚窄。樹根橫生直長，俱能攻鬆土脈，堤反不堅。
> 況樹之枝葉最善招風，脫遇風狂雨驟，以無多之地力，受枝木之搖
> 撼，堤之不敗者幾希矣？故堤頂不特不宜栽柳，即偶然生長樹木皆
> 當劇去不可存留。〔註240〕

此外，還有人不主張在隄面、隄坡和隄基植樹固堤，便將種植於隄防上的樹柳砍伐殆盡，並掘出根株，認爲樹根枯朽常招蟲蟻棲居，根部腐爛後將形成

〔註237〕《清史稿》，卷102，〈河渠志二‧運河〉，頁3772。
〔註238〕〔清〕靳輔，《治河奏續書》（《文淵閣四庫全書》，史部337，臺北：臺灣商務印書館，民國75年3月初版），卷4，〈栽植柳株〉，頁59上～60上。
〔註239〕〔清〕劉永錫，《河工蠡測》（北京：北京大學圖書館古籍特藏庫，清代手抄本），卷1，〈六宜‧新築堤工宜多種柳草〉，無頁碼。
〔註240〕《河工蠡測》，卷1，〈五忌‧忌堤頂種樹〉，無頁碼。

空洞，這對於隄防的穩固潛藏危機，故植柳於隄外，且須距隄七、八丈遠。〔註241〕植柳固隄雖有利有弊，然肯定的是益多於病，才能自古迄今施行不輟。另一方面，在河隄渠岸上植樹造林，雖然不能解決水患問題，卻可增高隄防的穩定性與安全性，從而降低水患對人類所帶來的危害。

〔註241〕〔清〕倪文蔚編，《（光緒）萬城隄志》（武漢：湖北教育出版社，2002 年 5月 1 版 1 刷），卷 5，〈防護、備患・方太守伐柳說〉，頁 140～141。

第四章　濬理漕河與修護陵墓

　　中國的經濟中心，自唐、宋以降逐漸轉移至南方，南方的日益富饒，遂成爲國家的主要糧食生產和賦稅供給之地。明代開國之初，明太祖將京師設在南京（江蘇今市），惟軍事重心在北方外，政治中心與經濟重心同處南方，糧食供應有其地利之便。自明成祖永樂十九年（1421）遷都北京（河北今市）之後，政治中心與經濟重心相互分離，加上北京的人口數量急劇增加，糧食需求量亦隨之暴漲。爲確保京師文武官員和北疆邊防軍隊的糧食供應無虞，明廷遂發展河運，以致漕河承擔起南糧北運的重任。朝廷與地方管河官吏爲了「保漕」，不惜以一切的代價維持漕河的暢通，又漕河當中以山東段運道（即會通河）地勢最爲陡峻，以致有水量不足之虞，在此情形下，朝廷遂將漕河沿岸的河流、泉源，以及南旺、馬場等湖泊作爲漕河的補給水源，從而剝奪沿岸地區的農田灌溉水源，造成了農業發展的損失。另一方面，沿岸居民亦無視禁令盜決泉源、圍湖造田，致使運道淤塞受阻。明中期確立「北隄南分」的治河政策之後，黃河每逢潰溢，朝廷與地方管河官吏便抑黃河從淮河中遊下奪入海，給淮河沿岸地區帶來了深重的災難，更自正德朝以後情勢日趨嚴峻，直至嘉靖朝始有皇室陵寢問題的提出，朝廷才開始注意到淮河沿岸的水利問題，仍難跳脫「保漕」的藩籬，故成效不大。面對明中期以來日趨嚴重的會通河水源與皇室陵寢問題，任職總理河道官的劉天和對此均有提出主張與實務治理，如：培築湖泊隄防、疏濬濟漕泉源、修護陵寢護隄等；另外，天和也修築衛河的閘門，解決了水潦之苦。

第一節　南旺、馬場湖及泉河

永樂元年（1403），明成祖即位後，仍以南京為京師，直至永樂七年（1409），將其往昔的藩王駐地北平（河北北京市）改為北京，〔註1〕遂於永樂十五年（1417）六月，明廷正式興工營建北京的宮殿，經歷約三年半的時間，終於在永樂十八年（1420）十一月工成，明成祖遂頒布遷都詔，旋於永樂十九年（1421）元月一日以後，明廷正式遷都北京。〔註2〕

「明成祖肇建北京，轉漕東南，水陸兼輓，仍元人之舊，參用海運。」〔註3〕當時的海運運道為「兩浙自浙入於海，吳會自三江入於海，淮北、河南自河、淮入於海，山東各濱海州縣入于海，皆合直沽，達于天津」，〔註4〕雖省工、省時，但損失甚巨，「海運經歷險阻，每歲船輒損敗，有漂沒者。有司修補，迫於期限，多科斂為民病，而船亦不堅。」〔註5〕而河陸兼運的糧道則「由江入淮，由淮入黃河至陽武縣，陸運至輝衛府，由衛河至通州」，〔註6〕雖然較無危險性，卻相當費時、費力。

朝廷於南糧北運上，採取海運和河陸兼運兩條途徑之餘，另於永樂九年（1411）二月，成祖接受濟寧州同知潘叔正的建言，修濬元代所開鑿的會通河，並命工部尚書宋禮、侍郎金純、都督周長負責修濬，〔註7〕此項工程至同年六月告成。據《明太宗實錄》載：

> 會通河成，河以汶泗為源，汶水出寧陽縣，泗水出兗州府，至濟寧州而合，置天井閘以分其流，南流達于淮，而河則其西北流也。由開河過東昌府入臨清縣，計三百八十五里，深一丈三尺，廣三丈二尺。役軍夫三十萬，用工十旬，蠲租稅百一十萬二千五百有奇。自濟寧至臨清置閘十五，閘置官立水，則以時啟閉，舟行便之。〔註8〕

〔註1〕　《松窗夢語》，卷2，〈北遊紀〉，頁31。
〔註2〕　《明太宗實錄》，卷118，頁2上～2下，永樂十八年十二月戊辰條。
〔註3〕　《明史》，卷85，〈河渠三·運河上〉，頁2077。
〔註4〕　《名山藏》，卷49，〈河漕記·漕河〉，頁18下。
〔註5〕　《明史》，卷153，〈宋禮傳〉，頁4204。
〔註6〕　〔明〕陳仁錫，《皇明世法錄》（《四庫禁燬書叢刊》，史部15，北京：北京出版社，2000年1月1版1刷），卷55，〈漕政漕河職掌〉，頁46上。
〔註7〕　《明太宗實錄》，卷74，頁4下～5上，永樂九年二月己未條。
〔註8〕　《明太宗實錄》，卷77，頁4下，永樂九年六月乙卯條。

此時僅止山東段的漕河已濬通，而淮南的運道仍存在不少問題，迨永樂十三
（1415）五月，漕運總兵官陳瑄於淮南運道的清江浦開河置閘，其開築始末：

> 開清江浦河道，凡漕運北京，舟至淮安，過壩渡淮以達清河口，
> 挽運者不勝勞。平江伯陳瑄時總漕運，故老爲瑄言，淮安城西有
> 管家湖，自湖至淮河鴨陳口僅二十里，於清江口相宜，宜鑿河引
> 湖水入淮以通漕舟。瑄以聞，遂發軍民開河置四閘，曰移風、曰
> 清江、曰福興、曰新莊以時起閉，人甚便之。〔註9〕

至此，南北縱貫的漕河（見圖 4-1）完全暢通，使得從江淮地區到北京的漕
船完全可以在河道上航行，原有的海運、河陸兼運已非必要，朝廷遂停罷之。
〔註 10〕由於成祖遷都北京以後，政治中心北移，且與軍事重心相結合，然
而經濟重心依舊未變，遂造成政治、經濟二者相互分離，道里遙遠，南方的
稅糧及各種貢品主倚漕運輸送至北京，這使得漕河成爲國家的重要命脈。

〔註 9〕　《明太宗實錄》，卷 96，頁 2 下～3 上，永樂十三年五月乙丑條。
〔註 10〕　《明史》，卷 153，〈宋禮傳〉，頁 4205。

圖 4-1：明中期漕河示意圖

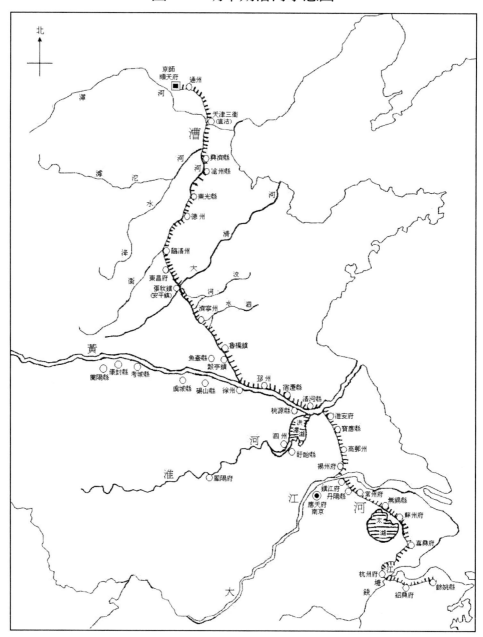

資料來源：改繪自姚漢源，《黃河水利史研究》（鄭州：黃河水利出版社，
2003 年 10 月 1 版 1 刷），頁 278。

圖 4-2：明中期會通河與水櫃示意圖

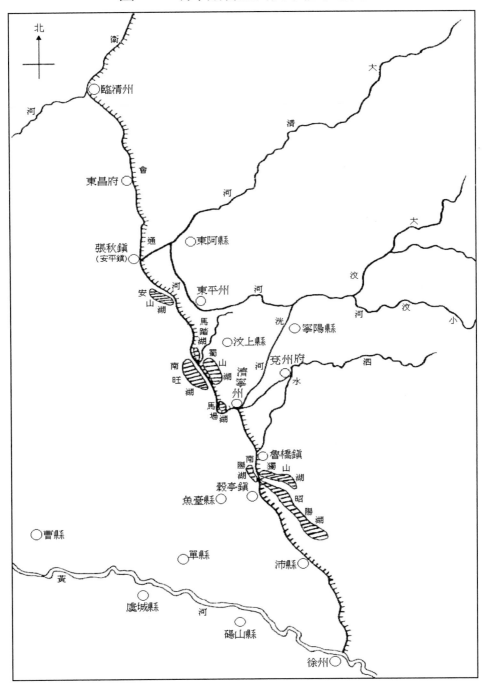

資料來源：改繪自姚漢源，《京杭運河史》（北京：中國水利電力出版社，1998 年 12 月 1 版 1 刷），頁 166。

一、南旺湖與馬場湖

　　會通河位處漕河的中段，北繫京師，南控江淮，更是數百萬石漕糧運輸的必經之道，地理位置相當重要。然而此段運道地勢陡直，以南旺爲最高點，南旺向北至臨清州，地勢下降九十尺，而往南至魚臺縣則地勢下降一百一十六尺，〔註11〕又加上此運道大部分爲人工開鑿而成，每逢「春夏之交，雨澤愆期，水利亦微」，〔註12〕故會通河的水利工程首先面臨水源的問題，次則避黃的問題（已於本書第三章詳述），明廷爲了解決此段運道水源問題，遂將魯西漕河沿岸地區的河川、泉源幾近全部劃歸爲漕河的補給水源。然而這些濟漕的泉源「若雨澤及時，則可可以不勞人力，各處山河自足以供之而有餘；若雨澤愆期，則泉水亦各細微，雖疏濬百方，運河亦未免於涸也。」〔註13〕泉源和河流的供水量仍嫌不足，於是又將沿岸地區的湖泊作爲專用蓄水區，藉以克服水源不足；然而這些供蓄水用的湖泊在明代稱爲「水櫃」（見圖4-2），其意略同於今日所稱的「水庫」。

　　明代濟漕的水櫃建立，約始於永樂九年（1411）或永樂十三（1415），「宋禮、陳瑄經營漕河，既已成績，乃建議請設水櫃以濟漕渠，在汶上曰南旺湖，在東平曰安山湖，在濟寧曰馬場湖，在沛縣曰昭陽湖，名爲四水櫃。」〔註14〕由於山東境內漕河兩岸的地勢是東高西低，位於運道東岸者蓄納自魯西山地而來的諸泉河水，稱爲「水櫃」，另位於西者則收蓄運道多餘的水量，並有洩洪的功能，則稱爲「水壑」，〔註15〕即「可櫃者，湖高於河；不可櫃者，河高於湖」，〔註16〕一般皆通稱爲「水櫃」。這些湖泊「漕河水漲，則減水入湖；水涸則放水入河，各建閘壩以時啓閉。」〔註17〕由於天和僅修治四大水櫃中

〔註11〕〔明〕朱泰、游季勳修，《（萬曆）兗州府志》（《天一閣藏明代方志選刊續編》之54，上海：上海書店，1990年12月1版1刷，據明萬曆刊本影印），卷20，〈漕河·漕河〉，頁416，

〔註12〕《圖書編》，卷54，〈南旺考〉，頁10上。

〔註13〕《圖書編》，卷54，〈濟青兗三府諸泉總考〉，頁7下。

〔註14〕《北河紀》，卷7，〈河議紀〉，頁24下。

〔註15〕〔明〕張居正等撰，《明穆宗實錄》（京都：中文出版社，1984年5月，據中央研究院歷史語言研究所民國51年刊本縮印），卷31，頁2下，隆慶三年四月丁丑條。

〔註16〕《治水荃蹄》，卷下，頁18下，第十二條。

〔註17〕〔明〕楊宏、謝純，《漕運通志》（《四庫全書存目叢書》，史部275，臺南：莊嚴文化事業有限公司，1997年6月初版1刷），卷8，〈漕例略·乞留積水湖櫃疏〉，頁132上。

的南旺與馬場二湖，故於茲略述二者：

（一）南旺湖，湖周圍原爲一百五十餘里，運道縱貫湖中，又汶水自東向西南流，於南旺分水口注入漕河，〔註18〕即「一水劃爲三，兩湖東西滙，漕渠貫其中」，〔註19〕以致湖區遂由漕河隄和汶水隄分割爲三個部份，漕河以西的部份原稱爲南旺西湖，而東岸者則稱爲南旺東湖，〔註20〕其地勢爲「東湖廣衍倍於西，全形北高而南下。」〔註21〕南旺西湖到了明中期稱爲南旺湖，位於汶上縣西南四十里處，湖周圍七十九里，每逢汶水伏秋盛漲入漕河，則將漕河內多餘的水透過閘門洩放至湖內，冬春兩季則閉閘蓄水以防旱之用。另一方面，南旺東湖以汶水爲界分爲南、北二湖，汶水以北的部份稱爲馬踏湖，位於汶上縣西南三十里處，湖周圍三十四里，而汶水以南的部份則稱爲蜀山湖，位於汶上縣南三十五里處，湖周圍五十九里，湖中央有一小山，遠望之如螺殼浮水面。〔註22〕兩湖位處地勢較高的漕河東岸，匯蓄自魯西山地諸泉河水以資濟，而南旺湖位處地勢較卑的漕河西岸，以瀦蓄分洩漕河的溢水爲主，爾後卻成爲覽勝之地，「湖多菱芡魚鼈之利；夏秋間荷花滿湖，笙歌遊舫，有江南之致」，〔註23〕甚至淪爲百姓圍田、漁殖絕佳之處，使得蓄洩溢水的功能幾近喪失。

（二）馬場湖，位於濟寧州西二十里處，即運道東岸，湖周圍四十里，由於蜀山湖地勢北高南低，溢水易從南方洩出，又馬場湖北面有渠道與蜀山湖相通，從而蓄納自蜀山湖所分洩的餘水。此外，湖的東南還蓄納泗河河水。〔註24〕南旺、馬踏、蜀山、馬場四湖湖內外除了設置閘壩以調節濟漕水量之

〔註18〕《問水集》，卷1，〈閘河諸湖〉，頁31～32，以及《行水金鑑》，卷105，〈運河水〉，頁2上。

〔註19〕〔明〕謝肇淛，《北河紀餘》（《文淵閣四庫全書》，史部334，臺北：臺灣商務印書館，民國75年3月初版），卷2，無卷名，頁8下。

〔註20〕〔清〕傅澤洪，《行水金鑑》（《中國水利要籍叢編·第一集》，臺北：文海出版社，民國58年5月初版），卷105，〈運河水〉，頁2上。

〔註21〕《治河奏續書》，卷1，〈南旺湖〉，頁24上。

〔註22〕《問水集》，卷2，〈閘河諸湖〉，頁31～32；《治水荃蹄》，卷下，頁17上，第十二條；〔明〕朱泰、游季勳修，《（萬曆）兗州府志》，卷18，〈山川·汶上縣〉，頁218～219，以及《北河紀餘》，卷2，無卷名，頁8上、9下。。

〔註23〕《北河紀餘》，卷2，無卷名，頁7下。

〔註24〕〔明〕朱泰、游季勳修《（萬曆）兗州府志》，卷18，〈山川·濟寧州〉，頁188；《治水荃蹄》，卷下，頁17上，第十二條；〔清〕張伯行，《居濟一得》（《文淵閣四庫全書》，史部579，臺北：臺灣商務印書館，民國75年3月初版），

外，還有環湖周圍培築隄防以維持濟漕水量與防止內水溢出，如南旺湖隄共一萬九千餘丈、蜀山湖隄共三千五百餘丈、馬場湖隄共一千六百餘丈，以及馬踏湖隄共三千三百餘丈。〔註25〕

二、濟漕的泉源派數

　　會通河與漕河的其他河段相比，其水源最爲緊張，所賴者除了有安山、南旺、馬場、昭陽四大水櫃所蓄之水外，還有徂徠、蒙、沂等山諸泉匯流而成的汶、沂、泗、洸等河水。〔註26〕爲了保證會通河水源的充足和維持運道的暢通無阻，朝廷與地方官吏十分注重疏濬泉源，故使得流入會通河的泉源的數量不斷地增加，成化十六年（1480）疏濬的泉源數量爲餘脈，〔註27〕弘治九年（1496）的泉源數爲一百六十三脈，〔註28〕正德五年（1510）的泉源數爲一百八十八脈。〔註29〕明代漕河的泉源來自於山東濟南（山東今市）、兗州（山東今市）、青州（山東今市）三府境內山地的泉脈，即分佈於泰安州（山東今市）、新泰縣（山東今縣）、萊蕪縣（山東今市）、肥城縣（山東今市）、東平州（山東今縣）、平陰縣（山東今縣）、汶上縣（山東今縣）、寧陽縣（山東今縣）、泗水縣（山東今縣）、曲阜縣（山東今市）、滋陽縣（屬山東兗州市）、鄒縣（山東鄒城市）、濟寧州（山東今市）、魚臺縣（山東今縣）、滕縣（山東滕州市）、嶧縣（山東棗莊市）、沂水縣（山東今縣）、蒙陰縣（山東今縣）等十八個州縣（見圖 4-3）。

　　　　　卷 2，〈馬場湖〉，頁 4 上。
〔註25〕《河防一覽》，卷 3，〈河防險要・山東〉，頁 92。
〔註26〕〔明〕朱泰、游季勳修，《（萬曆）兗州府志》，卷 19，〈鄉社〉，頁 331 載：「然臨清而北則衛水之大，自徐而南則黃之流盛，惟自臨清南歷張秋、南旺、濟寧，以至茶城數百里之渠，全賴汶、泗、沂、洸諸泉之水以濟。」以及《大明會典》，卷 196，〈工部十六・河渠一〉，頁 3 上～5 上，
〔註27〕《北河紀》，卷 2，吳寬，〈蛇眼泉記略〉，頁 12 下。
〔註28〕〔明〕王瓊，《漕河圖志》（北京：水利電力出版社，1990 年 2 月 1 版 1 刷），卷 2，〈漕河上源〉，頁 78～79。
〔註29〕〔明〕王寵，《東泉志》（《天津圖書館秘籍叢書》，第 7 冊，北京：中華全國圖書館文獻縮微複製中心，1999 年，據明正德五年陳澍刻本印），卷 2，無卷名，頁 2 上～20 上，以及卷 3，無卷名，頁 1 下～22 上。

圖 4-3：明代濟漕泉源分布示意圖

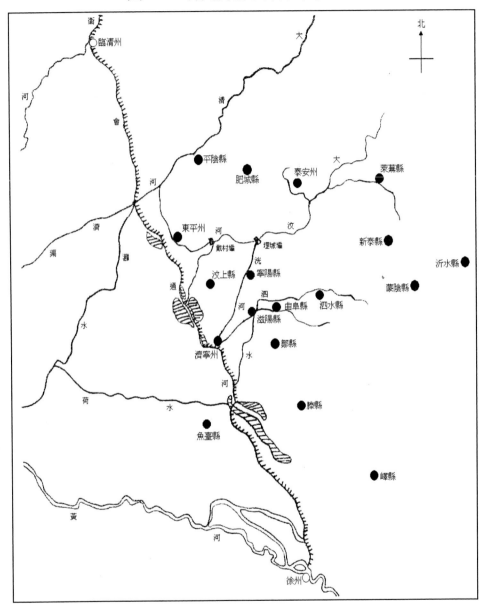

資料來源：改繪自鄒逸麟，《椿廬史地論稿》（天津：天津古籍出版社，2005
　　　年 5 月 1 版 1 刷），頁 162。

濟漕泉源按其流歸的河川，約可分為五大泉派，茲將明代正德五年
（1510）及萬曆二十五年（1597）的濟南、兗州、青州三府濟漕的泉數，列
表於下：

表4-1：明正德五年山東濟南、兗州、青州三府濟漕泉源表

府　別	州　縣	泉　派	泉　　　　　名	脈　數
兗州府	濟寧州	泗河派	蘆溝泉、托基泉、馬陵泉	一百一十一
	東平州	汶河派	坎河泉、鐵鈎嘴泉、安圈泉、張胡郎泉、吳家泉、蔣橋泉、王老溝泉、獨山泉、杷頭泉	
	汶上縣	汶河派	龍鬭泉、灤當山泉	
	滋陽縣	濟河派	東北新泉、闕黨泉、負瑕泉、西北新泉	
	鄒　縣	泗河派	鱔眼泉、孟母泉、陳家溝泉、白馬泉、岡山泉、白莊泉、三角灣泉、柳青泉、淵源泉	
	平陰縣	汶河派	新柳溝泉	
	寧陽縣	汶河派	龍港溝泉、龍魚泉、魯姑泉、灤當山泉	
		濟河派	蛇眼泉、古泉、三里溝泉、井泉、張家泉、柳泉、古城泉、金馬庄泉	
	泗水縣	濟河派	豹突泉、珍珠泉、黑虎泉、淘米泉、洗缽泉、響水泉、紅石泉、甘露泉、壅珠泉、卞莊泉、潘波泉、黃陰泉、吳家泉、黃溝泉、岳陵泉、杜家泉、蔣家泉、曹家泉、趙家泉、東岩石縫泉、龜陰泉、鮑村泉、（城南）珍珠泉、石河泉、璧溝泉、大玉溝泉、小玉溝泉、蘆城泉、西岩石縫泉、三角泉	
	曲阜縣	濟河派	青尼泉、溫泉、連珠泉、車輞泉、逵泉、柳青泉、雙泉、茶泉、新泉、濯纓泉、曲水詠歸泉、潺聲泉、埠下泉、新安泉、変巧泉、橫溝泉	
		泗河派	蜈蚣泉	
	魚臺縣	泗河派	黃良泉、廟前泉	
		新河派	東龍泉、平山泉、西龍泉	
	滕　縣	新河派	北石橋泉、三里橋泉、大鳥泉、絞溝泉、趙溝泉、三界灣泉、黃溝泉、溫水泉、龍灣泉、黃家泉、豹突泉、荆溝泉、三山泉、魏庄泉、玉花泉、南石橋泉	
	嶧　縣	新河派	許有泉、溫水泉	
		沂河派	許池泉	

濟南府	泰安州	汶河派	張家泉、木頭溝泉、龍湾泉、梁家泉、馬児溝泉、風雨泉、周家泉、鐵佛寺泉、清泉、范家泉、鯉魚溝泉、皀泥溝泉、板橋湾泉、北滾泉、順河泉、濁河泉、斜溝泉、羊舍泉、力溝泉、東柳泉、西柳泉、水波泉、龍堂泉、顏謝泉、上泉、馬蹄溝泉、臭泉、朔港溝泉、水磨泉、馬黃溝泉、龍王泉、胡家泉、陷湾泉、狗跑泉、報恩泉	六十三
	新泰縣	汶河派	南師泉、張家泉、孫村泉、西都泉、古和泉、劉杜泉、靈查泉、和庄泉、崖頭泉、西周泉、公家庄泉、北鮑泉、南陳泉	
	萊蕪縣	汶河派	半壁店泉、王家溝泉、牛王泉、郭娘泉、鎮里泉、烏江岸泉、小龍湾泉、鵬山泉、蓮花池泉、湖眼泉	
	肥城縣	汶河派	黃家泉、胡家泉、臧家泉、塩河泉、清泉	
青州府	蒙陰縣	汶河派	官橋泉	十四
		沂河派	伏牛峪泉、泉河泉、順德泉	
	沂水縣	沂河派	上泉、龍王堂泉、雩王臺泉、小水泉、大泉、盆泉、銅井泉、芙蓉泉、灰泉、單家泉	

資料來源：〔明〕王寵，《東泉志》（《天津圖書館秘籍叢書》，第7冊，北京：中華全國圖書館文獻縮微複製中心，1999年，據明正德五年陳澍刻本印），卷2，無卷名，頁2上～20上，以及卷3，無卷名，頁1下～22上。

表4-2：明萬曆二十五年山東濟南、兗州、青州三府濟漕泉源表

府　別	州　縣	泉　派	泉　　名	脈數
兗州府	濟寧州	泗河派	**舊泉**：蘆溝泉、托基泉、馬陵泉 **新泉**：浣筆泉	一百八十七
	東平州	汶河派	**舊泉**：坎河泉、鐵鈎嘴泉、安圈泉、張胡郎泉、吳家泉、蓆橋泉、王老溝泉、獨山泉、芭頭泉 **新泉**：净泉、源泉、洌泉、新泉、大黃泉、二黃泉、浮汶泉、大成泉、安宅泉、饝饎泉、郝家泉、半甿泉、高家莊泉	
	汶上縣	汶河派	**舊泉**：龍鬪泉、濼澢山泉 **新泉**：馬莊泉、趙家橋泉、薛家溝泉	
	滋陽縣	濟河派	**舊泉**：東北新泉、闞黨泉、負瑕泉、西北新泉 **新泉**：上蔣詡泉、下蔣詡泉、古溝泉、驛後新泉	

鄒　縣	泗河派	**舊泉**：鱔眼泉、孟母泉、陳家溝泉、白馬泉、岡山泉、白莊泉、三角彎泉、柳青泉、淵源泉 **新泉**：黃港溝泉、程家莊泉、勝水泉、馬山泉
平陰縣	汶河派	**舊泉**：柳溝泉 **新泉**：薄頭泉
寧陽縣	汶河派	**舊泉**：龍港溝泉、龍魚泉、魯姑泉、濼當山泉
	濟河派	**舊泉**：蛇眼泉、古泉、三裏溝泉、井泉、張家泉、柳泉、古城泉、金馬莊泉 **新泉**：李家泉
泗水縣	濟河派	**舊泉**：豹突泉、珍珠泉、黑虎泉、濤糜泉、繁星泉、響水泉、紅石泉、甘露泉、卞莊泉、湧珠泉、潘波泉、黃陰泉、吳家泉、黃溝泉、嶽陵泉、杜家泉、蔣家泉、曹家泉、趙家泉、東巖石縫泉、龜陰泉、鮑村泉、城南珍珠泉、石河泉、大玉溝泉、小玉溝泉、蘆城泉、西巖石縫泉、三角泉、璧溝泉 **新泉**：雪花泉、白石泉、蓮花泉、新開泉、新開泉、三台泉、石露泉、甘露新泉、奎聚泉、琵琶泉、潘波新泉、石井泉、龜尾泉、龜眼泉、合德泉、裏澇溝泉、淘米泉、天井泉、醴泉、醴前泉、七裏泉、馬莊泉、馬跑泉、魏莊泉、石寶泉、石液泉、雙石縫泉、雙晴泉、涓涓泉
曲阜縣	濟河派	**舊泉**：青尼泉、溫泉、連珠泉、車輞泉、逄泉、柳青泉、雙泉、茶泉、曲溝泉、濯纓泉、曲水詠歸泉、新泉、潺聲泉、埠下泉、新安泉、變巧泉、橫溝泉 **新泉**：近溫泉、文獻泉、城南新泉、城北新泉
	泗河派	**舊泉**：蜈蚣泉
魚臺縣	泗河派	**舊泉**：黃良泉、廟前泉 **新泉**：勝家泉、河頭泉、高家東泉、高家西泉、陳家泉、中溢泉
	新河派	**舊泉**：東龍泉、平山泉、西龍泉 **新泉**：右泉、何家園泉、廉家潭泉、聖母池泉
滕　縣	新河派	**舊泉**：北石橋泉、三裏橋泉、大烏泉、絞溝泉、趙溝泉、荊溝泉、豹突泉、三山泉、玉花泉、南石橋泉、三界灣泉、黃溝泉、溫水泉、龍灣泉、黃家泉 **新泉**：白山泉、劉家溝泉、魏家莊泉、張家泉

	嶧　　縣	新河派	舊泉：許有泉、溫水泉	
		沂河派	舊泉：許池泉	
			新泉：龍泉、搬井泉	
濟南府	泰安州	汶河派	舊泉：張家泉、木頭溝泉、龍灣泉、梁家莊泉、馬兒溝泉、風雨泉、周家灣泉、鐵佛寺泉、清泉、範家灣泉、鯉魚溝泉、皀泥溝泉、板橋灣泉、北滾泉、順河泉、濁河泉、斜溝泉、羊舍泉、力溝泉、東柳泉、西柳泉、水波泉、龍堂泉、顏謝泉、上泉、馬蹄溝泉、臭泉、朔港溝泉、水磨泉、馬黃溝泉、龍王泉、胡家港泉、陷灣泉、狗跑泉、報恩泉 新泉：神泉、黑虎泉、韓莊泉、梁子溝泉、謝過泉、滄浪溝泉、吳山溝泉、海旺泉、雲潭泉、鳳凰泉、坤溫泉、新莊石縫泉、井泉	一百零六
	新泰縣	汶河派	舊泉：南師泉、張家溝泉、孫村泉、西都泉、古河泉、劉杜泉、靈查泉、和莊泉、崖頭泉、西周泉、公家莊泉、北鮑泉、南陳泉 新泉：魏家泉、名公泉、西周新泉、北流泉、萬歲泉、劉都泉、名灣泉、柳溝泉、太公泉、北陳泉、路踏泉、周家泉	
	萊蕪縣	汶河派	舊泉：半壁店泉、王家溝泉、牛王泉、郭娘泉、鎮裏泉、烏江岸泉、小龍灣泉、鵬山泉、蓮花池泉、湖眼泉、趙家莊泉 新泉：海眼泉、雪家莊泉、水河泉、魚池泉、新興泉、坡裏泉、賀家灣泉、小龍灣泉、青揚港泉、坡草灣泉、朱家灣泉、張家灣泉、滌馬河泉	
	肥城縣	汶河派	舊泉：王家泉、吳家泉、臧家泉、鹽河泉、清泉 新泉：董家泉、開河泉、馬房泉、托車泉	
青州府	蒙陰縣	汶河派	舊泉：官橋泉 新泉：汴家莊泉	十五
		沂河派	舊泉：伏牛峪泉、泉河泉、順德泉	
	沂水縣	沂河派	舊泉：上泉、龍王堂泉、雪王臺泉、小水泉、大泉、盆泉、銅井泉、芙蓉泉、灰泉、單家泉	

資料來源：〔明〕胡瓚，《泉河史》（《四庫全書存目叢書》，史部 222，臺南：莊嚴文化事業有限公司，1997 年 6 月初版 1 刷），卷 7，〈泉源表〉，頁 2 上～16 下。

　　據以上表4-1、表4-2可知，三府當中以濟南府的濟漕泉源脈數最多，這是因爲濟南府轄境爲會通河的主要經行區，所以其境內的泉源多爲就近接濟會通河水量的不足，萬曆二十五年的泉數較正德五年的泉源數增加了一百二十脈。然萬曆二十五年的舊泉數爲一百八十八脈，其與正德五年的泉數相等，由於缺乏嘉靖初期的泉源數和泉名，今以正德五年及萬曆二十五年的泉源數估算，天和治河時的泉源數約一百八十八脈上下，而泉名亦與正德五年、萬曆二十五年略同。另一方面，這三府十八縣的泉源可分成五派：

　　（一）新泰、萊蕪、泰安、肥城、東平、平陰、汶上、蒙陰以西及寧陽以北的諸泉，以舊泉計共八十二脈，均由汶河注入南旺分水口，並南北分流入漕河，故稱爲「汶河派」，又名爲「分水派」。

　　（二）泗水、曲阜、滋陽境內泗水上源諸泉，以及寧陽境內洸水上源諸泉，以舊泉計共五十九脈，二水會於濟寧天井閘，故稱爲「濟河派」，又名爲「天井派」。

　　（三）鄒縣、濟寧、魚臺、嶧縣以西及曲阜以北的諸泉，以舊泉計共十五脈，皆順泗水流至濟寧魯橋閘入漕河，故稱爲「泗水派」，又名爲「魯橋派」。

　　（四）鄒縣、滕縣和嶧縣境內諸泉由沙河入昭陽湖，另魚臺境內諸泉亦流入昭陽湖，以舊泉計共二十脈，二支均入昭陽湖後復入漕河，又由於嘉靖六年（1527），總理河道官盛應期試於昭陽湖東別開漕河新運道，諸泉遂注入新河，故稱爲「新河派」，又名爲「沙河派」。

　　（五）嶧縣境內一部分泉源，以及沂水、蒙陰縣境內諸泉由沂水流至邳州（江蘇邳州市）注入漕河，以舊泉計共十三脈，故稱爲「沂水派」。〔註30〕

上述五派以汶河派濟漕最多，又汶河、濟河、魯橋及新河四派皆入漕河的會通河段，唯沂水派諸泉入漕河的黃河段，並無接濟會通河。所以，十八州縣中僅沂水縣境內泉源未入會通河，接濟會通河者實則十七州縣。

〔註30〕〔明〕王寵，《東泉志》（《天津圖書館秘籍叢書》，第 7 冊，北京：中華全國圖書館文獻縮微複製中心，1999 年，據明正德五年陳澍刻本印），卷1，〈泉源通考〉，頁 15 上～15 下，以及《（萬曆）兗州府志，卷20，〈漕河〉，頁 336。

第二節　整治水櫃與維護泉源

一、整治水櫃

　　南旺、安山、馬場、昭陽四湖位處黃河沖積平原和魯西山地西麓兩個對向斜面交界處的低窪地，四湖主要蓄納來自魯西山地的諸泉、河水；惟昭陽湖還另受黃河的衝囓。然諸水不免夾帶泥沙而來，泥淤沙澱於湖內，日積月累，湖底受泥沙淤高，「遂成高阜之勢」，﹝註31﹞一逢乾旱時季，往往有大片的灘地涸露，加上淤泥土質肥饒，以及位處湖濱，灌溉相當便利，以及這些湖泊富含「芡菱、魚鱉、蒲藕、菱荻」﹝註32﹞之利，於是，吸引百姓不顧禁令前來圍田墾殖或闢設漁場，倘適職司水利官員怠職，未及時調夫清理，百姓則肆力侵墾，或遭有司整飭，若其管理稍有鬆弛，百姓復乘機圍墾占種，如是淤塞、圍湖、侵佃三者惡性循環，使湖面日漸微縮，亦帶來了負面的影響，不僅喪失了作為水櫃調蓄漕運水量的作用，甚者造成了「運道枯澀，漕輓不通」﹝註33﹞的結果。

　　成化六年（1470），南旺、昭陽諸湖由於「河道舊規，日以廢弛，灘沙壅澀，不加挑洗，……，湖泊占為田園，鋪舍廢為荒落，人夫虛設，……，運船遇淺，動經旬日，轉雇盤剝，財殫力耗」，﹝註34﹞甚至百姓的圍湖闢田為「所司視為泛常，不為疏浚修築，是致水利不通，糧運有阻。」﹝註35﹞以致朝廷遂於成化十年（1474）頒布嚴懲盜湖者條例：「凡故決山東南旺湖、沛縣昭陽湖隄岸及阻絕泰山等處泉流者，為首之人並遣從軍；軍人犯者徙于邊衛。」﹝註36﹞迨弘治八年（1495），都察院右副都御史劉大夏於黃河北岸修築兩道長隄，阻絕了黃河北流的行道，至此，會通河全賴水櫃、泉河諸水資濟，為了保證濟漕水量的穩定，劉大夏建言：

> 漕河水利，全藉泰山諸泉，每年夏秋瀦蓄南旺等湖，至旱乾時以濟糧舟。近豪強軍民，或決堤泄水，以圖栽蒔，或阻遏泉源以資灌溉。乞照先年，侍郎白昂奏行事例禁治。﹝註37﹞

﹝註31﹞《漕運通志》，卷8，〈漕河例略・乞留積水櫃疏〉，頁128上。
﹝註32﹞〔明〕朱泰、游季勳修，《（萬曆）兗州府志》，卷18，〈山川・汶上縣〉，頁218。
﹝註33﹞《漕運通志》，卷8，〈漕河例略・乞留積水櫃疏〉，頁133下。
﹝註34﹞《明憲宗實錄》，卷97，頁4下，成化六年正月辛亥條。
﹝註35﹞《明憲宗實錄》，卷112，頁5上，成化九年十月乙亥條。
﹝註36﹞《漕河圖志》，卷3，〈漕河禁例〉，頁166。
﹝註37﹞《明經世文編》，卷79，劉大夏，〈河防糧運疏〉，頁2下～3上。

然僅止取締盜水者，仍未查禁盜湖圍田者。弘治十五年（1502），朝廷增列安山湖爲禁民取水溉田區，倘犯者比照成化十年禁盜水律條懲處。〔註38〕朝廷制定了嚴厲的禁令，「盜者有禁，占種有禁」，〔註39〕藉此禁盜湖營田與管控水量，以確保水櫃、泉河諸水涓滴未漏濟漕運之用，並維持漕河的通暢。

正德三年至嘉靖十二年（1508～1533）間，黃河主流略向北擺動，多由沛縣飛雲橋或曹縣穀亭鎮截漕河入昭陽湖，使曹縣、單縣、豐縣、沛縣及魚臺縣一帶經常受水，成爲黃泛區，而昭陽、南陽二湖不時淤塞，且諸湖早被「豪右占侵，據爲己業，及因隄岸傾頹，召民佃種，辦納子粒，一遇乾旱，遂阻糧運」。〔註40〕嘉靖六年（1527），光祿少卿黃綰曾建議疏濬昭陽、南旺諸湖：

> 舒目前漕河淤塞之急，惟有蓄水一策，庶幾爲力易成，緩急足濟，且南旺、昭陽、安山諸湖，皆居漕河之上，舊稱水櫃，今隄防具廢，或開濬非宜，反爲黃河所塞，積水甚少，……，莫若及今預將南旺、昭陽、安山諸湖隄防修築完固，及擇寧陽至漕河之間可爲陂障之所，高爲隄防，使山東諸泉之水盡歸于湖，乃于湖隄築閘泄其餘水。〔註41〕

對於水櫃的淤塞，嘉靖十三年（1533）的總河道官朱裳也主張：「宜大濬山東諸泉，以匯於汶河；修築南旺湖堤、閘、壩，以通蓄洩。」〔註42〕此議雖獲准，不久朱裳卻因丁憂而去，故此議實則未施行。

嘉靖十三年（1533）十月，黃河決蘭陽縣北的趙皮寨，分道入淮，南流當中以循渦河一道水勢最盛，而穀亭一道遂斷流，由於會通河南段的運道頓時缺乏黃河資濟，故必須加強疏濬泉源與整治水櫃以增加濟漕的水量。時任總理河道官的天和於實地考察時，觀察到「南旺西湖環三面之隄復傾圮，民且盜而田之，馬場（湖）隄嚙於水者迨絕，蓄洩弗備，自沛至濟（寧）有淺澀之患。」〔註43〕除了發現南旺湖遭民圍墾外，還勘查到馬踏、蜀山二湖也遭民圍墾，遂決定整治水櫃。由於南旺湖、馬場隄盡圮壞，不能蓄水濟運，天和有識於此，便認爲在湖隄未修好前，應先疏濬明初大將軍徐達（1332～1385）所開濬的永通河（又名牛頭河）暫供漕船航行。此河從南旺湖低窪處下忙生閘（濟寧州西），

〔註38〕 《明孝宗實錄》，卷188，頁4上，弘治十五年六月丙午條。

〔註39〕 《河防一覽》，卷14，常居敬，〈欽奉敕諭查理漕河疏〉，頁529。

〔註40〕 《北河紀》，卷6，〈河政紀〉，頁9下。

〔註41〕 《明文海》，卷79，黃綰，〈治河理漕雜議〉，頁3下～4下。

〔註42〕 《明世宗實錄》，卷158，頁11下，嘉靖十三年正月甲子條。

〔註43〕 《問水集》，卷2，張治，〈修復汶漕記〉，頁41。

中經永通閘（濟寧州西二十里）通濟寧州，下迄廣運閘（魚臺縣東北）至魚臺縣陽穀鎮，全程約九十里，使得濟寧州以南的運道走新河道（見圖 4-4），暫避舊河道的淤淺，而以北的運道仍維持不變，但此意見未被採納，〔註44〕若析論之，天和以南旺湖直達陽穀鎮的運道暫代濟寧州至魯橋鎮的運道，雖然可避免舊道的淤淺，但是新河道位處魚臺縣、金鄉縣一帶的低窪地區，易受黃河東侵所擾，故新河仍有淤塞之虞。

　　開河不成，天和遂於嘉靖十四年（1534）二月初一組織東平、兗州、濟南等府州人夫一萬餘名，並委任主事段承恩、邵元吉、楊旦等人負責修濬南旺湖與馬場湖，而此時亦逢南旺大挑時節，修復南旺湖外三面湖隄共五十一餘里、臨河湖隄約六十里，以及臨河湖隄的減水閘十八座，而馬場湖則築隄六十里，湖隄內、外各栽植物護隄，近隄的灘地多種蒲葦，另隄根、隄頂則遍植柳樹，又置減水閘五座，此工程於同年三月底竣工，〔註45〕更爲了防止黃河再度衝嚙，又於同年十二月又築東隄一道，自濟寧州魯橋鎮至沛縣，共一百五十餘里。〔註46〕天和雖然於南旺湖與馬場湖築隄以障水，置閘以洩水，卻未清理遭圍墾占種的湖田，實爲美中不足之處，其緣由或許爲天和於翌年（1535）奉命至陝西三邊督理軍務，而無法處理沿岸居民盜湖的問題。

〔註44〕《問水集》，卷2，〈開河諸湖〉，頁31～33；于愼行纂修，《（萬曆）兗州府志》，卷19，〈河渠志・漕渠正道〉，頁14下；《山東全河備考》，卷2上，〈河渠志上・諸湖蓄洩要害〉，頁23上～25上。

〔註45〕《問水集》，卷2、〈修復汶漕記〉，頁42～43，以及卷3，〈修濬黃河第一疏〉，頁58；另外，關於南旺大挑的時間據《治水荃蹄》，卷上，第五十一條載：「三年二挑，俱正月興工，三月竣事。」

〔註46〕《明世宗實錄》，卷182，頁5下，嘉靖十四年十二月辛亥條。

圖4-4：明嘉靖十三年新河示意圖

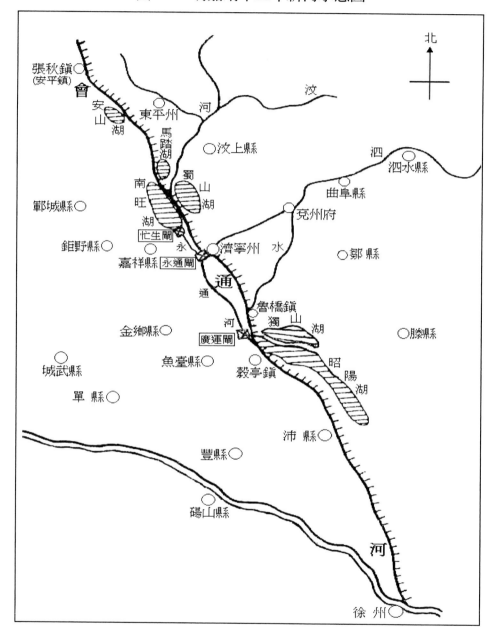

資料來源：改繪自姚漢源，《京杭運河史》（北京：中國水利電
力出版社，1998年12月1版1刷），頁178。

二、維護泉源

　　會通河「數百里之渠，全賴汶、泗、沂、洸諸泉之水以濟」，〔註47〕而這些河泉所發源的山地，寒武與奧陶紀石灰岩地層分佈極廣，溶岩地貌相當發達，溶洞、溶蝕岩溝均有所見。〔註48〕如北魏酈道元的《水經注》中記載到泗水上源的地下有溶洞，「石間多孔穴，洞達相連，往往有如數間屋處」。〔註49〕這種融岩地形往往形成地表水滲漏地底下，使得地下水涵蓄量相當豐富，而這些地下水往往於山麓地帶的石壁或沙土中冒出成泉源，將冒出的泉水導進地表的明渠後，再將明渠引入汶、泗諸水，隨後匯入會通河。〔註50〕然諸泉源逢「夏秋水漲，則懼其潦；冬春水微則懼其澁」，〔註51〕至於平時「雨則甚，不雨則微。」〔註52〕又泉水流經的河床每每「盈河淤沙深廣，春夏久旱亢暘，沙極乾燥，汶泉經之，多滲入河底」，〔註53〕泉源的水量仍不穩定。

　　明廷爲此對入漕的泉源嚴加控制，立法規定凡爲濟漕的泉源、河川以及湖泊，其沿岸的居民皆不得從中取水使用，違法者則將將處以刑罰。如成化十年（1474）明廷詔令：「凡故決南旺、昭陽湖堤岸，及阻絕泰山等處泉源者，爲首之人發充軍，軍人發邊衛。」〔註54〕又此命令執行後，以兗州府爲例，造成：

> 漕在東省出入郡境十居其七，而汶、泗、沂、洸諸水挾，百八十泉
> 之流，互相轉輸以入於運，環千里之土，居名山大川之列以奉郡水，
> 滴瀝之流，居民無敢私焉。〔註55〕

雖然「山東諸泉，可引水成田者甚多」，〔註56〕但是由於官方的管制，致使魯

〔註47〕朱泰、游季勳修，《（萬曆）兗州府志》，卷20，〈漕河〉，頁331。
〔註48〕鄒逸麟，〈山東運河歷史地理問題初探〉，輯入《椿廬史地論稿》（天津：天津古籍出版社，2005年5月1版1刷），頁159。
〔註49〕〔北魏〕酈道元注，陳橋驛校釋，《水經注校釋》（杭州：杭州大學出版社，1999年4月1版1刷），卷25，〈泗水、沂水、洙水〉，頁449。
〔註50〕《東泉志》，卷4，〈泗水縣觀泉亭記〉，頁16上，以及鄒逸麟，〈山東運河歷史地理問題初探〉，輯入《椿廬史地論稿》，頁159。
〔註51〕朱泰、游季勳修《（萬曆）兗州府志》，卷20，〈漕河〉，頁331。
〔註52〕《北河紀》，卷7，〈河議紀〉，頁25上。
〔註53〕《問水集》，卷1，〈汶河〉，頁25。
〔註54〕《大明會典》，卷198，〈工部十八・河渠三〉，頁22上～22下。
〔註55〕《天下郡國利病書》，第15冊，〈山東上・兗州府志漕渠圖說〉，頁48上。
〔註56〕〔明〕吳亮輯，《萬曆疏鈔》（《四庫禁燬叢刊》，史部60，北京：北京出版社，

西山地諸泉與汶、沂、洸、泗諸水,皆與民間田地不相灌注。〔註57〕「如今法運東南之粟,自長淮以北諸山諸泉,涓滴皆爲漕用,是東南生之,西北漕之,費水二而得穀一也。凡水皆穀也,亡漕則西北之水亦穀也。」〔註58〕這也對山東漕河沿岸地區農業生產的不利影響,以滕縣與嶧縣爲例,滕縣受害的情形:

> 水可資灌漑,元時滕州有稻郾,稱饒給。國朝十八泉,則一切視之以濟漕,而行水者奉法爲屬,即田夫牽牛飮其流,亦從而奪之牛矣。
> 〔註59〕

而嶧縣的罹患情形則爲:

> 唐貞觀中,丞地有陂十三所,歲灌田數千頃,青、徐水利莫與爲匹,及觀元大德中,……泉水散漫四郊,灌漑稻田,魚慮萬頃,民受其利,……自元末兵亂以來,數罹傷殘,人民轉徙,河渠故道歲久湮沒,且接濟漕渠,國家亦有明禁焉。〔註60〕

滕、嶧兩縣在明代以前,因農田水利設施較爲完善,故農業生產隨著得到較大的發展,而百姓也獲利甚豐,直至明代,兩縣境內的泉源、河川幾乎爲朝廷劃歸作漕河的補給水源後,農業生產遂大爲下降,百姓亦隨著不堪其擾,但是明廷於資漕的水源卻獲得保障。

由於「泉多見於齊魯之地,其發甚微,其流甚迂,微則易湮,迂則易竭」,〔註61〕復加上若「汶、泗諸泉,歲久不浚,亦多壅塞,以致河身淺澀,糧運稽遲。」〔註62〕於是,朝廷官員與地方官吏除了嚴控泉源的水量外,更對泉源進

2000年1月1版1刷),卷48,徐貞明,〈亟修水利以預儲蓄酌議軍班以停勻補疏〉,頁2上。

〔註57〕 〔明〕周用,《周恭肅公集》(《四庫全書存目叢書》,集部55,臺南:莊嚴文化事業有限公司,1997年6月初版1刷),卷16,〈理河事宜疏〉,頁4上。

〔註58〕 〔明〕徐光啓,《徐光啓集》(臺北:明文書局,民國75年1月初版),卷1,〈漕河議〉,頁19～20。

〔註59〕 〔明〕楊承父修,王元賓纂,《(萬曆)滕縣志》(《日本藏中國罕見地方誌叢刊》,第22冊,北京:書目文獻出版社,1992年11月1版1刷),卷3,〈山川志〉,頁17上。

〔註60〕 《天下郡國利病書》,第15冊,〈山東上·嶧縣志〉,頁172上。

〔註61〕 《北河紀》,卷2,吳寬,〈蛇眼泉記略〉,頁12上。

〔註62〕 〔明〕劉吉等,《明憲宗實錄》(京都:中文出版社,1984年5月,據中央研究院歷史語言研究所民國51年刊本縮印),卷259,頁1下,成化二十年十二月戊午條。

行養護維修的工作，藉以確保泉源能長期使用。永樂十六年（1418），朝廷於兗州府寧陽縣設置工部分司管理諸泉，並命工部主事顧大奇出任其職，〔註63〕旋於翌年（1418），漕運總兵官陳瑄請令顧大奇等人「徧歷山川，疏濬泉源以通水利，以濟漕運後，右通政王玆、郎中史鑑、主事侯暉等繼之。」〔註64〕宣德四年（1429），平江伯陳瑄又請令官吏疏濬山東徂徠諸山泉源及瀦蓄泉水的湖塘以便濟運。〔註65〕然至正統四年（1439），朝廷裁撤寧陽分司，直至正統九年（1444），朝廷復設之，〔註66〕這期間內，泉源缺專官總理事務。正統六年（1441），漕運右參將都指揮僉事湯節言漕運不暢，因無專官總理疏濬泉源，故委派河南及山東地方官吏濬理。〔註67〕其疏濬泗水、汶水上游的泉源，據〈疏鑿泉林寺泉源記〉載：

> 邇來，亢旱不雨，河道將涸，余（湯節）親詣泰安州等處，疏通大
> 小泉源，踰泗水見乎泉林之泉，利人者廣，緣是逆流不便者改之，
> 亂石者去之，不通者濬之，又博訪故跡，得聆者僉言：「是泉皆從石
> 竇中出，清澈無比，汪洋不窮。」余聞而益喜，泉之有名者，勒珉
> 以紀之；無名者，立石以表之。〔註68〕

將各泉源立表碑碣銘之，藉以方便日後疏濬的考核與辨識之用。正德年間，寧陽分司除了監理漕政外，又兼理南旺閘政，〔註69〕而各泉源均派夫役進行開濬或管理，以平均值而言，每泉人夫人數少者數餘人，多者則數十餘人，稱爲「泉夫」，數泉再編設老人一職總領其事。〔註70〕

　　嘉靖初期，「山東泉脉甚眾，頃緣管河官類多轉委於人，疏導無方，以致泉流散漫，不入於河。」〔註71〕泉政的敗壞致使山東諸泉於濟漕上未能發揮

〔註63〕《泉河史》，卷5，〈職官表・寧陽分司〉，頁1上、〈職官表〉，頁1下。
〔註64〕《北河紀》，卷2，湯節，〈疏鑿泉林寺泉源記〉，頁10下。
〔註65〕〔明〕楊士奇等，《明宣宗實錄》（京都：中文出版社，1984年5月，據中央研究院歷史語言研究所民國51年刊本縮印），卷59，頁13上，宣德四年冬十月丙辰條。
〔註66〕《泉河史》，卷5，〈職官表・寧陽分司〉，頁1上。
〔註67〕〔明〕陳文等，《明英宗實錄》（京都：中文出版社，1984年5月，據中央研究院歷史語言研究所民國51年刊本縮印），卷81，頁9下～10上，正統六年秋七月甲寅條。
〔註68〕《北河紀》，卷2，湯節，〈疏鑿泉林寺泉源記〉，頁11上～11下。
〔註69〕《泉河史》，卷2，〈職制志〉，頁2下。
〔註70〕《東泉志》，卷2，無卷名，頁3上～9下，以及卷3，無卷名，頁1下～22上。
〔註71〕《明世宗實錄》，卷18，頁3下，嘉靖元年九月乙卯條。

最大效用。又嘉靖十一年（1532）以後，黃河的向南諸道淤塞，造成黃河主流向北擺動，漫流曹縣、單縣、城武、沛縣、金鄉、魚臺等地。〔註 72〕然而「魚臺之在兗（兗州府）西猶釜底然。黃河身漸高，單、沛堤日益以高，而魚臺水不出」，〔註 73〕故當中以魚臺受災最甚，竟淪爲魚鱉之鄉，更使得會通河的南段運道的安全堪憂；同時，也造成「魚臺、滕縣而下泉源渠道爲黃水淤漫」，〔註 74〕而由此往北的運道仍資諸泉通漕。〔註 75〕

　　嘉靖十四年（1535）七月，天和以治河有功由右副都御史升爲工部右侍郎，又兼左僉都御史，仍管理河道事務。〔註 76〕天和在修濬山東諸泉前，先於同年八月修治衛河，〔註 77〕衛河發源於河南輝縣的蘇門山，往東北流經河南淇門縣（河南淇縣）納淇水，又經山東館陶縣（河北館陶縣）納漳水，至臨清與會通河匯合後，再東北流歷德州、滄州（河北滄州市），至青縣（河北青縣）合滹沱河，北達天津入海，而臨清至天津這段河道爲漕河的其中一段，又稱爲「衛漕」。由於衛水匯納諸河，水濁勢盛，使得漕運無淺澀之虞；〔註 78〕然其地勢自「臨清而下，去海猶遠，而岸亦高，衝決猶少，德州而下，河身既狹，去海漸近，兩岸復卑，滄州以下尤卑，易盈易決矣。」〔註 79〕所以，天和有鑑於此，分別於德州、東光（山東東光縣）、滄州、興濟（山東青縣）修築減水閘四門：

> 茲役，人吏用命，木石鳩集凡七十日而落之，廢者舉，堙者濬，塞者疏，溢者平，決者固矣。是役也，（牐）惟東光創爲之，其三牐率撤舊爲新，財力取辦於河，凡役夫牐六千人，金則德（州）、東光七百兩有奇，滄（州）、興濟則十之二云，……，衛河廣十有八丈，今牐門各丈有六尺，積四門可視河三分之一，而牐下至地七尺奇，上至岸八尺奇，水溢寸則洩尺，而勢常平，故潦可無決，旱可無涸，國家運道，不永賴耶！且穿渠入海，所謂不與水爭咫尺地，而瀕海

〔註 72〕《明世宗實錄》，卷 158，頁 10 下～11 上，嘉靖十三年正月甲子條。

〔註 73〕〔明〕王士性，《廣志繹》（北京：中華書局，1981 年 12 月 1 版 2 刷），卷 3，〈江北四省〉，頁 56。

〔註 74〕《問水集》，卷 2，〈諸泉〉，頁 35。

〔註 75〕《問水集》，卷 2，童承叙，〈重建衛河減水四牐碑記〉，頁 44。

〔註 76〕《明世宗實錄》，卷 177，頁 4 下，嘉靖十四年七月己卯條。

〔註 77〕《問水集》，卷 2，〈諸泉〉，頁 35。

〔註 78〕《明史》，卷 87，〈河渠五・衛河〉，頁 2128。

〔註 79〕《問水集》，卷 2，〈衛河〉，頁 24。

縣民又得引渠溉田，不獨便漕也。〔註80〕

藉此既可解決地卑水潦之苦，又可控制漕運與灌溉用水。另一方面，天和又觀察出德州以北的運道時有河決之患，除了有地形卑狹的自然因素外，更有沿岸居民盜掘隄防的人為因素：

> 滄（州）、德（州）、天津之間，河決無歲無之，亦有水不甚盛，河不甚盈而決者，非盡由隄岸卑薄也。一則鹽徒盜決，以圖行舟私販；一則鹻薄地土，盜決以圖淤肥；一則對河軍民盜決以免衝決彼岸。巡守當嚴防而防察當預也。〔註81〕

由此可知，以水利設施來防止河決之患仍然不夠，還需配以人為的維護，才能使水利設施能發揮最大的效用。

有鑑於「嘉靖間，山東諸泉半竭，黃流耗減，漕途淤澀」。〔註82〕於是天和修治衛漕後，接續於同年十二月組織二萬人夫，進行修濬泉源的工程，疏濬魚臺縣至濟寧州、臨清縣一帶的漕河，共五百里長，以及鄒縣嶧山（鄒縣西南五十里）、曲阜縣尼山（縣東南五十里）諸山泉源七十二脈。〔註83〕又據《通漕類編》所載濟寧為七十二泉脈的匯聚處，〔註84〕匯聚於此的泉源為濟河派與泗河派的泉源，而鄒縣、曲阜縣等州縣境內的泉源大部分屬於此二派。所以，天和所疏濬的泉源應為濟河派與泗河派的泉源，以正德五年（1526）的濟河、泗河兩派的泉源數七十三脈，最為接近天和所濬的泉源數。其疏濬的泉名為：黃良泉、廟前泉、蜈蚣泉、青尼泉、溫泉、連珠泉、車輞泉、逵泉、柳青泉、雙泉、茶泉、新泉、濯纓泉、曲水詠歸泉、潺聲泉、埠下泉、新安泉、変巧泉、橫溝泉、豹突泉、珎珠泉、黑虎泉、淘米泉、洗缽泉、響水泉、紅石泉、甘露泉、甕珠泉、卞莊泉、潘波泉、黃陰泉、吳家泉、黃溝泉、岳陵泉、杜家泉、蔣家泉、曹家泉、趙家泉、東岩石縫泉、龜陰泉、鮑村泉、城南珎珠泉、石河泉、璧溝泉、大玉溝泉、小玉溝泉、蘆城泉、西岩石縫泉、三角泉、蛇眼泉、

〔註80〕《問水集》，卷2，童承叙，〈重建衛河減水四牐碑記〉，頁44～45。

〔註81〕《問水集》，卷2，〈衛河〉，頁24。

〔註82〕〔明〕錢薇，《海石先生文集》（《四庫全書存目叢書》，集部97，臺南：莊嚴文化事業有限公司，1997年6月初版1刷，據明萬曆四十一年至四十二年錢氏刻清增修本印），卷11，〈漕渠議〉，頁5上。

〔註83〕《明世宗實錄》，卷182，頁5下，嘉靖十四年十二月辛亥條，以及《明史》，卷200，〈劉天和〉，頁5292。

〔註84〕《通漕類編》，卷6，〈河渠·湖〉，頁1下。

古泉、三里溝泉、井泉、張家泉、柳泉、古城泉、金馬庄泉、鱔眼泉、孟母泉、陳家溝泉、白馬泉、岡山泉、白莊泉、三角湾泉、柳青泉、淵源泉、東北新泉、闕黨泉、負瑕泉、西北新泉、蘆溝泉、托基泉、馬陵泉。〔註85〕

　　疏濬泉源時，天和「將泉水稍淺之工，用新造水車，并多置柳斗數萬具，晝夜輪班車戽取水，併力急挑深廣，却將泉深之工倒水挑濬」，〔註86〕使泉水悉入漕河濟運。天和爲了降低泉水流經河渠至水櫃的耗損率，除了挑濬河中的泥沙以減少泉水的滲透量外，又由於歷年所挑濬的泥沙堆積或平鋪於河川兩岸，若隨風吹則颺歸河內，遂於兩岸築隄攔阻之，並設置減水閘、滾水壩及涵洞以洩水攔沙，更嚴禁河川沿岸的居民放淤營田和盜掘隄土。〔註87〕另一方面，天和在濬泉前，遍查泉源相關的志書，發現這些志書未能詳載泉源的源頭、穴數等形勢，以致官員疏濬多報虛文而未有可考者，或堙沒者未能爲人尋得。〔註88〕於是，天和認爲在志書中應詳記泉源的資料：

> 廼各紀其方向、遠近、保社、村莊、所出、穴數、大小形狀、備測泉口成渠之深廣尺寸、入運之里至遠近、沿途之渠道隄防，罔不詳備。司泉者得有所稽，有未盡復者嗣而求之，備載於志，可免堙沒矣。〔註89〕

以此方便日後的管理和維修之用。倘增開新泉時，卻遇有圖志未載者，據天和的觀察經驗言：

> 齊魯之地多泉，近於東平州詢訪即得新泉五，第民間病於開渠占地之勞費，匿不肯言爾，凡久旱地潤之處，其下必泉，司泉者能懸以厚賞而遍求之，雖尺寸之水，有益運道矣。〔註90〕

從中反映出泉源所在附近的居民懼怕開濬的勞役負擔，更恐懼開濬後的泉源維護工作。總言之，「國家輓東南數百萬粟，遡流達于京都。南旺其襟喉，而泉源其血脈也」，〔註91〕唯有積極地開濬泉源及妥善的管理維護，才能使資濟漕運的豐沛泉水量獲得保證。

〔註85〕《東泉志》，卷2，無卷名，頁2上～20上，以及卷3，無卷名，頁1下～22上。

〔註86〕《問水集》，卷5，〈治河功成舉劾疏〉，頁88。

〔註87〕《問水集》，卷1，〈汶河〉，頁25。

〔註88〕《問水集》，卷1，〈汶河〉，頁25。

〔註89〕《問水集》，卷2，〈諸泉〉，頁34。

〔註90〕《問水集》，卷2，〈諸泉〉，頁35。

〔註91〕《北河紀》，卷2，張克文，〈新泉序〉，頁16上。

第三節　修治祖陵與壽春王墳

一、太祖家世與營建陵墓

在明代的治河活動中，自嘉靖朝以後，更多一層護陵的牽制。然明代與治河有關的皇室陵墓一共有三處：一處是壽春王諸王妃墳，爲明太祖朱元璋伯父及其子嗣的墳塋所在地，位處鳳陽府；另一處是皇陵，爲朱元璋父母親的陵墓，位處鳳陽府；還有一處是祖陵，爲朱元璋祖父母的陵墓，位處泗州。這三處皇室陵墓中，對當時治河方略的制定影響最大者就是祖陵，其次則爲壽春王墳；另一方面，由於「皇陵地形高，去河遠」，〔註92〕從未有水患之苦，故皇陵較少牽制治河活動的進行。

明太祖先世寒家，且爲謀生而屢次遷徙，而關於明太祖的祖籍與家世，據其親撰的《朱氏世德碑記》所載：

> 本宗朱氏，出自金陵之句容，地名朱家巷，在通德鄉，上世以來服勤農桑。五世祖仲八公娶陳氏，生男三人，長六二公，次十二公，其季百六公，是爲高祖考，娶胡氏，生二子，長四五公，次即曾祖考四九公，娶侯氏，生子曰初一公、初二公、初十公凡四人。初一公配王氏爲祖考妣，有子二人，長五一公，次即先考，諱世珍。元初籍淘金戶，金非土產，市於他處，先祖考初一公困於役，遂棄田廬，攜二子遷泗州盱眙縣。……。先祖考營家，置田治產；及卒，家日消，由是五一公遷濠州鍾離縣，其後因至鍾離居。但朱氏世次自仲八公以上不可復考，今自仲八公爲高曾而下，皆起家江左，歷世墓在朱巷，惟先祖葬泗州，先考葬鍾離，此我朱氏之源流也。〔註93〕

明太祖於洪武元年（1368）即位後，依循禮制追尊上四代先考妣爲帝后，皇高祖朱百六爲「玄皇帝」，廟號「德祖」；皇曾祖朱四九爲「恒皇帝」，廟號「懿祖」；皇祖朱初一爲「裕皇帝」，廟號「熙祖」；皇考朱世珍（朱五四）爲「淳皇帝」，廟號「仁祖」；〔註94〕同時，供奉德祖、懿祖、熙祖以及仁祖之神位

〔註92〕《明世宗實錄》，卷158，頁11上，嘉靖十三年正月甲子條。

〔註93〕〔清〕莫之翰等纂修，《（康熙）泗州志》（《中國地方誌叢書》，第645號，臺北：成文出版社有限公司，民國74年3月臺1版，據清康熙二十七年刊本影印），卷18，〈藝文志・明太祖禦製朱氏世德碑記〉，頁282～284。

〔註94〕〔明〕李景隆等，《明太祖實錄》（京都：中文出版社，1984年5月，據中央研究院歷史語言研究所民國51年刊本縮印），卷29，頁2上～2下，洪武元

享太廟，〔註95〕並按照帝王規制，爲他們重修或補建陵墓。由於朱氏先祖多次遷徙，又埋葬的時間久遠，以及太祖那時年幼，太祖僅知歷代先祖葬於句容朱家巷，唯高祖葬於泗州，但具體墓址則一無所知，而當時「有言在朱家巷者，命築土爲萬歲山，有司修砌路，太祖躬臨拜祭，土遂崩，至今爲深澗，太祖怒，重罰言者。」〔註96〕在祖先墳塋無從查證的情況下，太祖只能「遣官於泗州城西相（潮）河壩，歲時望祭。」〔註97〕

洪武四年（1371），太祖對先祖的孝心還意猶未了，於是敕命興建祖陵廟，「倣唐、宋同堂異室之制，前殿寢殿俱十五楹，東西旁各二，爲夾室，如晉王肅所議。中三楹通爲一室，奉德祖神位，以備祫祭。東一楹奉懿祖，西一楹奉熙祖。」〔註98〕迨洪武十七年（1384）十月，太祖的同宗龍驤衛總旗朱貴以年老退役歸鄉，「即畫圖貼說，識認宗派，指出居處葬處，備陳靈異始末」，〔註99〕從而確定泗州城北舊陵嘴爲皇祖父母墓址所在，而舊陵嘴（又名舊龍嘴）的古名爲楊家墩，傳說爲一塊風水寶地，「相傳宋季元初，民間妄言帝星明於泗州，外郡有覬非分者，自遠營塋于山後水外之東北，凡數處，今其塚固纍纍也，土人謂之搶墩」，〔註100〕又「山脈迤邐而來，形勝尊嚴，綿亙起伏，所謂勢如萬馬自天而下者。」〔註101〕另據明人的傳說：

> 一日（熙祖）臥屋後楊家墩下，墩有窩，遇二道士過，指臥處曰：「若葬此必出天子。」其徒曰：「何也？」曰：「若以枯枝試之，必生葉。」亟呼熙祖起，祖故熟睡，道士乃插枯枝去。十日後，熙祖侵晨往驗，果生葉，因拔去生枝，別易枯枝。前道士復來，心異之。見熙祖在旁，因指之曰：「必此人易去。」遂語祖曰：「若有福，歿葬此，當

年元月乙亥條。

〔註95〕　《明史》，卷51，〈禮五‧祫給〉，頁1320載：「洪武元年祫饗太廟。德祖皇考妣居中，南向。懿祖皇考妣東第一位，西向。熙祖皇考妣西第一位，東向。仁祖皇考妣東第二位，西向。」

〔註96〕　〔明〕曾惟誠撰，《帝鄉紀略》（《中國地方誌叢書》，第700號，臺北：成文出版社有限公司，民國74年3月臺1版，據明萬曆二十七年刊本影印），卷1，〈帝跡志‧祖陵‧興建〉，頁59。

〔註97〕　《湧幢小品》，卷6，〈祖陵〉，頁1上。

〔註98〕　《明史》，卷58，〈禮十二‧山陵〉，頁1446。

〔註99〕　〔清〕孫承澤纂，《天府廣記》（臺北：大立出版社，民國69年11月），卷40，〈陵園‧蔣德璟鳳泗記〉，頁563。

〔註100〕　《帝鄉紀略》，卷1，〈帝跡志‧祖陵‧形勝〉，頁70。

〔註101〕　《帝鄉紀略》，卷1，〈帝跡志‧祖陵‧形勝〉，頁69。

出天子。」語訖忽不見。〔註102〕

又熙祖歿後遂葬於此地後，「半歲，陳太后孕太祖，時人皆言此墩有天子氣，仁祖遷居，乃生太祖于盱眙之靈蹟鄉。」〔註103〕這些記載顯然有穿鑿附會之嫌，但明皇室認為先人所葬方位與後嗣的繁衍休戚相關，甚至脩關國脈的發展，風水聖地之說深深影響日後祖陵的營建與維護。洪武十七年（1384）修建祖陵時，〔註104〕太祖原本「欲以王者之禮改塋，因年遠恐泄王氣」，〔註105〕基於風水良者則不輕言動遷的狀況之下，遂於洪武十九年（1386）祖陵完工，太祖命禮部織造德祖玄皇帝后、懿祖恒皇帝后以及熙祖裕皇帝后的袞冕冠服，並命皇太子朱標主持葬三代帝后的衣冠的祭典，而葬後復以人堆培封土（即萬歲山），〔註106〕意即封土之下的葬穴並非皇祖父母的合葬原址，原址仍埋於封土東南方的舊陵嘴。

　　雖然泗州祖陵實際是一座三代祖先合葬的招魂衣冠塚，惟明廷對此亦頗多經營，而修建工程的統籌則交由南京工部負責。〔註107〕因此，祖陵建成後歷經多次的增建或重修，洪武二十年（1387），太祖命工部興建祖陵的核心建築——祭殿（正殿）；〔註108〕永樂元年（1403），工部奉成祖之命，將祖陵建築物上原有的黑瓦比照皇陵之制，易成黃瓦，復於永樂十一年（1413），成祖命修祖陵的神廚、宰牲亭、靈星門以及周圍的城垣；〔註109〕嘉靖十年（1531），世宗將封土的名稱由「萬歲山」改易為「基運山」，〔註110〕旋於嘉靖十二年（1533），工部依照祖陵奉祀官朱光道所奏請的修建，將祖陵內全部的建築物改易成黃瓦，又於祖陵的神道兩旁增設石刻像如皇陵

〔註102〕《天府廣記》，卷40，〈陵園·蔣德璟鳳泗記〉，頁563。

〔註103〕《帝鄉紀略》，卷1，〈帝跡志·陵墓·王文祿龍興寺記〉，頁74。

〔註104〕《帝鄉紀略》，卷1，〈帝跡志·祖陵·臨幸〉，頁116。

〔註105〕《帝鄉紀略》，卷10，〈綸奏志·王守陛詳穎道李公弘道辯〉，頁1314。

〔註106〕《帝鄉紀略》，卷1，〈帝跡志·祖陵·陵墓〉，頁75及卷10，〈綸奏志·令旨〉，頁1144；〔明〕郎英，《七修類蕖》（《四庫全書存目叢書》，子部102，臺南：莊嚴文化事業有限公司，1997年6月初版1刷），卷12，〈塋祭衣冠〉，頁8上～8下。

〔註107〕《大明會典》，卷208，〈南京工部·營繕清吏司〉，頁3上。

〔註108〕《明太祖實錄》，卷184，頁3上，洪武二十年八月癸亥條。

〔註109〕《明太宗實錄》，卷24，頁8上，永樂元年十月戊辰條，以及卷142，頁2上，永樂十一年八月甲子條。

〔註110〕《帝鄉紀略》，卷1，〈帝跡志·祖陵·形勝〉，頁69，以及卷2，〈欽史志·營建〉，頁170。

儀制，〔註111〕神道上的石像有「殿前豎石闕四，石獸十六件，石馬六，內臣控馬二，朝臣十四」；〔註112〕至此，泗州祖陵的規模大備。

　　嘉靖十二年（1533）的祖陵工程應該是一次較大規模的改建和添建；另一方面，永樂元年將祖陵的黑瓦易成黃瓦，可能僅限陵內的主要建築，而嘉靖年間的工程則是澈底地更換瓦色。〔註113〕祖陵坐北朝南，自外而內有城牆三道，外羅城為土築，周長九里三十步，中間是磚城，周長四里十步，最裡面的是皇城，磚城內外栽植松柏約七萬餘株，〔註114〕而祖陵內部的建築有：

> 皇城正殿五間，東、西兩廡六間，金門三間，左、右角門二座，
> 後紅門一座，燎爐一座；磚城一座，內四門四座，各三間紅門，
> 東、西角門兩座，門外有先年東宮具服殿六間，東、西、北三門，
> 直房十八間，星門三座，東、西角門二座，內禦橋一座，金水河
> 一道，石儀從侍衛俱全，天池一口，井亭一座，神廚三間，神庫
> 三間，酒房三間，宰牲亭一所，齋房三間；外羅城內磨房一所，
> 角鋪四座，窩鋪四座，周圍內外栢林，……，磚橋一座，城外下
> 馬牌一座，……，城內東祠祭署一所，堂、廳、門、廊、齋房悉
> 備，頗為完美。〔註115〕

祖陵雖為衣冠塚，但規制仍與帝王陵寢同等，規模宏偉，整個陵體呈正方形，在南北向的中軸線上建有陵殿、門闕，其以享（正）殿作為中心建築，殿後即封土——基運山，享殿內設置三座祭壇，德祖玄皇帝后的神位居中面南、懿祖恆皇帝后居東面西、熙祖裕皇帝后居西面東，按時祭饗；〔註116〕另外，明廷設置專門官員與人員管理陵寢，「設祠祭署，置奉祀一員，陵戶二百九十

〔註111〕《國朝典彙》，卷7，〈朝端大政・陵寢〉，頁16下。
〔註112〕《天府廣記》，卷40，〈陵園・蔣德璟鳳泗記〉，頁562；另外，再據劉聿才，〈明祖陵述略〉，《考古與文物》，1984年第2期，頁75的考古調查所載的石刻數量：「麒麟二對、獅子六對、石柱二對、馬官二對、石馬一對、拉馬侍一對、文臣三對、武將二對、太監二對。」
〔註113〕劉毅，《明代帝王陵墓制度研究》（北京：人民出版社，2006年6月1版1刷），頁69。
〔註114〕《帝鄉紀略》，卷1，〈帝跡志・祖陵・興建〉，頁8下。（成文出版社出版的《帝鄉紀略》漏印此頁，今據中央研究院傅斯年圖書館館藏的國立故宮博物院拍攝《帝鄉紀略》的微卷補回）。
〔註115〕《帝鄉紀略》，卷1，〈帝跡志・祖陵・興建〉，頁62～63。
〔註116〕《帝鄉紀略》，卷1，〈帝跡志・祖陵・祀典〉，頁76～77。

三」，〔註 117〕陵戶負責「供辦、祭祀、直宿、灑掃、鋤耨、樹株」〔註 118〕等陵務。

　　鳳陽府的壽春王諸王墳爲十王四妃之衣冠塚，壽春王爲熙祖之長子、仁祖之兄，〔註 119〕壽春王的家系據太祖親撰的〈朱氏世德碑記〉載：

> 先祖考初一公困於役，遂棄田廬，攜二子遷泗州盱眙縣，先伯考五
> 一公十有二歲，先考纔八歲，先祖考營家，置田治產；及卒，家日
> 消，由是五一公遷濠州鍾離縣，其後因至鍾離居。先伯考性淳良，
> 務本積德，與人無疾言忤意，鄉裏稱善人，先百娶劉氏，生子四人，
> 重一公、重二公、重三公生盱眙，重五公升鍾離。……。戊辰年，
> 先伯考有孫六人，興兵以來相繼而沒。〔註 120〕

明太祖於洪武元年（1368）即位後，追封皇伯朱五一爲壽春王，其四子爲霍丘王、下蔡王、安豐王、蒙城王，以及五孫爲寶應王（霍丘王子）、六安王、來安王、都梁王、英山王（後四者爲安豐王子），〔註 121〕據太祖親撰〈皇伯考壽春王啓攢文〉言：

> 惟伯考同我父皇之父母一氣由來，推源及派，敢不遵崇。曩者天下
> 大亂，人無紀律，兵禍流行，非獨人世不安，在黃壤之下者亦不能
> 靜居，所以伯考之神魂、子孫之靈魂，皆陰宅於此，因兵爲人所發，
> 朕本無知，惟旁親言其的，方知伯考於是焉。伯考已覺嗣矣，朕本
> 猶子，故展微衷，特擇地以改葬之。〔註 122〕

於是，十王與「壽春王妃劉氏、霍丘王妃翟氏、安豐王妃趙氏、蒙城王妃田

〔註 117〕《明史》，卷 58，〈禮十二・山陵〉，頁 1445。

〔註 118〕《帝鄉紀略》，卷 1，〈帝跡志・祖陵・祠官〉，頁 86。

〔註 119〕〔清〕耿繼志等修、湯原振等纂，《（康熙）鳳陽府誌》（《中國方志叢書》，第 697 號，臺北：成文出版社有限公司，民國 74 年 3 月臺 1 版，據清康熙二十四年刊本影印），卷 22，〈陵墓〉，頁 1376，以及〔明〕林堯俞等纂修、俞汝楫等編撰，《禮部志稿》（《文淵閣四庫全書》，史部 355，臺北：臺灣商務印書館，民國 75 年 3 月初版），卷 65，〈頒令備考留・玉牒事宜圖說〉，頁 11 上。

〔註 120〕《（康熙）泗州志》，卷 18，〈藝文・明太祖禦製朱氏世德碑記〉，頁 283。

〔註 121〕《禮部志稿》，卷 28，〈祠祭司執掌・國初追封諸王墳〉，頁 40 下～41 上，以及〔明〕鄭曉，《今言》（北京：中華書局，1984 年 5 月 1 版 2 刷），卷 1，〈六〉，頁 5。

〔註 122〕〔明〕袁文新、柯仲炯等修，《鳳書》（《中國方志叢書》，第 696 號，臺北：成文出版社有限公司，民國 74 年 3 月臺 1 版，據明天啓元年刊本影印），卷 3，〈創建表第二・墳墓〉，頁 480～481。

氏，後以各散葬者俱償於此一處，建塋域以便祀焉。」〔註 123〕洪武十七年
（1384），太祖准駙馬都尉中都留守司正留守黃琛奏請修治壽春王墳，並建享
堂以及立石人、石獸〔註 124〕壽春王墳的規制據《中都志・陵墓》載：

> 磚墻周二百二丈四尺，正殿五間，東、西廡各五間，靈星門三座，
>
> 紅門三座，神廚三間，庫房三間，燎爐一座，宰牲廚三間，後紅門
>
> 三座，官廳六間，東直房三間，廚房四間，巡鋪二所。〔註 125〕

壽春王墳塋委由鄰近的「皇陵祠祭署帶掌其祀，清理古鍾離舊民三百戶，分
編十社守直、灑掃、供辦祭品，免其雜犯糧差，仍撥長淮衛食糧軍人十名守
把門禁。」〔註 126〕另外，墳塋的修繕工程則亦由南京工部負責統籌。〔註 127〕

二、陵墓地勢與修護陵墓

（一）祖陵地勢

泗州傍居洪澤湖畔，地勢低窪，「地雖平曠，而岡壟盤結」；〔註 128〕平原
上雖羅布著許多山嶺，「泗之為山者，止此非有高岡峻嶺，稍為秀拔，如堪輿
家所謂平地突起者，遂可名為山耳」，〔註 129〕故其山岡不足為禦水之恃，又泗
州南臨淮河，「淮水發源於河南之桐栢山，挾汝決窮潁肥濠等處七十二溪之水
至泗州下流，龜山橫截河中，……，故至泗則湧，譬之咽喉之間，湯飲驟下，
吞吐不及，一時扼塞，其勢然也」，〔註 130〕淮河挾諸水自東流來，至泗州入洪
澤湖，故泗州為眾水所歸之地，〔註 131〕而每逢夏秋二季，淮河、洪澤湖諸水
泛漲，使得泗州常遭溢水浸灌，如宋代嘉祐二年（1057）七月，「淮水自夏秋
暴漲，環浸泗州城」；〔註 132〕又如元代泗州知州韓居仁所撰〈淮水泛漲記〉載：

〔註 123〕《鳳書》，卷 3，〈創建表第二・墳墓〉，頁 478。

〔註 124〕《明太祖實錄》，卷 159，頁 7 下，洪武十七年春正月乙未條。

〔註 125〕〔明〕柳瑛纂修，《（成化）中都志》（《天一閣藏明代方志選刊續編》之 33，
　　　　　上海：上海書店，1990 年 12 月 1 版 1 刷），卷 4，〈陵寢〉，頁 35 上～35 下。

〔註 126〕《鳳書》，卷 3，〈創建表第二・墳墓〉，頁 478。

〔註 127〕《大明會典》，卷 208，〈南京工部・營繕清吏司〉，頁 3 上～3 下。

〔註 128〕〔清〕方瑞蘭等修、江殿颺等纂，《（光緒）泗虹合志》（《中國方志叢書》，第
　　　　　647 號，臺北：成文出版社有限公司，民國 74 年 3 月臺 1 版，據清光緒十四
　　　　　年刊本影印），卷 1，〈輿地志〉，頁 90。

〔註 129〕《帝鄉紀略》，卷 1，〈帝跡志・祖陵・山川〉，頁 214。

〔註 130〕《河防一覽》，卷 2，〈河議辯惑〉，頁 68。

〔註 131〕《中都志》，卷 7，〈文章・歐陽修泗州先春亭記〉，頁 966。

〔註 132〕《宋史》，卷 61，〈五行一上・水上〉，頁 1327。

「大德丁未（十一年，1307）夏五月淮水泛漲，漂沒鄉村廬舍，南門水深七
尺，止有二尺二寸未抵圈甎頂，城中居民驚懼。」〔註133〕可知泗州在黃河尚
未南流奪淮時，就已經苦於水患；惟這些水患僅爲曇花一現，來得快，去得
也快，仍不足憂虞，泗州城仍能維持，直至明中期，朝廷採用「北堵南疏，
抑河南行」以確保漕運的方針，使得黃河北流入海的路線阻絕，卻利用淮河
及其支流作爲黃河宣洩洪水的通道，故黃河屢次決口，黃水循渦、睢、穎等
支河自淮河中游而下奪淮入海，隨著黃河所挾帶的大量泥沙「日墊橫截清口，
淮水不得時洩，則退瀦於盱泗之間」，〔註134〕黃淮並漲的形勢造成泗州的水患
次數趨於頻繁，以及災情漸形嚴重。

圖4-5：明祖陵形勢圖

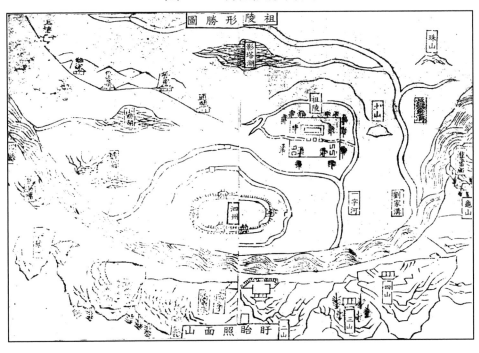

資料來源：〔明〕曾惟誠撰，《帝鄉紀略》（《中國地方誌叢書》，第700號，
　　　　　臺北：成文出版社有限公司，民國74年3月臺1版，據明萬曆
　　　　　二十七年刊本影印），卷首，〈祖陵形勝圖〉，頁2～3。

〔註133〕《河防一覽》，卷2，〈河議辯惑〉，頁66。
〔註134〕《帝鄉紀略》，卷10，〈綸奏志・總河楊公一魁奏録郡人常公三省言水功疏
　　　　　議〉，頁1235。

　　祖陵位於泗州城東北十三里處，坐北朝南，又前臨淮河背負黃河，〔註135〕地形屬於土岡，封土「基運山之周圍旋繞皆山」，〔註136〕其西北的土岡源自徐州諸山，經靈璧縣、虹縣曲縣起伏數百里而來，北方、南方以及東方皆有岡阜橫亙倚憑，〔註137〕即「前迎盱眙諸山，後拱沱溝諸岡，蜿蜒磅礡，岡阜萃葎。」〔註138〕另外，南方岡阜的北麓有溪水，溪上建有一橋以通往來，名為「下馬橋」，凡謁陵的官員俱在此下馬，而南麓則有陡湖、沙湖，沙湖之南有淮河自西流來，環繞東去會黃河入海，淮河灣環如玉帶；〔註139〕祖陵東面有「汴河」，〔註140〕遠從東北而來的塔影湖、蘆湖、韓家湖等湖水和北方土岡前後面的大、小沱溝均入汴河；祖陵西面引本岡溪水入陵內的金水河，也東流注入汴河，〔註141〕祖陵的整體形勢如〈祖陵形勝賦〉所頌：

> 蠙城直北，汴河西岡，管鮑讓金之地，招賢貴勢之鄉，山名萬歲山（即基運山），河名金水河，周圍旋繞九曲羅堂水，勢真金龍之象，陵畔有鳳凰之岡，……，龜山不等閑，灣如牛角，樣勢非凡，……青龍回轉下汴河，隨勢流來左右手，沱溝水在祖陵後流轉，東南真罕有土山，亦有勢環拱祖陵朝盛地，……，影塔湖是右記一溪，流水自東來□入湖口，又還回，看來真是回龍勢，千里長淮自汴來，旋旋繞繞排淮泗，連小湖，接小岡，綿綿不絕勢非常。山色明，水色秀，山川總是天生就，重山疊水繞盤旋，地靈人傑風醇厚，萬古千年國運昌，便是神仙□輻輳。〔註142〕

祖陵面臨眾湖環繞，背倚岡巒縣亙，最外有自西流下的黃河遠經陵北，以及淮河近行陵南，黃、淮二河交會於陵東的洪澤湖，這些使得祖陵為明皇室視

〔註135〕《帝鄉紀略》，卷1，〈帝跡志・祖陵・興建〉，頁59，又《問水集》，卷6，〈預處黃河水患疏〉，頁106，以及《河防一覽》，卷1，〈祖陵圖說〉，頁30。

〔註136〕《帝鄉紀略》，卷1，〈帝跡志・祖陵・形勝〉，頁70。

〔註137〕《問水集》，卷6，〈預處黃河水患疏〉，頁106。

〔註138〕《帝鄉紀略》，卷1，〈帝跡志・祖陵・形勝〉，頁70。

〔註139〕《問水集》，卷6，〈預處黃河水患疏〉，頁106，以及《天府廣記》，卷40，〈陵園・蔣德璟鳳泗記〉，頁562。

〔註140〕此處的「汴河」即《中都志》，卷2，〈山川〉，頁139所載：「汴河，即隋時所開，自大樑通淮邗溝，至揚州之河也。今上流堙塞，夏月水漲，舟楫可通虹縣，冬月水涸不通，汴口南對盱眙山。」

〔註141〕《問水集》，卷6，〈預處黃河水患疏〉，頁106；又《帝鄉紀略》，卷1，〈帝跡志・祖陵・形勝〉，頁71，以及《（成化）中都志》，卷2，〈山川〉，頁141。

〔註142〕《帝鄉紀略》，卷10，〈藝文志・祖陵形勝賦〉，頁1326。

作吉壤寶地，甚而被朝臣吹捧爲「百祥肇始之區」〔註143〕及「國家鍾靈毓秀之區，億萬年根本之地。」〔註144〕

　　祖陵的風水雖好，但其地勢絕非上佳之地，如明人張瀚的《松窗夢語・東遊紀》所述：「渡河至泗州，登州北門，遙望祖陵，隱隱如彈丸之地，四面皆水。」〔註145〕此景象的形成是由於祖陵周圍瀦蓄的「諸湖共計五十有奇，湖之大而長者或五七十裏，或三二十裏；小亦不下數裏。」〔註146〕祖陵四圍的諸湖眾河四時不涸，每逢夏秋二季，水勢盛漲，眾流匯聚入直河（泗州城東北二十里）後，復自東南下注於淮河；若值冬春兩季，水勢微小，諸水則匯蓄於祖陵東、南兩側的沙、陡諸湖，〔註147〕又祖陵位於地皆平原曠野的泗州上，〔註148〕「自淮河見流水面至岸，地比水高七尺，又自岸至陵南湖水，平面比水亦高七尺，自湖水平面至下馬橋邊，地高八尺四寸，橋邊地至陵門地高六尺，陵門地至陵地高一尺七寸。」〔註149〕祖陵較泗州城址高二丈三尺一寸，其勢僅爲平原中突起的丘阜；所以，祖陵也和泗州城同樣難免淮河水漲之威脅，遇夏秋淮河泛漲時，溢水西從黃岡口（泗州城西四十里），以及東由直河口（泗州城東）而來，水勢瀰漫浸溢，更與祖陵前面的沙、陡諸湖河通連會合，有時洪水會淹及祖陵前方的岸址，甚或浸沒到祖陵的外羅城內的下馬橋邊。〔註150〕

〔註143〕《河防一覽》，卷2，〈河議辯惑〉，頁69。
〔註144〕《帝鄉紀略》，卷10，〈綸奏志・總河楊公一魁奏錄郡人常公三省言水功疏議〉，頁1234。
〔註145〕《松窗夢語》，卷2，〈東遊紀〉，頁37。
〔註146〕《帝鄉紀略》，卷1，〈帝跡志・祖陵・形勝〉，頁71。
〔註147〕《問水集》，卷6，〈預處黃河水患疏〉，頁106。
〔註148〕《帝鄉紀略》，卷1，〈帝跡志・祖陵・兵衛〉，頁110。
〔註149〕《問水集》，卷6，〈預處黃河水患疏〉，頁107。
〔註150〕《河防一覽》，卷2，〈河議辯惑〉，頁69。

圖4-6：明壽春諸王妃墳形勢圖

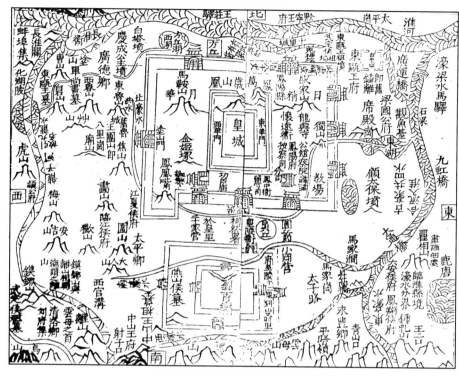

資料來源：〔明〕袁文新、柯仲炯等修，《鳳書》（《中國方志叢書》，第696
　　　　號，臺北：成文出版社有限公司，民國74年3月臺1版，據明
　　　　天啓元年刊本影印），卷首，〈中都內境山川城池陵寢墳墓第宅
　　　　形勝總圖〉，頁40～41。

（二）王墳地勢

　　鳳陽府背水面山，北距淮河，東臨濠水，又其西、南兩側多山脈，唯馬
鞍、萬歲、鳳凰、盛家四山相連位列府城中，〔註151〕其地形呈東北低西南高，
雖然如此，但是地勢「無高山峻嶺之限，而岡巒蔚起綿亙不絕」，〔註152〕若逢
淮水氾漲則無險可憑。皇陵位於鳳陽西南十五里的太平鄉，所在地勢較高，
故無水澇之苦；然與皇陵相互對稱的壽春諸王墳塋，則位於鳳陽府城西北二
十五里之白塔灣，又白塔灣位處淮河南岸的粉團洲上，〔註153〕其形勢「前對

〔註151〕《中都志》，卷2，〈山川〉，頁101～107。
〔註152〕《（康熙）鳳陽府誌》，卷5，〈山川〉，頁229。
〔註153〕〔明〕陳循等撰，《寰宇通志》（臺北：廣文書局，民國87年10月初版），卷
　　　　9，〈鳳陽府・山陵〉，頁7下，以及《中都志》，卷4，〈陵寢〉，頁400。

都城（即鳳陽），後枕淮水，地勢平衍，四圍松栢榆柳繁茂」，[註154] 王墳的所在地既屬河洲地形，加上距離淮河甚近，因而使得壽春諸王妃墳塋深受淮水泛漲威脅，自天順四年（1460），淮河連年氾溢，墳塚、殿廡、門垣俱被淹沒，迨溢水退後則泥沙淤塞，殿宇及牆垣亦隨之隳圮，成化二十三年（1487），南京兵部左侍郎白昂偕南京守備太監鄭強修繕皇陵之後，接著於翌年（即弘治元年，1488）也督視壽春諸王妃墳的修復工程，重建其殿廡，並加築牆垣的高度，使之煥然一新。[註155] 弘治年間，淮河侵沒墳塋北岸，迨漲水消退後，泥沙淤澱於墳塋北面，造成王墳距離河岸只有二百餘丈；正德八年（1513），淮河盛漲，洪水淹漫粉團洲，更浸灌墳內，正殿水深達五尺五寸，日後隨著黃河決溢泛淮的次數增多，王墳所處狀況亦漸趨嚴峻，至嘉靖初期，王墳距離河岸僅有一百餘丈。[註156]

（三）修護陵墓

黃河於明代奪淮所經的路線有泗河、賈魯河、濉河、渦河、潁河等五支分流，[註157] 其中與祖陵、王墳關係甚大者為渦河，渦河自河南流下，東流至南直隸的懷遠縣荊山注入淮河，[註158] 若逢黃河盛漲，黃水亦循渦河奔流至淮河河道。嘉靖五年（1526），黃河河勢紊亂，朝臣們紛紛建議疏濬賈魯河、渦河以分洩洪流，如巡按直隸監察禦史戴金議：

[註154] 《鳳書》，卷3，〈制建表第二・墳墓〉，頁478；另外，文中所書的「都城」既非北京，亦非南京，而是鳳陽，首據〔明〕黃瑜，《雙槐歲鈔》（北京：中華書局，1999年12月1版1刷），卷2，〈國初三都〉，頁20載：「洪武元年八月，詔以大梁（開封）為北京，金陵為南京。南京既立宗社，建宮式，定朝市，北京有司，次第舉行。三年改臨濠府為中立府，定為中都。築新城在臨濠府舊城西二十裏，於西城內營皇城，………，與南北二京為三都，其後北京罷不建。」復據〔明〕聞人詮、陳沂纂修，《（嘉靖）南畿志》，（《四庫全書存目叢書》，史部190，臺南：莊嚴文化事業有限公司，1997年6月初版1刷），卷8，〈鳳陽府・城社〉，頁22上載：「洪武七年，改中立府曰鳳陽府，自舊城（臨濠）徙治之。」到了洪武八年（1375），明太祖停罷中都的營建，據《明太祖實錄》，卷99，頁4上，洪武八年四月丁己條載：「詔罷中都議。初上欲如周、漢之制營建兩京，至是以勞費罷之。」

[註155] 《鳳書》，卷3，〈制建表第二・墳墓〉，頁478～479，以及《（成化）中都志》，卷4，〈陵寢〉，頁402。

[註156] 《問水集》，卷6，〈預處黃河水患疏〉，頁108～110。

[註157] 吳海濤，《淮北的盛衰：成因的歷史考察》（北京：社會科學文獻出版社，2005年8月1版1刷），頁165。

[註158] 《（嘉靖）南畿志》，卷8，〈鳳陽府・區域〉，頁13上、14下。

> 黃河入淮之道有三：一自中牟至荊山合長淮之水，曰渦河；一自開
> 封府經葛岡、小壩、丁家道口、馬牧集、鴛鴦口至徐州出小浮橋，
> 曰汴河；一自小壩經歸德城南飲馬池，至文家集，經夏邑至宿遷，
> 曰白河。弘治間，黃河變遷，渦河、白河二道上源年久湮塞，而徐
> 州獨受其害，若自小壩至宿遷小河一帶，並貫魯河、鴛鴦口、文家
> 集壅塞之處，逐一挑濬，使之流通，則趨淮之水，不止一道，而徐
> 州水患可以少殺矣。〔註159〕

提督漕運兵官楊宏亦請濬歸德府丁家道口、亳州渦河及宿遷小河；〔註160〕但是
工部卻以「濬賈魯故道，開渦上源，功大難成，未可輕舉，但議築堤障水，俾
入正河」〔註161〕為由罷群臣議。由此可知，渦河上源因屢遭黃河侵奪，淤塞難
開，若欲再濬通渦河則須另覓他道。嘉靖六年（1527），總理河道章拯提及滎澤
縣孫家渡、蘭陽縣趙皮寨均可南流入渦河，復東流入淮河，然考慮到淮水經壽
春諸王妃墓前，甚有危險，並未實行；〔註162〕而這也是明代治理黃河，在分洩
黃水流入淮河的方法上，首次提出壽春諸王妃墳塋的問題。

嘉靖十一年（1532），總理河道戴時宗提議開濬滎澤縣至壽州、懷遠縣至
泗州、蘭陽縣至桃源縣及曹縣至徐州四道分洩水勢，唯懷遠至泗州這道途經
祖陵而未實行，〔註163〕首次顧及祖陵的問題。翌年（1534），總理河道朱裳上
奏：「孫家渡、渦河二支俱出懷遠會淮，流至鳳陽縣，經皇陵與壽春王陵，至
泗州經祖陵。皇陵地形高，去河遠無可慮者；而祖陵東、西、南三面距河，
壽春王陵尤為迫近，屢有潗侵。」〔註164〕於是，朱裳進行明皇室的陵墓的禦
水工程，先於祖陵東、西、南三側構築土隄以預防水患，又於壽春諸王妃墳
的北岸岸址堆砌石塊，以防泛水浸嚙，並在墳塋的北岸培築土隄十五餘里，
以止泛水灌入。〔註165〕

嘉靖十三年（1534）十月，黃河在蘭陽趙皮寨決口，「南向亳（州）、泗（州）、
歸（德）、宿（州）之流驟盛，東向梁靖之流漸微，梁靖岔河口東出，穀亭之流

〔註159〕《明世宗實錄》，卷71，嘉靖五年十二月丙子條，頁13下。
〔註160〕《明世宗實錄》，卷71，嘉靖五年十二月丙子條，頁14上。
〔註161〕《明史》，卷83，〈河渠一・黃河上〉，頁2028。
〔註162〕《明世宗實錄》，卷77，頁1下，嘉靖六年六月丙午條。
〔註163〕《明世宗實錄》，卷141，頁2上～2下，嘉靖十一年八月辛己條。
〔註164〕《明世宗實錄》，卷158，頁10下～11上，嘉靖十三年正月甲子條。
〔註165〕《問水集》，卷4，〈改設官河官員疏〉，頁106、109。

逐絕，自濟寧南至徐沛數百里間，運河悉淤，閘面有沒入泥底者，運道阻絕。」
〔註166〕黃河奪睢、渦等分道入淮河，不久，黃河的南流支道又淤塞，忽然自夏
邑的大丘、回村等集衝決數口，且轉向東北，流經蕭縣，出徐州小浮橋下濟徐、
呂二洪，趙皮寨決口遂堵塞，而漕河再度恢復通運。〔註167〕由於「上流趙皮寨
分奪大河十分之七八，而下流新隄淺狹，勢不能容。」〔註168〕黃淮同漲造成了
淮河流域地區水患加劇，亦使得泗州的祖陵，以及鳳陽的壽春諸王妃墳受到威
脅。

此時，任職總理河道的天和「抵河南孫家渡，復由開封順流而下，直抵直
隸鳳（陽）、泗（州），恭謁祖陵、皇陵、壽春王墳，下至淮海之間。」〔註169〕
對這一帶的河道情況進行了詳細的考察後，天和發現淮南地區時常發生水潦災
害的原因，除了有黃河長期奪淮外，還有淮南平原的地勢本屬低窪。據天和的
觀察：

> 淮自荊山而下，即受黃河從渦河一支之水，至清河則全受河水矣，
> 議者云：「黃河泛濫中土，蓋河口近年漲沙，下壅上溢致然。」已
> 議濬海口矣。初亦甚奇之，及觀於淮海而始知其妄。蓋淮陰之地
> 甚卑，而徐、呂之洪甚高，信然則淮陰之地當陸沉，而徐、呂為
> 安流矣。審察之，乃河淮入海之處北口實有漲沙，而南口更衝廣
> 爾。〔註170〕

認為黃河奪淮後，促成淮南地區水患的主因並非是出海口的淤沙，而是淮南
地區地勢低卑所致，使得黃水淳潴難洩。另外，天和又觀察到：

> 黃淮二全河之水，俱於淮安清河口會合，河廣約數裏，東注而下，
> 河身以漸寬廣，下及安東縣，則已倍加深廣矣。又下及海口，則廣
> 二十餘裏矣。初不見其停阻壅淤也，若使海口果為流沙積隘，則洪
> 河巨流必將停緩盈溢，淮安重鎮，必將立見其沉沒矣。今洪流奔注，
> 初無少緩，淮人平土而居，亦初未見其有所害也。〔註171〕

黃水所挾帶來的大量泥沙淤澱於黃、淮入海河道，河沙多淤積在入海口的北

〔註166〕《名臣經濟錄》，卷50，楊旦，〈劉天和治河始末〉，頁32上。
〔註167〕《治水荃蹄》，卷下，第一條，頁5上。
〔註168〕《問水集》，卷4，〈改設官河官員疏〉，頁78。
〔註169〕《問水集》，卷6，〈預處黃河水患疏〉，頁104。
〔註170〕《問水集》，卷2，〈淮海〉，頁30。
〔註171〕《問水集》，卷6，〈預處黃河水患疏〉，頁119。

岸，南岸則因河水的衝齧而更爲寬廣，故未造成入海尾閭的不暢。因此，天和反對前任總河朱裳以龍爪舡於出海口挑沙的辦法，〔註172〕認爲：「海口套沙，有通有塞，不礙河流，且風濤洶湧，舟罷無維，人難用力，爬盪龍爪船亦不須創置，……，今若捐累萬之財力以濬之，祇恐其旋復淤塞爾！」〔註173〕

嘉靖十四年（1535），天和有識於先前黃淮並漲時，祖陵與壽春諸王妃墳因臨河較近，而有洪水浸漫之虞，先於祖陵的東、西、南三面培築土隄以阻障泛溢。接著又派人前往受災較嚴重的壽春諸王妃墳進行勘查，經測量得知淮河水平面較墳塋低二丈六尺有餘，以及墳塋距淮河岸僅有三百四十餘步。〔註174〕情勢嚴峻，遂進行墳塋的防護工程：

> 墳之北一百四十丈外，其東西各一百五十丈外，週圍環築土堤一座，約廣五里，計該九百丈，腳寬五丈，結頂二丈，高一丈，自北面及東西各轉角處堤腳，共約三百丈，俱用石砌根腳，須深掘入土，砌高一丈五尺，潤三尺，俾外河水面相平，庶可以防將來衝齧，其上面四圍土堤，兩面至頂，俱密栽低矮柳楸，用以禦漲漫之水，俾不得壞堤；又於北面及東西二角堤外，臨河二十七丈內，俱栽深柳數十層，每相離四尺，即栽一根，每層各破行魚鱗而栽，用木楸栽之，俟其長茂，根株下達旁通，可以保結沙土，保護石基。〔註175〕

天和有鑑於「渦河一支，因趙皮寨下流，自睢州野雞岡地方淤塞正身五十餘裏，以致漫入平地，注入渦河」，〔註176〕使祖陵、壽春王妃墳有水浸之虞，故認爲不宜再開濬滎澤孫家渡口，「趙皮寨河日漸衝潤，水皆南注，分入渦河、挑河；若再開孫家渡河，併入渦河，不惟二洪水小，舟楫難行，抑恐黃水經遶陵寢」，〔註177〕減少渦河的水量，藉此降低祖陵、王墳患水的機會。

〔註172〕據《明世宗實錄》，卷 158，頁 11 下，嘉靖十三年正月甲子條載朱裳於黃、淮入海口挑沙：「往時淮水獨流入海，而海口又有套流，安東上下又有澗河、馬邏等港，以分水入海口；黃河匯入于淮，水勢以非其舊，而澗河、馬邏港及海口諸套俱已湮塞，不能速洩，下壅上溢，梗塞運道，宜將溝港次第開濬海口套沙，多置龍瓜舡往來爬盪以廣入海之路，此所謂殺其不流。」

〔註173〕《問水集》，卷 6，〈預處黃河水患疏〉，頁 119。

〔註174〕《明經世文編》，卷 157，劉天和，〈治河疏〉，頁 17 上～18 上。

〔註175〕《問水集》，卷 6，〈預處黃河水患疏〉，頁 109。

〔註176〕《問水集》，卷 6，〈預處黃河水患疏〉，頁 114。

〔註177〕《問水集》，卷 6，〈預處黃河水患疏〉，頁 112。

第五章　結　論

　　劉天和一生以仁愛與清廉修身,可能受到家風和師學的薰陶。青年求學時期,天和不以字帖名刺請託於人,全恃己力而苦讀登科,平生更無功不受祿,不取非分之財而保身避禍。於正德朝始入仕途,適逢明武宗寵信宦官,太監劉瑾勢力炎熾,有些官員、士子莫不汲汲於逢迎,天和不僅不趨炎附勢,對於劉瑾的利誘更堅拒推謝。由於劉瑾的得勢,使得鎮守各地的宦官狐假虎威,作威作福,無辜生民深受荼毒,而擔任陝西監察御史的天和不為鎮守中官所用,也因此遭害,獄中禁錮甚久方才釋出,隨後貶官金壇縣、湖州府,然天和不以此而鬱鬱,反而更積極地建設地方,體恤人民,惠政良多,當中以減輕湖州府百姓重賦為著,雖然不能達到真正治標的功效,但也使百姓沉重的賦稅負擔得以紓緩不少,更對日後江南的賦稅改革作些許的貢獻。

　　北疆「套虜」問題,從天順開始經歷弘治、正德兩朝以迄嘉靖朝,對明代北邊的侵擾愈演愈烈,任職陝西三邊總制的天和以改造戰車、革制強弩、修築邊墻來攻防蒙古的騎兵,治軍期間所得大小戰功三十九捷,其中以嘉靖十九年(1540)的「黑水苑大捷」為最,而受封為太子太保,仕途達到頂峰。嘉靖二十年(1541),天和赴京督理團營,拒受明世宗寵信的方士陶仲文的敘親,因而得罪之,後遭吏科給事中周怡論劾,兼及陶仲文的暗中讒間於明世宗,遂乞休歸鄉。天和無論在朝在野皆心繫廟堂,甚至病篤依然惦念社稷安危;另外,天和的仕途經歷正德、嘉靖兩朝,從中亦反映出一些時代的特色,可看出明武宗荒於嬉戲,寵信宦官,而明世宗則迷於醮祀,寵信方士,故天和的仕宦歷程是這兩朝歷史發展的縮影。

　　茲將本文主論「治黃理漕」綜述如次:

一、「北隄南疏」的治河政策

黃河進入河南以後，下游的河道時常遷徙不定；而在明代，黃河下游的入海河道主要有三道：

（一）北道，自封丘縣東南而下，經蘭陽縣、儀封縣，至考城縣則轉東北流，經曹州、鄆城縣後，衝入漕河的張秋（安平）段運道，匯大清河入海。

（二）東道，從開封府東流經蘭陽縣、儀封縣，至考城縣東南流，經虞城縣、碭山縣、豐縣、沛縣、徐州、邳州、宿遷縣，流至清河縣會淮河入海。

（三）南道，此道呈多股分流，黃河自滎澤縣、中牟縣、祥符縣決口後，循渦河、潁河、睢河諸道南下，諸流從淮河中游下奪匯合入海。

而這三道中以東道和南道對維持漕河的暢通最為有利，東道可輸水濟運，南道則可分洩多餘的黃水，所以明代的治河者大都設法讓黃河的主流走東道，而分流則行南道。到了弘治年間，白昂提出「北隄南分」（北堵南疏）的芻議，以及劉大夏將此主張進一步發展之後，明代的治河方策從明初的單純分流轉為採行「北隄南分」的方法，隨後的治河者亦多採行此策，成為明代中期的主要治河政策。

自朝廷對治河採用「北隄南疏」的方策，以致黃河北岸的陽武縣、封丘縣、胙城縣、滑縣、長垣縣、東明縣、曹州、曹縣、虞城縣、蘭陽縣、儀封縣一帶的隄防逐漸形成體系化，於是斷絕北衝漕河的張秋（安平）運道，日後黃河雖有向北擺動跡象，然最北僅至於魚臺縣穀亭鎮，而南岸則採數支分流入淮以宣洩水勢，亦造成黃河的決溢地點日漸下移，弘治時期的河南境內的開封、滎澤、中牟祥符等州縣多為黃泛區，到了正德時期與嘉靖初期，黃河決溢向下移動，造成蘭陽縣、考城縣以下至曹、單、碭山、豐、沛、徐州、魚臺等州縣常罹水患，即河南、山東及南直隸三省交會區成為黃泛區。另一方面，由於魚臺縣地勢低窪，黃河多從此截運入昭陽湖，漕運因而受阻，這也是黃河對會通河的威脅從北轉移至南，即弘治時期的張秋運道下移至正德時期、嘉靖初期的穀亭運道；於是再補築曹縣、沛縣、單縣一帶的東隄障水，以此襄輔河南、山東境內的北隄。黃河情勢日趨複雜，而治河工作亦隨之艱困，以致正德時期和嘉靖初期的治河官當中，有的人治河未竟卻上疏乞休、乞罷求退，如：李堂、龔弘、章拯、盛應期、潘希曾、戴時宗、朱裳，或有

人治河幾近束手無策，禱求河伯神祇，如劉愷、趙璜，這些治河者雖取得一時性的成效，但不久之後，黃河很快又再決溢，下游的州縣和漕河的危機一波稍停，一波又起。迨嘉靖十三年（1534），天和奉命爲總理河道官主持治河工作，使得黃河情勢才有趨緩之勢。

二、「治黃修隄」的分析綜述

天和的治河思想源於明初以來的「治河保漕」，及弘治朝以降的「北隄南分」，這種思想深刻影響其治河理論與實務。天和的任內成績有修築原武、曹縣、沛縣、單縣等一帶的北隄與東隄，並於蘭陽縣、考城縣附近開濬多支分流南下匯淮。其治河特色：

（一）詳細觀察，天和自奉命治河後，隨即親赴山東、河南、南直隸三省進行勘查工作，勘查之餘，其又不恥下問，諏詢當地居民的意見，於是，透過觀察與諮詢，天和歸納分析黃河遷徙無常的六項原因，也發現河隄屢修屢塌的原因，除了源於黃河衝齧的自然因素外，還有瀕河修隄與隄防斷續培築的人爲因素，又親睹百姓植柳固隄的景象後，綜合前人與自己經驗，提出了「植柳六法」的護隄理論。

（二）不昧舊法，天和治河時，不剛愎自用，其雖博考古論，廣採群議，但不墨守舊規古法，認爲治河的方法應該隨應時地的不同而有所調整，如時人所倡議治河應採賈讓的上策與中策，天和對此頗爲疑慮，並提出反駁，其認爲上策遷徙百姓避洪，及提供寬廣的空間予黃河作爲擺動畛域則工大難行，又中策於河南境內的黃河兩岸開水門以利洩水溉田則土鬆難施，唯下策的培築隄防符合明代的實際情狀而可行；另外，疏濬河道時，認爲宋代的「鐵龍爪」與當時的「混江龍」二種挑濬河沙的機械皆不可用，天和便另創平底方船。

（三）人性管理，在河工管理上，天和對於施工進度、工程量額、夫役人數等都做了嚴格的測算和妥善的分配，使人力能盡其所能，財物能盡其所用，以此確保工程如期的完成；另外，其體察下情，關心河夫疾苦，嚴禁有司官員苛虐河夫，甚至爲了河夫的健康問題，天和親調藥錠療護之，其對河夫動之以情，曉之以理，這增強河夫的工作意願與提升工作效率，使河工進度如期完成外，更能達到品質的保證。

（四）經營隄防，若說晚明的治河官潘季馴治河著眼於治沙，而天和治河則著眼於治隄，其雖承襲自弘治朝以來的北岸築隄方法，但是卻不盲目修

築隄防,對於隄防自培築迄維護無不講究,如隄土的質料、隄體的結構及隄工的勘驗等。

天和除了以人為的繕修來維護河隄外,還利用植物的性能來固護隄土,從而創立「植柳六法」,以栽植位置的遠近形成河隄的雙重保衛。縱觀之,明中期自白昂至天和的治河經歷是「北隄南分」方法的創論——發展——成熟的過程;另一方面,從這時期的治理黃河方法有人工改道、分流減水、留蓄洪區等,可看出其不僅含有限洪和防洪的思想,亦略具調洪的思想。〔註1〕

三、「保漕護陵」的河工策略

自明成祖永樂十九年(1421)遷都北京後,南北貫通的漕河就承擔起運輸數百石漕糧的重責大任。然而在漕河的濟寧州至徐州間的運道,北以地勢陡峻有水量不足的問題,南則以地勢低窪有黃河衝溢的虞慮,致使朝廷和地方的治河官吏必須經營兩項河工:

(一)北段尋覓水源濟漕,為了確保漕河水源的充足與漕運的暢通無阻,朝廷和地方將山東西南的漕河沿線地區的泉源和河川幾乎全部劃與漕河的補給水源,又由於泉河水量多春水微,夏秋水盛,以致濟運水量極不穩定。所以,朝廷再將沿岸地區的湖泊作為泉河的專用水櫃,這些水櫃具有調蓄水量的功能。

(二)南段構築河隄護漕,為了防止黃河北衝漕河的張秋運道,弘治時期的治河者乃於河南、山東境內修築系統的北隄。正德時期、嘉靖初期,黃河下移衝決穀亭河道,僅賴北隄的限黃北徙仍然不足,於是朝廷與地方的治河者復構築山東、南直隸境內的東隄障黃東溢。另外,更為了避免黃河屢次衝潰漕河,遂有人主張開創新道避黃,如胡世寧、李承勛、盛應期主張於昭陽湖東側開築新道。

這北覓水源和南築河隄兩項河工在明廷奉行「保漕」的方針,並且漠視百姓利益之下,復派生兩個問題:

(一)山東西南的農業發展受阻,朝廷為了確保濟漕水量的穩定,嚴禁百姓從濟漕的泉源、湖泊、河流中取水使用,以致山東西南的漕河沿岸地區的農

〔註1〕 姚漢源按歷史發展過程,將防洪治河的歷程分為五階段:(1)避洪;(2)限洪;(3)防洪;(4)調洪;(5)用洪。詳參其著《黃河水利史研究》(鄭州:黃河水利出版社,2003年10月1版1刷),頁23~24。

業用水不足，農業發展從而受阻，即如「國家漕河之利有大於子粒之利」〔註2〕所言。由於湖地、河道、隄土土質肥沃，灌溉便利，便吸引豪強及百姓前來決隄、圍湖、盜泉為占種漁殖，倘適地方管河官員失經，則此風氣則更為熾盛，其雖取得一時之利，卻導致湖泊面積縮小、泉源河道淺塞，從而喪失調節、補給水量的功能，造成運道不暢。

（二）淮河兩岸地區頻罹患水害，治河者以北隄與東隄逼黃河南行，維持沛縣、徐州一線濟漕，並將多餘的黃水往南疏導，循睢、渦、潁諸河奪淮入海，此一排澇洩洪的結果造成了正德以後淮河的情勢轉危，致使沿岸州縣屢受水患，而泗州的祖陵、鳳陽的王墳亦受威脅。由於治河保漕的圍限下，治河者僅於此地區內疏濬入淮諸道排澇，及修築保護皇室陵墓的隄防而已，故治淮的成效不大；然而至此，「保漕」之外，治河工作又多了一層「護陵」顧慮。

四、「通漕繕陵」的治績評議

嘉靖初期，漕河與皇室陵墓的情況日趨惡化，以致天和整治黃河後，接續處理嚴峻的漕河和皇室陵墓的問題，其治績有：

（一）修復湖隄，天和經實地勘查後，發現南旺、馬踏、蜀山三湖為民圍湖造田，又南旺、馬場二湖湖隄隳圮，使得運道淺塞；於是，天和主張在湖隄未修好前，先開濬成化年間的舊河道——永通河，避免濟寧至魯橋鎮這段淺澀的河道，以此暫供漕船航行，然未被朝廷所允。不久後，天和奉命至陝西督理軍務，故其僅修南旺、馬場二湖湖隄和減水閘，並將植柳法施用於湖隄上，至於南旺、馬踏、蜀山三湖的盜田則尚未清理，實為憾事。

（二）疏濬泉源，嘉靖初期，山東境內濟漕的泉源約有一百八十八脈上下，泉源本身隨季節時氣的變化而出水量極不穩定，加上管泉官員失職，未妥善維護，使得濟漕水量驟減，運道通暢堪憂，天和便疏濬濟河派和泗河派的泉源，共七十二泉；疏濬同時，設置隄壩和閘門攔沙，避免泥沙於河底淤厚，使得泉水的滲透耗損率減少。另外，天和主張於水利志書上應載詳細資料，以備日後的治理和維護之參考。

（三）修治衛河，天和在整治水櫃和泉源之餘，又創築東光縣的水閘一門，及修復德州、滄州、興濟縣的水閘四門，以此控制漕運和農業用水，解

〔註2〕 《漕運通志》，卷8，〈漕例略‧乞留積水湖櫃疏〉，頁134上。

決了衛河自德州以下的河道地卑水潦之苦。

（四）整修陵墓，位於淮河流域的祖陵、王墳自明廷奉行「北隄南分」的治河策後，受淮河泛溢的威脅漸大，其中以王墳最甚，然明廷所注重者為祖陵，經營頗多，使得祖陵在明中期的治河活動中牽制最多。對此，天和除了修築祖陵和王墳的環隄阻障河水的泛溢外，還透過詳細的觀察，主張黃河循分流奪淮河後，黃水遂淳潴淮南地區，不時造成水患，這是淮南平原地勢低窪所致，而非議論所言的黃淮入海口淤沙的壅阻。

最後，經過對劉天和治理黃、漕二河的研究和討論後，發現明中期的歷任治河官，亦包含天和在內，當他們在面對如此嚴峻的河勢時，無論思索對策，或實際行動都處於治水和用水的叉路上，而最後均採行了「北隄南疏」方策，以致山東西南部、河南東北部、南直隸北部的州縣成為黃泛區，飽受水患之苦，但卻保住了漕運的暢通，以及降低黃河北岸的州縣被淹浸的次數，其間可說有得有失，利弊兼具。「北隄南疏」雖然不是最佳的治河方法，卻是這些治河官在朝廷所設的「保漕」框架下作出的最佳決定，或許今人若處於那個時候，亦會如此為之，如《格言聯璧》所云：「在古人之後，議古人之失則易；處古人之位，為古人之事則難。」〔註3〕另一方面，這時期的治河官的治河經歷，以及黃淮地區的人文與自然的互動關係，均可提供當今的人們作為借鏡，即深思人類如何與生態環境共生共榮，又如何在利用和維護之間取得一個平衡點，這些均是值得思索與反省的課題。

〔註3〕 〔清〕金纓，《格言聯璧》（臺北：三民書局股份有限公司，2007年4月2版1刷），頁21。

參考書目

壹、史　料

一、一　般

1. 〔周〕管仲，黎翔鳳校注，《管子校注》，24 卷，北京：中華書局，2006 年 4 月 1 版 2 刷。

2. 〔漢〕班固，《漢書》，100 卷，北京：中華書局，2002 年 11 月 1 版 2 刷。

3. 〔北魏〕賈思勰，繆啓愉校釋，《齊民要術校釋》，10 卷，臺北：明文書局，民國 75 年 1 月初版。

4. 〔北魏〕酈道元注、陳橋驛校釋，《水經注校釋》，40 卷，杭州：杭州大學出版社，1999 年 4 月 1 版 1 刷。

5. 〔唐〕杜寶撰、辛德勇輯校，《大業雜記輯校》，不分卷，西安：三秦出版社，2006 年 1 月 1 版 1 刷。

6. 〔唐〕魏徵、令狐德棻等，《隋書》，85 卷，北京：中華書局，1973 年 8 月 1 版 1 刷。

7. 〔宋〕宋綬、宋敏求編，《宋大詔令集》，240 卷，臺北：鼎文書局，民國 61 年 9 月初版。

8. 〔宋〕李燾，《續資治通鑑長編》，520 卷，《文淵閣四庫全書》，史部 72 ～80，臺北：臺灣商務印書館，民國 75 年 3 月初版。

9. 〔元〕脫脫等，《宋史》，496 卷，北京：中華書局，1985 年 6 月 1 版 3 刷。

10. 〔元〕脫脫等，《金史》，135 卷，北京：中華書局，1975 年 7 月 1 版 4 刷。

11. 〔明〕不著撰人，《明神宗實錄》，596 卷，京都：中文出版社，1984 年 5 月，據中央研究院歷史語言研究所民國 51 年刊本縮印。

12. 〔明〕王士性，《廣志繹》，6 卷，北京：中華書局，1981 年 12 月 1 版 2

刷。

13. 〔明〕王在晉,《通漕類編》,9 卷,臺北:臺灣學生書局,民國 59 年 12 月,據明天啓崇禎年間刊本。

14. 〔明〕王寵,《東泉志》,4 卷,《天津圖書館秘籍叢書》,第 7 冊,北京:中華全國圖書館文獻縮微複製中心,1999 年,據明正德五年陳澍刻本印。

15. 〔明〕王瓊,《漕河圖志》,8 卷,北京:水利電力出版社,1990 年 2 月 1 版 1 刷。

16. 〔明〕丘濬,《大學衍義補》,160 卷,《文淵閣四庫全書》,子部 18～19,臺北:臺灣商務印書館,民國 75 年 3 月初版。

17. 〔明〕朱國禎,《湧幢小品》,32 卷,《筆記小說大觀・正編》,臺北:新興書局,民國 62 年月 4 月。

18. 〔明〕何喬遠,《名山藏》,109 卷,《四庫禁燬叢刊》,史部 46～48,北京:北京出版社,2000 年 1 月 1 版 1 刷。

19. 〔明〕何良俊,《四友齋叢說》,30 卷,北京:中華書局,1997 年 11 月 1 版 3 刷。

20. 〔明〕何孟春,《何文簡疏議》,10 卷,《文淵閣四庫全書》,史部 202,臺北:臺灣商務印書館,民國 75 年 3 月初版。

21. 〔明〕兵部編,《九邊圖說》,不分卷,《玄覽堂叢書》,初輯 5,臺北:國立中央圖書館,民國 70 年 8 月臺初版,據明隆慶三年刊本重印。

22. 〔明〕吳亮輯,《萬曆疏鈔》,50 卷,《四庫禁燬叢刊》,史部 58～60,北京:北京出版社,2000 年 1 月 1 版 1 刷。

23. 〔明〕李景隆等,《明太祖實錄》,257 卷,京都:中文出版社,1984 年 5 月,據中央研究院歷史語言研究所民國 51 年刊本縮印。

24. 〔明〕李東陽等撰,《明孝宗實錄》,224 卷,京都:中文出版社,1984 年 5 月,據中央研究院歷史語言研究所民國 51 年刊本縮印。

25. 〔明〕李東陽等撰、申明行等重修,《(萬曆) 大明會典》,228 卷,臺北:新文豐出版公司,民國 65 年 7 月初版。

26. 〔明〕宋濂等撰,《元史》,210 卷,北京:中華書局,1976 年 4 月 1 版 4 刷。

27. 〔明〕沈德符,《萬曆野獲編》,30 卷,補遺 4 卷,北京:中華書局,2004 年 4 月 1 版 4 刷。

28. 〔明〕周怡,《訥谿奏疏》,1 卷,《文淵閣四庫全書》,史部 187,臺北:臺灣商務印書館,民國 75 年 3 月初版。

29. 〔明〕林堯俞等纂修、俞汝楫等編撰,《禮部志稿》,100 卷,《文淵閣四庫全書》,史部 355～356,臺北:臺灣商務印書館,民國 75 年 3 月初版。

30. 〔明〕胡世寧,《胡端敏奏議》,10 卷,《文淵閣四庫全書》,史部 186,臺北:臺灣商務印書館,民國 75 年 3 月初版。

31. 〔明〕胡瓚,《泉河史》,15 卷,《四庫全書存目叢書》,史部 222,臺南:莊嚴文化事業有限公司,1997 年 6 月初版 1 刷。

32. 〔明〕郎英,《七修類薰》,21 卷,《四庫全書存目叢書》,子部 102,臺南:莊嚴文化事業有限公司,1997 年 6 月初版 1 刷。

33. 〔明〕唐鶴徵,《皇明輔世編》,6 卷,《四庫全書存目叢書》,史部 98,臺南:莊嚴文化事業有限公司,1997 年 6 月初版 1 刷,據明崇禎十五年陳睿謨刻本印。

34. 〔明〕徐學聚,《國朝典彙》,200 卷,北京:書目文獻出版社,1996 年 7 月 1 版 1 刷。

35. 〔明〕徐光啓、石聲漢校注,《農政全書校注》,60 卷,臺北:明文書局股份有限公司,民國 70 年 9 月初版。

36. 〔明〕馬文升,《端肅奏議》,12 卷,《文淵閣四庫全書》,史部 185,臺北:臺灣商務印書館,民國 75 年 3 月初版。

37. 〔明〕張內蘊、周大韶,《三吳水考》,16 卷,《文淵閣四庫全書》,史部 335,臺北:臺灣商務印書館,民國 75 年 3 月初版。

38. 〔明〕張國維,《吳中水利全書》,28 卷,《文淵閣四庫全書》,史部 336,臺北:臺灣商務印書館,民國 75 年 3 月初版。

39. 〔明〕張雨,《邊政考》,12 卷,《中國西北文獻叢書》,第 3 輯,78 冊,蘭州:蘭州古籍書店,1990 年 10 月 1 版,據嘉靖刻本影印。

40. 〔明〕張萱,《西園聞見錄》,107 卷,臺北:華文書局股份有限公司,民國 57 年 10 月初版。

41. 〔明〕張居正等,《明世宗實錄》,566 卷,京都:中文出版社,1984 年 5 月,據中央研究院歷史語言研究所民國 51 年刊本縮印。

42. 〔明〕張居正等撰,《明穆宗實錄》,70 卷,京都:中文出版社,1984 年 5 月,據中央研究院歷史語言研究所民國 51 年刊本縮印。

43. 〔明〕張瀚,《松窗夢語》,8 卷,北京:中華書局,1997 年 11 月第 1 版第 2 刷。

44. 〔明〕陳文等,《明英宗實錄》,361 卷,京都:中文出版社,1984 年 5 月,據中央研究院歷史語言研究所民國 51 年刊本縮印。

45. 〔明〕陳洪謨,《繼世紀聞》,6 卷,北京:中華書局,1997 年 11 月 1 版 2 刷。

46. 〔明〕陳仁錫,《皇明世法錄》,92 卷《四庫禁燬書叢刊》,史部 15,北京:北京出版社,2000 年 1 月 1 版 1 刷。

47. 〔明〕章潢,《圖書編》,127 卷,《文淵閣四庫全書》,子部 274～278,臺

北：臺灣商務印書館，民國 75 年 3 月初版。

48. 〔明〕焦竑編，《國朝獻徵錄》，120 卷，臺北：臺灣學生書局，民國 73 年 12 月再版。

49. 〔明〕費宏等，《明武宗實錄》，197 卷，京都：中文出版社，1984 年 5 月，據中央研究院歷史語言研究所民國 51 年刊本縮印。

50. 〔明〕黃訓編，《名臣經濟錄》，53 卷，《文淵閣四庫全書》，史部 201～202，臺北：臺灣商務印書館，民國 75 年 3 月初版。

51. 〔明〕黃瑜，《雙槐歲鈔》，10 卷，北京：中華書局，1999 年 12 月 1 版 1 刷。

52. 〔明〕楊一清，《吏部獻納稿》，1 卷，收於《楊一清集》，北京：中華書局，2001 年 5 月版 1 刷。

53. 〔明〕楊一清，《關中奏議》，18 卷，《楊一清集》，北京：中華書局，2001 年 5 月 1 版 1 刷。

54. 〔明〕楊士奇，《明太宗實錄》，274 卷，京都：中文出版社，1984 年 5 月，據中央研究院歷史語言研究所民國 51 年刊本縮印。

55. 〔明〕楊士奇等，《明宣宗實錄》，115 卷，京都：中文出版社，1984 年 5 月，據中央研究院歷史語言研究所民國 51 年刊本縮印。

56. 〔明〕楊宏、謝純，《漕運通志》，10 卷，《四庫全書存目叢書》，史部 275，臺南：莊嚴文化事業有限公司，1997 年 6 月初版 1 刷。

57. 〔明〕楊儀，《明良記》，不分卷，《叢書集成・初編》，第 2921 冊，北京：中華書局，1985 年北京新 1 版。

58. 〔明〕萬恭，《治水筌蹄》，2 卷，北京：水利電力出版社，1985 年 5 月 1 版 1 刷。

59. 〔明〕過庭訓，《本朝京省人物考》，115 卷，《四庫禁燬叢刊》，史部 60～63，北京：北京出版社，2000 年 1 月 1 版 1 刷，據北京大學圖書館藏明末刻本影印。

60. 〔明〕劉天和撰、〔清〕周鼎重訂，《仲志》，4 卷，《儒藏》，史部 8，成都：四川大學出版社，2005 年 5 月 1 版 1 刷，據明刻清修本影印。

61. 〔明〕劉吉等，《明憲宗實錄》，293 卷，京都：中文出版社，1984 年 5 月，據中央研究院歷史語言研究所民國 51 年刊本縮印。

62. 〔明〕潘季馴，《兩河經略》，4 卷，《文淵閣四庫全書》，史部 188，臺北：臺灣商務印書館，民國 75 年 3 月初版。

63. 〔明〕潘季馴，《河防一覽》，14 卷，《中國水利要籍叢編・第二集》，，第 15 冊，臺北：文海出版社，民國 59 年 1 月初版。

64. 〔明〕鄧球，《皇明泳化類編》，136 卷，臺北：國風出版社，民國 54 年 4 月初版，據明隆慶刊鈔補本影印。

65. 〔明〕鄭若曾,《江南經略》,8 卷,《文淵閣四庫全書》,子部 34,臺北:臺灣商務印書館,民國 75 年 3 月初版。

66. 〔明〕謝肇淛,《北河紀・北河餘紀》,8 卷,《文淵閣四庫全書》,史部 334,臺北:臺灣商務印書館,民國 75 年 3 月初版。

67. 〔明〕魏煥,《皇明九邊考》,10 卷,《中國西北文獻叢書》,第 3 輯,79 冊,蘭州:蘭州古籍書店,1990 年 10 月,據明嘉靖刻本影印。

68. 〔清〕沈佳,《明儒言行錄》,10 卷,續錄 2 卷,《文淵閣四庫全書》,史部 216,臺北:臺灣商務印書館,民國 75 年 3 月初版。

69. 〔清〕谷應泰,《明史紀事本末》,80 卷,臺北:三民書局有限公司,民國 58 年 4 月。

70. 〔清〕倪文蔚編,《(光緒) 萬城隄志》,10 卷,武漢:湖北教育出版社,2002 年 5 月 1 版 1 刷。

71. 〔清〕孫承澤纂,《天府廣記》,44 卷,臺北:大立出版社,民國 69 年 11 月。

72. 〔清〕夏燮,《明通鑑》,100 卷,臺北:世界書局,民國 51 年 11 月初版。

73. 〔清〕張廷玉等,《明史》,332 卷,北京:中華書局,2003 年 2 月 1 版 7 刷。

74. 〔清〕張伯行,《居濟一得》,8 卷,《文淵閣四庫全書》,史部 579,臺北:臺灣商務印書館,民國 75 年 3 月初版。

75. 〔清〕陳子龍編,《明經世文編》,504 卷,北京:中華書局,1987 年 3 月 1 版 2 刷。

76. 〔清〕傅維鱗,《明書》,171 卷,《四庫全書存目叢書》,史部 38,臺南:莊嚴文化事業有限公司,1997 年 6 月初版 1 刷,據清康熙三十四年本誠堂刻本影印。

77. 〔清〕傅澤洪,《行水金鑑》,175 卷,《中國水利要籍叢編・第一集》,臺北:文海出版社,民國 58 年 5 月初版。

78. 〔清〕黃宗羲編,《明文海》,482 卷,《文淵閣四庫全書》,集部 392～397,臺北:臺灣商務印書館,民國 75 年 3 月初版。

79. 〔清〕葉方恆,《山東全河備考》,4 卷,《四庫全書存目叢書》,史部 224,臺南:莊嚴文化事業有限公司,1997 年 6 月初版 1 刷,據康熙十九年刻本印。

80. 〔清〕董誥等編,《全唐文》,1000 卷,北京:中華書局,1983 年 11 月 1 版 3 刷。

81. 〔清〕靳輔,《治河奏績書》,4 卷,《文淵閣四庫全書》,史部 337,臺北:臺灣商務印書館,民國 75 年 3 月初版。

82. 〔清〕趙璽巽撰,《清史稿》,529 卷,臺北:鼎文書局,民國 70 年 9 月

初版。

83. 〔清〕劉永錫,《河工蠡測》,1 卷,北京:北京大學圖書館古籍特藏庫,清代手抄本。

84. 〔清〕談遷,《棗林雜俎》,不分卷,北京:中華書局,2006 年 4 月 1 版 1 刷。

85. 〔清〕顧炎武,《天下郡國利病書》,33 冊,《四部叢刊廣編》,第 22～24 冊,臺北:臺灣商務印書館,民國 70 年 2 月初版,據上海涵芬樓景印崑山圖書館藏稿本影印。

86. 〔清〕顧祖禹,《讀史方輿紀要》,130 卷,北京:中華書局,2005 年 3 月 1 版 1 刷。

87. 〔清〕麟慶編,《河工器具圖說》,1 卷,《中國水利要籍叢編·第一集》,臺北:文海出版社,民國 58 年 5 月初版。

二、別　集

1. 〔元〕揭傒斯《揭傒斯全集》,9 卷、輯遺 1 卷,上海:上海古籍出版社,1985 年 6 月 1 版 1 刷。

2. 〔明〕于慎行,《穀城山館文集》,42 卷,《四庫全書存目叢書》,集部 147～148,臺南:莊嚴文化事業有限公司,1997 年 6 月初版 1 刷,據北京圖書館藏明萬曆于緯刻本影印。

3. 〔明〕方豪,《棠陵文集》,8 卷,《四庫全書存目叢書》,集部 64,臺南:莊嚴文化事業有限公司,1997 年 6 月初版 1 刷,據清康熙十二年刻本印。

4. 〔明〕王九思,《渼陂集·續集》,3 卷,臺北:偉文圖書出版有限公司,民國 65 年 5 月,據明嘉靖間刊本印。

5. 〔明〕王世貞,《弇州四部稿》,174 卷,《文淵閣四庫全書》,集部 218～223,臺北:臺灣商務印書館,民國 75 年 3 月初版。

6. 〔明〕王世貞,《弇山堂別集》,100 卷,北京:中華書局,1985 年 12 月 1 版 1 刷。

7. 〔明〕王廷相,《王氏家藏集》,41 卷,《四庫全書存目叢書》,集部 52～53,臺南:莊嚴文化事業有限公司,1997 年 6 月初版 1 刷。

8. 〔明〕王樵,《方麓集》,16 卷,《文淵閣四庫全書》,集部 224,臺北:臺灣商務印書館,民國 75 年 3 月初版。

9. 〔明〕王鏊,《震澤集》,36 卷,《文淵閣四庫全書》,集部 195,臺北:臺灣商務印書館,民國 75 年 3 月初版。

10. 〔明〕吳寬,《匏翁家藏集》,77 卷,《四部叢刊·初編》,第 74 冊,臺北:臺灣商務印書館,民國 64 年 6 月臺 3 版,據上海涵芬樓藏明正德刊本印。

11. 〔明〕呂本,《期齋呂先生集》,14 卷,《四庫全書存目叢書》,集部 99,

臺南：莊嚴文化事業有限公司，1997 年 6 月初版 1 刷，據萬曆三年鄭雲鎣等刻本印。

12. 〔明〕呂柟，《涇野先生文集》，36 卷，《四庫全書存目叢書》，集部 60～61，臺南：莊嚴文化事業有限公司，1997 年 6 月初版 1 刷，明嘉靖三十四年于德昌刻本影印。

13. 〔明〕李東陽，《懷麓堂集》，100 卷，《文淵閣四庫全書》，集部 89，臺北：臺灣商務印書館，民國 75 年 3 月初版。

14. 〔明〕周用，《周恭肅公集》，16 卷，《四庫全書存目叢書》，集部 55，臺南：莊嚴文化事業有限公司，1997 年 6 月初版 1 刷。

15. 〔明〕林俊，《見素集》，28 卷，奏議 7 卷，續集 12 卷，《文淵閣四庫全書》，集部 196，臺北：臺灣商務印書館，民國 75 年 3 月初版。

16. 〔明〕唐龍，《漁石集》，4 卷，《叢書集成初編》，第 2152～2154 冊，北京：中華書局，1985 年 1 版。

17. 〔明〕徐溥，《謙齋文錄》，4 卷，《文淵閣四庫全書》，集部 187，臺北：臺灣商務印書館，民國 75 年 3 月初版。

18. 〔明〕徐光啓，《徐光啓集》，12 卷，臺北：明文書局，民國 75 年 1 月初版。

19. 〔明〕耿定向，《耿天臺先生文集》，20 卷，《四庫全書存目叢書》，集部 131，臺南：莊嚴文化事業有限公司，1997 年 6 月初版 1 刷，據明萬曆二十六年劉元卿刻本影印。

20. 〔明〕崔銑，《崔氏洹詞》，17 卷，《四庫全書存目叢書》，集部 56，臺南：莊嚴文化事業有限公司，1997 年 6 月初版 1 刷，據杭州大學圖書館藏明嘉靖三十三年周鎬等池州刻本。

21. 〔明〕康海，《對山集》，19 卷，《四庫全書存目叢書》，集部 52，臺南：莊嚴文化事業有限公司，1997 年 6 月初版 1 刷。

22. 〔明〕陶諧，《陶莊敏公文集》，8 卷，《四庫全書存目叢書》，集部 48，臺南：莊嚴文化事業有限公司，1997 年 6 月初版 1 刷，據明天啓四年崇道重刻本印。

23. 〔明〕費宏，《太保費文憲公摘稿》，20 卷，臺北：文海出版社，民國 59 年 3 月初版。

24. 〔明〕楊廉，《楊文恪公文集》，62 卷，《續修四庫全書》，第 1332～1333 冊，上海：上海古籍出版社，2003 年 3 月 1 版 1 刷，據山東圖書館藏明刻本影印。

25. 〔明〕劉天和，《問水集》，6 卷，《中國水利要籍叢刊·第二集》，臺北：文海出版社，民國 59 年 1 月初版。

26. 〔明〕潘希曾，《竹澗集》，8 卷，《文淵閣四庫全書》，史部 205，臺北：

臺灣商務印書館,民國 75 年 3 月初版。

27. 〔明〕錢薇,《海石先生文集》,28 卷,《四庫全書存目叢書》,集部 97,臺南:莊嚴文化事業有限公司,1997 年 6 月初版 1 刷,據明萬曆四十一年至四十二年錢氏刻清增修本印。

28. 〔明〕霍韜,《渭厓文集》,10 卷,《四庫全書存目叢書》,集部 68～69,臺南:莊嚴文化事業有限公司,1997 年 6 月初版 1 刷,據明萬曆四年霍與瑕刻本印。

29. 〔明〕韓邦奇,《苑洛集》,22 卷,《文淵閣四庫全書》,集部 208,臺北:臺灣商務印書館,民國 75 年 3 月初版。

30. 〔明〕羅欽順,《整菴存稿》,20 卷,《文淵閣四庫全書》,集部 200,臺北:臺灣商務印書館,民國 75 年 3 月初版。

31. 〔明〕顧璘,《顧華玉集·息園存稿文》,45 卷,《文淵閣四庫全書》,集部 202,臺北:臺灣商務印書館,民國 75 年 3 月初版。

三、方 志

1. 〔宋〕盧憲,《嘉定鎮江志》,22 卷,《宛委別藏》,第 44 冊,上海:江蘇古籍出版社,1988 年 2 月初版 1 刷。

2. 〔明〕于慎行纂修,《(萬曆)兗州府志》,52 卷,濟南:齊魯書社,1985 年,據明萬曆二十四年刻本影印。

3. 明,不著撰人,《(嘉靖)儀封縣志》,2 卷,《天一閣藏明代方志選刊續編》之 59,上海:上海書店,1990 年 12 月 1 版 1 刷,據明藍絲闌抄本本影印。

4. 〔明〕王治修,《(嘉靖)沛縣志》,10 卷,《天一閣藏明代方志選刊續編》之 9,上海:上海書店,1990 年 12 月 1 版 1 刷,據明嘉靖刻本影印。

5. 〔明〕朱泰、游季勳修,《(萬曆)兗州府志》,51 卷,《天一閣藏明代方志選刊續編》之 53～56,上海:上海書店,1990 年 12 月 1 版 1 刷,據明萬曆刊本影印。

6. 〔明〕李賢等撰,《明一統志》,90 卷,《文淵閣四庫全書》,史部 230～231,臺北:臺灣商務印書館,民國 75 年 3 月初版。

7. 〔明〕李貴,《(嘉靖)豐乘》,10 卷,《天一閣藏明代方志選刊續編》之 42,上海:上海書店,1990 年 12 月 1 版 1 刷,據明嘉靖刊本影印。

8. 〔明〕姚應龍纂修,《(萬曆)徐州志》,6 卷,《天津圖書館孤本秘籍叢書》,第 5 冊,北京:中華全國圖書館文獻縮微複製中心,1999 年,據明萬曆五年刻本影印。

9. 〔明〕柳瑛纂修,《(成化)中都志》,10 卷,《天一閣藏明代方志選刊續編》之 33,上海:上海書店,1990 年 12 月 1 版 1 刷。

10. 〔明〕胡汝礪編、管律重修，《（嘉靖）寧夏新志》，8 卷，銀川：寧夏人民出版社，1982 年 12 月 1 版 2 刷。

11. 〔明〕徐學謨纂修，《（萬曆）湖廣總志》，98 卷，《四庫全書存目叢書》，史部 194～196，臺南：莊嚴文化事業有限公司，1997 年 6 月初版 1 刷，據明萬曆刻本影印。

12. 〔明〕栗祁、唐樞，《（萬曆）湖州府誌》，14 卷，《四庫全書存目叢書》，史部 191，臺南：莊嚴文化事業有限公司，1997 年 6 月初版 1 刷，據明萬曆刻本影印。

13. 〔明〕袁文新、柯仲炯等修，《鳳書》，8 卷，《中國方志叢書》，第 696 號，臺北：成文出版社有限公司，民國 74 年 3 月臺 1 版，據明天啓元年刊本影印。

14. 〔明〕馬理等纂，《（嘉靖）陝西通志》，40 卷，西安：三秦出版社，2006 年 6 月 1 版 1 刷。

15. 〔明〕張祥修，《（萬曆）原武縣志》，2 卷，臺北：國立故宮博物院，民國 86 年，據明萬曆甲午年刊本攝製膠片。

16. 〔明〕張鐸修、浦南金纂，《（嘉靖）湖州府誌》，14 卷，中央研究院傅斯年圖書館館藏微卷，據明嘉靖二十一年刊本攝製。

17. 〔明〕陳循等撰，《寰宇通志》，119 卷，臺北：廣文書局，民國 87 年 10 月初版。

18. 〔明〕陸釴等纂修，《（嘉靖）山東通志》，40 卷，《四庫全書存目叢書》，史部 187～188，臺南：莊嚴文化事業有限公司，1997 年 6 月初版 1 刷，據明嘉靖刻本影印。

19. 〔明〕曾顯纂修，《（弘治）直隸鳳陽府宿州志》，2 卷，《天一閣藏明代方志選刊續編》之 35，上海：上海書店，1990 年 12 月 1 版 1 刷，據明弘治增補刊本影印。

20. 〔明〕曾惟誠撰，《帝鄉紀略》，11 卷，《中國地方誌叢書》，第 700 號，臺北：成文出版社有限公司，民國 74 年 3 月臺 1 版，據明萬曆二十七年刊本影印。

21. 〔明〕楊承父修，王元賓纂，《（萬曆）滕縣志》，8 卷，《日本藏中國罕見地方誌叢刊》，第 22 冊，北京：書目文獻出版社，1992 年 11 月 1 版 1 刷。

22. 〔明〕翟耀修、石徑世纂，《（萬曆）饒陽縣志》，3 卷、續志 1 卷，北京：中華全國圖書館文獻縮微複製中心，2000 年 6 月，據明萬曆二十九年刻本印。

23. 〔明〕聞人詮、陳沂纂修，《（嘉靖）南畿志》，64 卷，《四庫全書存目叢書》，史部 190，臺南：莊嚴文化事業有限公司，1997 年 6 月初版 1 刷。

24. 〔明〕劉璣編，《（弘治）岳州府志》，10 卷，《天一閣藏明代方志選刊續

編》之 63，上海：上海書店，1990 年 12 月 1 版 1 刷，據明弘治刻本影印。

25. 〔明〕劉沂春修、徐守剛纂，《（崇禎）烏程縣志》，12 卷，《日本藏中國罕見地方志叢刊》，第 26 冊，北京：書目文獻出版社，1991 年 11 月 1 版 1 刷，據明崇禎十年刊本影印。

26. 〔明〕鄧韍纂修，《（嘉靖）濮州志》，10 卷，《天一閣藏明代方志選刊續編》之 61，上海：上海書店，1990 年 12 月 1 版 1 刷，據明嘉靖刻本影印。

27. 〔明〕盧濬等修，《（弘治）黃州府志》，10 卷，《天一閣藏明代方志選刊》，16 冊，臺北：新文豐出版公司，民國 74 年，據寧波天一閣藏明刻本影印。

28. 〔明〕薛應旂撰，《（嘉靖）浙江通志》，72 卷，《中國方志叢書》，第 532 號，臺北：成文出版社有限公司，民國 72 年 3 月 1 版，據明嘉靖四十年刊本影印。

29. 〔清〕不著撰人，《（光緒）金壇縣志》，16 卷，臺北：中央研究院傅斯年圖書館藏清光緒十一年刊本。

30. 〔清〕尹繼善等修，《（乾隆）江南通志》，200 卷，《文淵閣四庫全書》，史部 265～270，臺北：臺灣商務印書館，民國 75 年 3 月初版。

31. 〔清〕方瑞蘭等修、江殿颺等纂，《（光緒）泗虹合志》，19 卷，《中國方志叢書》，第 647 號，臺北：成文出版社有限公司，民國 74 年 3 月臺 1 版，據清光緒十四年刊本影印。

32. 〔清〕汪元絧修，《（康熙）岷州志》，20 卷，收於《岷州志校注》，岷縣：甘肅省岷縣志編纂委員會辦公室編，1988 年 10 月 1 版 1 刷。

33. 〔清〕和珅等，《大清一統志》，424 卷，《文淵閣四庫全書》，史部 232～241，臺北：臺灣商務印書館，民國 75 年 3 月初版。

34. 〔清〕林芃修，馬之驌纂，《（康熙）張秋志》，12 卷，《中國地方志集成》，第 29 冊，上海：江蘇古籍出版社，1992 年 8 月 1 版 1 刷，據清康熙九年斌業齋抄本影印。

35. 〔清〕耿繼志等修、湯原振等纂，《（康熙）鳳陽府誌》，31，《中國方志叢書》，第 697 號，臺北：成文出版社有限公司，民國 74 年 3 月臺 1 版，據清康熙二十四年刊本影印。

36. 〔清〕張彥篤修、包永昌等纂，18 卷，《（光緒）洮州廳志》，《中國方志叢書》，第 349 號，臺北：成文出版社有限公司，民國 59 年，據光緒三十三年抄本影印。

37. 〔清〕莫之翰等纂修，《（康熙）泗州志》，18 卷，《中國地方誌叢書》，第 645 號，臺北：成文出版社有限公司，民國 74 年 3 月臺 1 版，據清康熙二十七年刊本影印。

38. 〔清〕許容等監修、李迪等編纂，《（乾隆）甘肅通志》，50 卷，卷首 1 卷，《文淵閣四庫全書》，史部 315～316，臺北：臺灣商務印書館，75 年 3 月初版。

39. 〔清〕陳履中纂修，《（乾隆）河套志》，6 卷，《四庫全書存目叢書》，史部 215，臺南：莊嚴文化事業有限公司，1997 年 6 月初版 1 刷。

40. 〔清〕劉濬修、潘宅仁纂，《（光緒）孝豐縣志》，10 卷，首 1 卷，《中國地方志叢書》，第 187 號，臺北：成文出版社有限公司，民國 64 年臺 1 版，據清光緒三年刊本影印。

41. 〔清〕邁柱等修，《（雍正）湖廣通志》，120 卷，卷首 1 卷，《文淵閣四庫全書》，史部 289～292，臺北：臺灣商務印書館，民國 75 年 3 月初版。

貳、論　著

一、專　書

（一）中　文

1. 王雲，《明清山東運河區域社會變遷》，北京：人民出版社，2006 年 6 月第 1 版 1 刷，384 頁。

2. 王天順，《河套史》，北京：人民出版社，2006 年 1 月第 1 版 1 刷，614 頁。

3. 王培華，《元明北京建都與糧食供應——略論元明人們的認識和實踐》，北京：北京出版社出版集團，2005 年 3 月 1 版 1 刷，330 頁。

4. 王社教，《蘇皖浙贛地區明代農業地理研究》，西安：陝西師範大學出版社，1999 年 9 月第 1 版 1 刷，364 頁。

5. 王頲，《黃河故道考辨》，上海：華東理工大學出版社，1995 年 10 月第 1 版 1 刷，256 頁。

6. 水利部淮河水利委員會淮河水利簡史編寫組，《淮河水利簡史》，北京：水利電力出版社，1990 年 8 月第 1 版 1 刷，377 頁。

7. 申丙，《黃河通考》，收於《中華叢書》，臺北：中華叢書編審委員會，民國 49 年 5 月，489 頁。

8. 史念海，《黃土高原歷史地理研究》，鄭州：黃河水利出版社，2000 年 11 月第 1 版 2 刷，944 頁。

9. 史念海，《中國的運河》，西安：陝西人民出版社，1988 年第 1 版 1 刷，457 頁。

10. 史輔成、易元俊、慕平，《黃河歷史洪水調查、考論和研究》，鄭州：黃河水利出版社，2002 年 12 月第 1 版，323 頁。

11. 艾冲，《明代陝西四鎮長城》，北京：陝西師範大學出版社，1990 年 6 月 1 版 1 刷，169 頁。

12. 李令福，《明清山東農業地理》，臺北：五南圖書出版有限公司，民國 89 年 4 月初版 1 刷，442 頁。

13. 李治亭，《中國漕運史》，臺北：文津出版社，民國 86 年 8 月初版 1 刷，329 頁。

14. 李心純，《黃河流域與綠色文明──明代山西河北的農業生態環境》，北京：人民出版社，1999 年 4 月 1 版 1 刷，295 頁。

15. 成淑君，《明代山東農業開發研究》，濟南：齊魯書社，2006 年 8 月第 1 版 1 刷，414 頁。

16. 呂卓民，《明代西北農牧業地理》，洪葉文化事業有限公司，2000 年 10 月初版 1 刷，273 頁。

17. 周魁一，《中國科學技術史‧水利卷》，北京：中國科學出版社，2002 年 12 月 1 版 1 刷，815 頁。

18. 馬雪芹，《明清河南農業地理》，臺北：洪葉文化事業有限公司，1997 年 11 月初版 1 刷，337 頁。

19. 馬正林，《中國城市歷史地理》，濟南：山東教育出版社，1998 年 9 月第 1 版 2 刷，495 頁。

20. 岑仲勉，《黃河變遷史》，北京：中華書局，2004 年 4 月 1 版 1 刷，789 頁。

21. 沈怡編，《黃河問題討論集》，臺北：臺灣商務印書館，民國 60 年 3 月初版，436 頁。

22. 沈百元、章光彩等，《中華水利史》，臺北：臺灣商務印書館，民國 68 年 3 月初版，356 頁。

23. 常征、于德源，《中國運河史》，北京：北京燕山出版社，1989 年 4 月第 1 版 1 刷，626 頁。

24. 吳海濤，《淮北的盛衰：成因的歷史考察》，北京：社會科學文獻出版社，2005 年 8 月第 1 版 1 刷，278 頁。

25. 吳緝華，《明代社會經濟史論叢》，臺北：臺灣學生書局，民國 59 年 9 月初版，452 頁。

26. 吳緝華，《明代海運及運河的研究》，臺北：中央研究院歷史語言研究所，民國 50 年 4 月出版，389 頁。

27. 吳廷禎、郭厚安主編，《河西開發史研究》，蘭州：甘肅教育出版社，1996 年 10 月 1 版 1 刷，686 頁。

28. 陳璧顯主編，《中國大運河史》，北京：中華書局，2001 年 9 月第 1 版 1 刷，914 頁。

29. 姚漢源，《中國水利史綱要》，北京：水利電力出版社，1987 年 12 月第 1 版 1 刷。

30. 姚漢源，《中國水利發展史》，上海：上海人民出版社，2005 年 8 月 1 版 1 刷，609 頁。

31. 姚漢源，《京杭運河史》，北京：水利電力出版社，1998 年 5 月第 1 版，779 頁。

32. 姚漢源，《黃河水利史研究》，鄭州：黃河水利出版社，2003 年 10 月第 1 版 1 刷，610 頁。

33. 武漢水利電力學院中國水利史稿編寫組，《中國水利史稿（上、中、下）》，北京：水利電力出版社，1979～1989 年第 1 版。

34. 葉青超、陸中臣、楊毅芬等，《黃河下游河流地貌》，北京：科學出版社，1990 年 8 月第 1 版 1 刷，272 頁。

35. 唐文基，《明代賦役制度史》，北京：中國社會科學出版社，1991 年 12 月 1 版 1 刷，379 頁。

36. 華林甫編，《中國歷史地理學五十年》，北京：學苑出版社，2002 年 11 月第 1 版 1 刷，661 頁。

37. 郭汝瑰等，《中國歷代軍事裝備》，北京：解放軍出版社，2007 年 1 月 3 版 3 刷，481 頁。

38. 郭厚安、李清凌主編，《西北通史（第三卷）》，蘭州：蘭州大學出版社，2005 年 5 月 1 版 1 刷。

39. 蔡泰彬，《明代漕河之整治與管理》，臺北：臺灣商務印書館，民國 81 年 1 月初版 1 刷，555 頁。

40. 蔡泰彬，《晚明黃河水患與潘季馴治河》，臺北：樂學書局有限公司，民國 87 年 1 月初版，467 頁。

41. 胡凡，《嘉靖傳》，北京：人民出版社，2004 年 10 月 1 版 1 刷，489 頁。

42. 鮑彥邦，《明代漕運研究》，廣州：暨南大學出版社，1996 年 5 月第 1 版 1 刷，243 頁。

43. 張含英，《治河論叢》，上海：國立編譯館，民國 25 年 12 月初版，255 頁。

44. 張含英，《歷代治河方略探討》，北京：水利電力出版社，1982 年，180 頁。

45. 張含英，《明清治河概論》，北京：水利電力出版社，1986 年 2 月第 1 版 1 刷，213 頁。

46. 張崇旺，《明清時期江淮地區的自然災害》，福州：福建人民出版社，2006 年 5 月 1 版 1 刷，658 頁。

47. 王劍英，《明中都研究》，北京：中國青年出版社，2005 年 7 月 1 版 1 刷，781 頁。

48. 彭雲鶴，《明清漕運史》，北京：首都師範大學出版社，1995 年 9 月第 1 版 1 刷，235 頁。

49. 景愛，《中國長城史》，上海：上海人民出版社，2006 年 10 月第 1 版 1 刷，400 頁。

50. 傅崇蘭，《中國運河城市發展史》，成都：四川人民出版社，1985 年 11 月第 1 版 1 刷，446 頁。

51. 鄒寶山、何凡能、何爲剛編，《京杭運河治理與開發》，北京：水利電力出版社，1990 年 5 月第 1 版 1 刷，260 頁。

52. 鄒逸麟，《中國歷史地理概述》，上海：上海教育出版社，2006 年 2 月第 1 版 1 刷，392 頁。

53. 鄒逸麟，《椿廬史地論稿》，天津：天津古籍出版社，2005 年 5 月第 1 版 1 刷，598 頁。

54. 達力扎布，《明代漠南蒙古歷史研究》，海拉爾：內蒙古文化出版社，1998 年 1 月 1 版 1 刷，370 頁。

55. 蔣兆成，《明清杭嘉湖社會經濟研究》，杭州：浙江大學出版社，2002 年 1 月 1 版 1 刷，507 頁。

56. 蕭立軍，《明代中後期九邊兵制研究》，長春：吉林人民出版社，2001 年 12 月第 1 版，243 頁。

57. 冀朝鼎著、朱詩鰲譯，《中國歷史上的基本經濟區與水利事業的發展》，北京：中國社會科學出版社，1992 年 12 月 1 版 2 刷，150 頁。

58. 鄭學檬主編，《中國賦役制度史》，上海：上海人民出版社，2000 年 9 月 1 版 1 刷，749 頁。

59. 鄭肇經，《中國水利史》，臺北：臺灣商務印書館，民國 75 年 10 月臺 4 版，356 頁。

60. 熊達成、郭濤著，《中國水利科學技術史概論》，成都：成都科技大學出版社，1989 年 5 月 1 版 1 刷，470 頁。

61. 韓昭慶，《黃淮關係及其演變過程研究——黃河長期奪淮期間淮北平原、水系的變遷和背景》，上海：復旦大學出版社，1999 年 5 月第 1 版 1 刷，頁 243。

62. 鄒逸麟，《黃淮海平原歷史地理》，合肥：安徽教育出版社，1997 年 12 月第 2 版 1 刷，357 頁。

63. 劉祥學，《明朝民族政策演變史》，北京：民族出版社，2006 年 6 月第 1 版 1 刷，491 頁。

64. 劉旭，《中國古代火藥火器史》，鄭州：大象出版社，2004 年 1 月第 1 版 1 刷，282 頁。

65. 劉毅，《明代帝王陵墓制度研究》，北京：北京人民出版社，2006 年 6 月 1 版 1 刷，599 頁。

66. 靳潤成，《明朝總督巡撫轄區研究》，天津：天津古籍出版社，1996 年 8

月 1 版 1 刷，199 頁。

（二）日 文

1. 仁井田陞編，《唐令拾遺補》，東京：東京大学出版会，1997 年 3 月 25 日
初版，1514 頁。

二、論 文

（一）中 文

1. 丁汝俊，〈論明代西北邊陲重鎮洮州衛的經營〉，《西北民族研究》，1993
年第 2 期，頁 94～107。

2. 王培華，〈水利與中國歷史特點〉，《史學史研究》，1999 年 1 期，頁 15～
21。

3. 王日根，〈明清時期蘇北水災原因初探〉，《中國社會經濟史研究》，1994
年 2 期，頁 22～28。

4. 史念海，〈論西北地區諸長城的分佈及其歷史軍事地理（上）〉，《中國歷史
地理論叢》，1994 年第 2 期，頁 1～44。

5. 史念海，〈論西北地區諸長城的分佈及其歷史軍事地理（下）〉，《中國歷史
地理論叢》，1994 年第 3 期，頁 1～61。

6. 田澍，〈明代甘肅鎮邊境保障體系論述〉，《中國邊疆史地研究》，1998 年
第 3 期，頁 27～38。

7. 任重，〈明代治黃保漕對徐淮農業的制約作用〉，《中國農史》，1995 年第
14 卷，第 2 期，頁 57～64。

8. 李雲特，〈中國古代治河思想——樸素唯物主義應用於實踐的典範〉，《武
漢大學學報（人文科學版）》，2001 年第 54 卷，第 1 期，頁 14～19。

9. 李曼麗，〈劉天和的植柳六法〉，《黃河史志資料》，1986 年 12 期，頁 53
～54。

10. 李景旺，〈歷史上的黃河治理〉，《商丘師範學院學報》，2002 年第 18 卷，
第 3 期，頁 49～50。

11. 范中義，〈明代九邊形成的時間〉，《大同高等專科學校學報（綜合版）》，
1995 年第 4 期，頁 25～28。

12. 冉苒，〈賈魯治河思想初探〉，《湖北大學學報（哲學社會科學版）》，1999
年第 26 卷，第 6 期，頁 76～77。

13. 呂天佑，〈淺議明代中後期治理黃河的「兩難」〉，《歷史教學》，2001 年第
12 期，頁 6～11。

14. 吳海濤，〈歷史時期黃河泛淮對淮北地區社會經濟發展的影響〉，《中國歷
史地理論叢》，2002 年第 1 輯，頁 85～90。

15. 吳海濤，〈歷史時期淮北地區澇災原因探析〉，《中國農史》，2004 年第 3 期，頁 30～36。

16. 吳琦，〈漕運與古代農田水利〉，《中國農史》，1999 年第 18 卷，第 3 期，頁 55～61。

17. 吳均，〈論明代河洮岷的地位及其三傑〉，《青海民族學院學報》，1989 年第 4 期，頁 35～45。

18. 范金民，〈明清江南重賦問題述論〉，《中國經濟史研究》，3 期（1996 年），頁 108～123。

19. 唐玉萍，〈明朝嘉萬時期對蒙政策探論〉，《社會科學輯刊》，2002 年第 6 期，頁 115～120。

20. 趙淑玲，〈黃河流域災害問題的歷史透視〉，《華北水利水電學院學報（社科版）》，2002 年第 18 卷，第 1 期，頁 51～54。

21. 趙敏，〈論中國治水自然觀〉，《湘潭大學學報（哲學社會科學版）》，2005 年第 29 卷，第 5 期，頁 107～109。

22. 趙現海，〈明代九邊軍鎮體系研究〉，長春：東北師範大學博士學位論文，2005 年 5 月，284 頁。

23. 秦佩珩，〈明代治河史箚〉，《學術月刊》，1980 年第 7 期，頁 62～66。

24. 蒲濤，〈略論明代北方遊牧民族對河套地區的爭奪〉，《寧夏社會科學》，2003 年第 4 期，頁 69～70。

25. 胡凡，〈論明代蒙古族進入河套與明代北部邊防〉，《西南師範大學學報（人文社會科學版）》，2002 年，第 28 卷 3 期，頁 120～125。

26. 胡凡，〈論明代永樂時期北邊防線的變化〉，趙毅、林鳳萍主編，《第七屆明史國際學術討論會論文集》，1999 年，頁 774～782。

27. 徐海亮，〈黃河下游的堆積歷史和發展趨勢〉，《水利學報》，1990 年 7 期，頁 42～48，續接頁 19。

28. 郭豫慶，〈黃河流域地理變遷的歷史考察〉，《中國社會科學》，1989 年第 2 期，195～210。

29. 徐海亮，〈歷史上黃河水沙變化的一些問題〉，《歷史地理》，1995 年，第 20 輯，頁 32～40。

30. 徐海亮，〈明清黃河下游河道變遷〉，《黃河史志資料》，1992 年第 1 期，頁 48～54。

31. 徐福齡，〈歷代黃河治理方策的演變概況〉，《黃河史志資料》，1991 年第 1 期，頁 22～29。

32. 桑杰，〈簡述明朝對岷州藏區的治理〉，《甘肅民族研究》，1992 年第 2～3 期，頁 84～90。

33. 鈕仲勳，〈從歷史地理探討歷代治河方略〉，《史念海先生八十壽辰學術文集》，西安：陝西師範大學出版社，1996 年 2 月第 1 版 1 刷。

34. 蔡泰彬，〈明代漕河四險及其守護神──金龍四大王〉，《明史研究專刊》，10 期，1992 年 10 月，頁 83〜148。

35. 蔡泰彬，〈明代山東四大水櫃之功能與整治〉，《中國歷史學會史學集刊》，民國 75 年 7 月，第 18 期，頁 155〜185。

36. 蔡泰彬，〈明代黃河沿岸州縣生祠之建置與水患災民賑濟〉，《淡江史學》，民國 88 年第 10 期，頁 147〜184。

37. 彭安玉，〈試論黃河奪淮及其對蘇北的負面影響〉，《江蘇社會科學》，1997 年第 1 期，頁 121〜126。

38. 楊昶，〈明代生態環境狀況芻議〉，收錄於《生態環境與區域文化史研究》，武漢：崇文書局，2005 年 6 月第 1 版，頁 391〜398。

39. 楊昶，〈明代的生態環境思想及相關科技成就考論〉，收錄於《生態環境與區域文化史研究》，武漢：崇文書局，2005 年 6 月第 1 版，頁 410〜429。

40. 楊昶，〈試論明代有關政令對自然生態環境的負面效應〉，收錄於《生態環境與區域文化史研究》，武漢：崇文書局，2005 年 6 月第 1 版，頁 430〜441。

41. 楊亞非，〈明代蘇松嘉湖地區重賦之由〉，《江海學刊》，5 期（1983 年），頁 65〜69。

42. 楊業進，〈明代戰車初探〉，《文史》，1988 年第 29 輯，頁 255〜261。

43. 賈乃謙，〈明代名臣劉天和的政績〉，《北京林業大學學報（社會科學版）》，2002 年，第 1 卷 4 期，頁 65〜68。

44. 賈乃謙，〈明代名臣劉天和的「植柳六法」〉，《農業考古》，2002 年，第 1 卷 3 期，頁 215〜218。

45. 樊樹志，〈明代江南官田與重賦之面面觀〉，收入中國社會科學院歷史研究所明史研究室編，《明史研究論叢》，第 4 輯，蘇州：江蘇古籍出版社，1991 年 5 月 1 版 1 刷，頁 100〜120。

46. 韓大成、楊欣，〈明代林業概述〉，收錄於朱誠如、王天有主編，《明清論叢·第 5 輯》，北京：紫禁城出版社，2004 年 8 月第 1 版 1 刷，頁 283〜302。

47. 劉仲華，〈論析分權制衡和以文制武思想對明代九邊防務體制的影響〉，《寧夏社會科學》，1999 年第 6 期，92〜96。

48. 劉聿才，〈明祖陵述略〉，《考古與文物》，1984 年第 2 期，頁 75。

49. 鄒逸麟，〈明代治理黃運思想的變遷及其背景──讀明代三部治河書體會〉，《陝西師範大學學報（哲學社會科學版）》，2004 年，第 33 卷 5 期，頁 21〜26。

50. 顏清祥，〈明代治理黃河述略〉，臺北：國立臺灣大學歷史學研究所碩士學位論文，67學年度。

（二）日　文

1. 清水泰次，〈明代の漕運〉，《史學雜誌》，昭和3年第39編，第3號，頁215～255。

2. 星斌夫，〈明初の漕運について（上）〉，《史學雜誌》，昭和12年第48編，第5號，頁5ノ1～5ノ1。

3. 星斌夫，〈明初の漕運について（下）〉，《史學雜誌》，昭和12年第48編，第6號，頁6ノ50～6ノ98。

4. 星斌夫，〈中国の大運河〉，《明清時代社会経済の史研究》，東京：国書刊行会，1989年4月25日，頁9～17。

5. 森田明，〈明代会通河水源問題——泉源管理を中心に——〉，《山根幸夫教授退休記念明代史論叢（下）》，東京：汲古書院，1990年3月，頁699～713。

6. 谷光隆，〈明代徐州地方における黄河の氾濫〉，《明代河工史研究》，東京：同朋舎，平成3年3月初版，頁3～26。

7. 谷光隆，〈嘉靖・萬曆交における徐淮の河工〉，《明代河工史研究》，東京：同朋舎，平成3年3月初版，頁50～77。

參、工具書

1. 文物出版社編輯部編，《中國歷史年代簡表》，香港：三聯書店有限公司，2002年9月1版1刷，244頁。

2. 水利部黃河水利委員會編，《黃河河防詞典》，鄭州：黃河水利出版社，1995年11月第1版1刷，354頁。

3. 黃河文化百科全書編纂委員會，《黃河文化百科全書》，成都：四川辭書出版社，2002年2月第1版1刷，725頁。

4. 中國方志大辭典編輯委員會編，《中國方志大辭典》，杭州：浙江人民出版社，1988年7月第1版1刷，616頁。

5. 全國經濟委員會水利處編，《中國河工辭源》，南京：全國經濟委員會，民國25年7月初版，231頁。

6. 國立中央圖書館，《明人傳記資料索引》，臺北：國立中央圖書館，1978年1月再版，1171頁。

7. 李小林、李晟文，《明史研究備覽》，天津：天津教育出版社，1988年2月1版，502頁。

8. 杜瑜、朱玲玲編，《中國歷史地理學論著索引（1900～1980）》，北京：書

目文獻出版社，1986 年 4 月第 1 版，725 頁。

9. 南炳文，《輝煌、曲折與啟示：20 世紀中國明史研究回顧》，天津：天津人民出版社，2001 年 4 月 1 版 1 刷，289 頁。

10. 唐立宗、陳耀煌、林丁國主編，《臺灣地區館藏大陸期刊明清史研究彙編（1949～1993)》，臺北：國立政治大學歷史學系，民國 93 年 8 月初版，410 頁。

11. 吳智和等，《中國史研究指南・明史》，臺北：聯經出版事業公司，1990 年 5 月初版，頁 3～187。

12. 吳智和、賴福順，《戰後臺灣的歷史學研究（1945～2000)・明清史》，臺北：行政院國家科學委員會，2004 年 8 月初版，頁 1～102。

13. 譚其驤主編，《中國歷史地圖集》，第七冊，《元・明時期》，上海：地圖出版社，1982 年 10 月第 1 版，144 頁。

14. 戴均良等主編，《中國古今地名大詞典》，上海：上海辭書出版社，2005 年 7 月 1 版 1 刷，3379 頁。